東亞文明與韓國學前沿

卧龙学术讲坛　第一辑

全　莹　主编

社会科学文献出版社

SSAP

SOCIAL SCIENCES ACADEMIC PRESS (CHINA)

编 者 序

　　延边大学卧龙学术讲坛是由中国教育部人文社会科学重点研究基地——延边大学朝鲜—韩国研究中心主办，旨在关注朝鲜—韩国学发展、开拓学术研究视野、丰富学术成果交流、营造学术研究氛围、传播人文精神而建立的系列学术讲座。

　　卧龙学术讲坛自 2009 年 9 月举办以来，已经成功地邀请到了来自美国、日本、朝鲜、韩国和国内等 22 位知名的朝鲜—韩国学专家、学者，就时下最前沿的理论热点话题，从朝鲜、韩国的政治、经济、文学、历史等多个角度进行了剖析和解读。这些专家深入浅出、通俗易懂、妙趣横生、引人入胜的演讲，不仅让学生们近距离地聆听到名家的思想，感受大师的学者风范，深刻了解到朝鲜、韩国的政治、经济、历史和文化，同时也极大地丰富了广大朝鲜—韩国学研究者的研究视野，为提高延边大学朝鲜—韩国学领域的科研水平做出了贡献。

　　为了让更广泛地关注朝鲜—韩国学问题研究的社会读者能够汲取到卧龙学术讲坛各位专家思想的精髓，分享各位专家的智慧，同时也为了使这些真知和灼见得以保存和收藏，我们在校内外各界同仁的帮助下，经过两年的边整理边编辑，终于将卧龙学术讲坛（第一辑）编辑成册，现在使其与广大读者见面。

　　本书的编辑出版离不开朝鲜—韩国研究中心全体工作人员的共同努力。在此感谢延边大学各位领导的大力支持，感谢参与前期录音整理的罗小印、栾国琴、秦非、王洋洋、李慧、夏楠等同学，感谢每次参与摄像的杨嘉林老师，感谢大家的真诚付出和无私奉献。

　　由于编者水平有限，有些演讲稿在编辑过程中难免存在错误和不足，另外由于资料收集不全，有一部分专家学者的精彩言论未能编入，在此表示歉意，同时希望广大读者批评指正！

编　者

2014 年 3 月 12 日

目　录

第一讲

延边大学韩国学的发展历史与展望

金柄珉

作者简介：

学　　历：延边大学文学博士

现　　任：国务院学科评议组成员

　　　　　中国比较文学学会理事

　　　　　韩国国语国文学会海外理事

　　　　　中国朝鲜—韩国文学研究会理事长

　　　　　中国东方文化研究会副会长

　　　　　吉林省社会科学联合会副主席

　　　　　中国作协会员

　　　　　延边作协理事等社会职务

历　　任：延边大学朝文系主任

　　　　　延边大学教务处处长

　　　　　延边大学校长助理兼师范学院院长

　　　　　延边大学副校长

　　　　　延边大学校长、教授、博士生导师

　　　　　第十届、十一届全国人大代表

研究方向：朝鲜—韩国文学、中朝（韩）文学比较等学科的教学与研究

个人作品：《朝鲜近代小说的历史考察》

　　　　　《申采浩文学研究》

　　　　　《朝鲜中世纪北学派文学研究》

　　　　　《朝鲜文学的发展与中国文学》

《朝鲜文学史》（近代、现代）

《韩国近代过渡期文学研究》

《朝鲜—韩国当代文学史》

《民族文学的整合性观照》

《朝鲜—韩国文学的近代转型与比较文学》等多部学术专著和教材

另外，编写了多部教学参考书，并在国内外学术刊物上发表学术论文80余篇，评论、随笔40余篇。

主持人：

"聆听名家思想、感触大师风范"，由教育部人文社会科学重点研究基地——延边大学朝鲜韩国研究中心主办的卧龙学术讲坛，今天与大家见面了。

今天是我们卧龙学术讲坛的开坛之讲，我们非常荣幸地邀请到了延边大学校长金柄珉教授。

金柄珉教授为延边大学校长，博士生导师，第十届、十一届全国人民代表大会代表，国务院学科评议组成员。曾经出版了《申采浩文学研究》等10多部学术著作，并在国内外学术刊物上发表学术论文、评论、随笔100多篇，开拓了朝鲜—韩国文学和中朝（韩）文学比较研究的新领域。2006年，金柄珉教授荣获韩国延世大学校"庸斋学术奖"，成为该奖项设立以来第一位韩国以外的亚洲获奖人。下面，就让我们以热烈的掌声欢迎金教授为我们做精彩的讲座。

金柄珉：

今天我坐在这里讲第一讲实在是不好意思，因为老校长在这，老校长是延边大学韩国学研究的开拓者，而且也是一位权威和引领者。我在这里，首先要讲的是一个抱歉，刚才说我是"第一"，那不一样，没有含金量的"第一"。今天下午的这个讲座，本来应该准备很长时间，但是我本人已经是不学无术的人了，所以在这些方面我确实没什么讲的，也没有准备，不过呢，我还是要说两句，因为今天是卧龙学术讲坛。由于今天上午我们学校开了一个会议，在典礼上，我们举行了一个校友与企业家手拉手活动，叫作"卧龙手拉手"，就是以我们学校后面的卧龙山命名的。所以今天根据自己的体会，结合这个主题看的一些资料，简单谈一下自己的想法。

一 中国的韩国学研究概况

关于"韩国学"的概念范畴至今尚无明确的定论。我本人认为大体上可定义为"关于韩国的语言、文学、艺术、历史、哲学、宗教、经济等人文社会科学的学问"。

中国与韩国有漫长的文化交流历史，中韩两国的文化交流成为东亚文化交流的重要轴线。但是总体而言，近代以前的中韩文化交流很难摆脱中国的中心地位与韩国的周边地位。近代以后，随着西方文化的逐渐强势，中国在中韩文化交流中的单方面优势地位有所削弱，以梁启超为首的中国改良派知识分子们开始在新的国际关系中看待韩国及韩国文化。

新中国成立之后，朝鲜半岛分裂为南北两个体制与意识形态不同的国家。中国与社会主义国家朝鲜的文化交流在意识形态同盟关系的层面得到迅速的发展。相反，中国与资本主义国家韩国的关系却出现了全面的停滞与中断。这一时期虽然没有出现韩国学这一学科名称，但是延边大学、北京大学、中央民族大学等大学都开设了朝鲜文学、艺术、历史、哲学、经济等相关学科，一定程度地开展了相关教学与研究。

20世纪80年代以后，随着中国改革开放的全面发展，停滞数十年的中韩交流也开始回暖。尤其是1986年的亚运会和1988年的奥运会后，中国各界对高速增长的韩国经济文化的关注程度剧增，以经济领域为中心的韩国研究在中国也悄然兴起。现有的朝鲜研究和新增的韩国研究合在一起后，真正意义上的韩国学研究可谓初具规模。延边大学的郑判龙教授等学者开始对朝鲜—韩国学这一新的学科领域做理论上的界定。

中国的朝鲜—韩国学全面展开的起点应该是1992年中韩建交。建交带来两国在社会文化领域的全面交流。韩国学研究也成为中国学科领域中的新生事物，尤其是中国的数十所大学开设了韩国语专业以及相关的研究所、研究中心等。

二　延边大学韩国学研究的历史与概况

（一）延边大学韩国学研究的历史

第一阶段：1949~1966 年

延边大学作为在中国最早开展韩国学研究的大学，从建校初期的 20 世纪 50 年代开始了韩国语的规范化、韩国文学与韩国历史遗产的发掘与整理等工作。

第二阶段：1966~1992 年

延边大学的韩国学研究在经历了"文化大革命"期间的全面停滞与中断之后，随着中国改革开放新时代的开始，重新恢复了生机与活力。1979 年，朝鲜语言文学学科与历史学科争取到硕士学位授予权，1986 年朝鲜语言文学学科争取到博士学位授予权。朝鲜问题研究所、朝鲜语研究所、朝鲜韩国研究中心等科研机构相继成立，打下了日后延边大学韩国学研究在中国学界处于领先地位的坚实基础。

第三阶段：1992 年中韩建交至今

随着中韩建交，韩国语言文学、韩国经济、韩国文化在中国的影响力日益扩大。延边大学的韩国学研究成为中国韩国学研究人才的最大的培养基地。据统计，中国国内大学的韩国语言文学师资力量的 85% 左右都是延边大学出身。

（二）延边大学韩国学研究现状

延边大学的韩国学研究以国家级重点学科"亚非语言文学/朝鲜语言文学"为龙头，在历史学、政治学、经济学等相关学科开展了韩国语言文学、韩国文化、韩国政治与经济等方面的研究。

三　延边大学韩国学研究的成果与特色

总的来说，延边大学韩国学的研究领域宽、历史久，具有明显的比较研究的特色优势。

（一） 语言研究

延边大学的韩国语研究者们最大的特点和优势是普遍通晓中国语与韩国语两种语言，外加英语或日本语。延边大学的语言研究充分发挥这种双语乃至多语优势，开展了韩国语音韵、韩国语历史、中韩语言对比等研究。

（二） 文学研究

延边大学的韩国文学研究以韩国文学的本体论研究为基础，兼顾与中国、日本等东北亚国家的文学的比较研究，取得了多项优秀的成果。如徐东日的博士学位论文《李德懋文学研究——兼论与清代文学的关联》荣获"2003 年中国百篇优秀博士学位论文"。

（三） 历史研究

韩国历史研究作为延边大学最具有传统的学科研究领域之一，不仅设有世界史硕士、博士课程，在韩国历史研究、东北亚三国关系史研究等领域也取得了丰硕的成果。在近期中韩两国历史学界就高句丽历史问题的争议中，延边大学历史学教授们以其公正客观的学术立场和独具特色的研究视野，发挥了中韩两国学界相互沟通与理解的桥梁作用。

（四） 哲学研究

延边大学开启了中国学界对韩国哲学的研究，撰写出中国第一本韩国哲学研究论著。延边大学的韩国哲学研究在中日韩三国比较哲学领域取得了突出的成就。

（五） 经济学研究

由于韩国经济的国际地位急剧攀升，以中韩建交为契机，中韩学界对韩国经济的关注也迅速升温。延边大学的韩国经济研究充分发挥了自己的地缘优势，集中探讨了韩国经济、朝韩经济交流、东北亚经济贸易关系等问题，不仅在学术领域取得诸多成果，同时在中韩经济贸易关系的发展过程中也发挥了不小的作用。

（六）其他领域

随着韩国学成为延边大学的核心学科领域，法学、国际政治学、教育学、艺术学、体育学等学科领域的韩国学研究也得到了迅速的发展。延边大学在韩国法律、东北亚国际政治、朝韩问题等领域的研究也得到了国内外学界的高度评价。

四　延边大学韩国学研究在中国的地位

第一，延边大学是中国国内最早开展韩国学教学与研究的大学，也是中国国内韩国学专门人才最重要的培养基地，为中国 60 余所大学的韩国语言文学专业及研究机构输送了大批专业人才。

第二，延边大学是中国国内韩国学研究的核心研究基地。延边大学设有韩国语言文学、韩国历史学的硕士、博士学位授予点，韩国哲学、韩国经济两个硕士学位授予点，韩国语言文学博士后流动站。此外，延边大学还设有教育部人文社会科学重点研究基地——朝鲜韩国研究中心和校属亚洲研究中心、中朝韩日文化比较研究中心、东北亚研究院、民族研究院等研究机构，中国朝鲜语学会、中华东方哲学研究会、朝鲜历史研究会、中国朝鲜—韩国文学研究会四家国家级学术团体会址设在延边大学。延边大学的韩国学研究无论在规模还是在影响力上，都处于中国国内的龙头地位。

第三，延边大学是中国的韩国学研究的国际窗口。延边大学与韩国、日本、美国、欧洲等数十所大学及研究机构有各种方式的合作关系，定期开展各种学术交流活动，开展横向合作课题的研究。

五　延边大学韩国学研究的未来取向

目前，中韩文化交流的最主要通道应该是所谓"韩流"的韩国大众文化。换言之，对于大部分中国人而言，了解韩国的"文本"是在新自由主义和全球主义的浪潮下涌入的大众文化产品。但是，仅仅依靠大众文化无法实现中韩文化交流的可持续发展。延边大学的韩国学研究追求的终极目标应该是发现

"东方的价值"，即在"和而不同"的原则下，通过韩国学研究发现和提取可作为全人类的智慧而宣扬的价值观和智慧，并推进相互间的理解和沟通。延边大学的韩国学研究今后要整合语言、文学、历史、哲学、经济等多领域的学术资源，广泛推进跨学科研究，同时加强中日关系史、蒙古学、日本学等学科之间的合作，进一步开阔学术视野，扩大研究领域，开发更加多样化的研究方法论，从而实现更深层次的、更加科学的韩国学研究。

延边大学的韩国学研究应为中国的韩国学学术研究提供有益的经验，同时为中朝韩经济文化乃至构建东亚文化新秩序发挥应有的作用。

主持人：

各位老师同学们，刚才金教授就延边大学朝鲜—韩国学研究的历史与前景做了深入而广泛的讲解。相信通过金教授的讲解，在座的每一位一定都获益匪浅，现在，就让我们以热烈的掌声再一次感谢金校长。由于时间的关系，本期的卧龙学术讲坛到此就要结束了。在结束之前，再一次感谢金校长能在百忙之中来到我们讲坛，同时也感谢各位老师、同学对本期卧龙学术讲坛的支持。相信有大家的支持，卧龙学术讲坛将会越办越好。谢谢大家！

第二讲

朝鲜的核战略与东北亚

武贞秀士

作者简介：

  日本最权威的朝鲜军事问题专家，现任日本防卫省防卫研究所统括研究员，曾任美国斯坦福大学和乔治·华盛顿大学客座研究员，主要著作有《战略家——金正日》《朝鲜深层分析》《日本外交政策：决定因素》等。

  我是日本防卫省防卫研究所的武贞秀士，请多关照。值此延边大学建校60周年之际能够跟年轻的朋友们在一起谈论有关问题，我真的很高兴。我今天要做的报告题目是《朝鲜的核战略与东北亚》，我曾经在韩国用过韩国语，也曾经在延边大学用韩国语做过两三次报告，今天不能用中文直接给大家做报告，真的很遗憾。我曾经在中国的多所大学里做过报告，但是今天到延边大学面对这么多年轻的朋友们做报告，我感到非常高兴。我在韩国做报告的时候每每向学生提问，看到日本人的时候能联想起哪一种动物。关于这个问题我每次都问。大体上，我问韩国学生，俄国人像什么动物，大约有百分之九十九都说像个熊；大概有百分之百的人回答说，日本人像狐狸。现在韩国一说狐狸的话呢，一般认为日本人有种表里不一的形象。报告以后，如果大家能够得出日本人不是狐狸，也不是熊这样一个结论，我就感觉今天这个报告是成功的。今天我做报告的声音很大，并不是我要高唱日本军国主义，而是今天没有麦克风。

引　言

  2010 年，朝鲜半岛迎来了朝鲜战争爆发 60 周年，没有人会想到朝鲜半岛的分裂持续到了21世纪，似乎1948年韩国与朝鲜民主主义人民共和国建国时的国际环境与现在朝鲜半岛的周边国际环境没有发生变化。朝鲜半岛划有军事分界线，南北军事对峙依然持续，朝鲜似乎并没有接受南北共存的局面。虽然国际社会期望朝鲜能够放弃核武器开发计划，但是如何对朝鲜核武器开发进行核查的问题也是需要解决的一个课题，此外，一直对朝鲜进行经济援助的中国的想法也不是很明确。2010年发生了导致南北军事紧张加剧的两个事件，即天安舰沉没事件与延坪岛炮击事件。9月，朝鲜召开朝鲜劳动党代表大会，修改了劳动党党章，进行了机构改革，以劳动党为核心的领导体制发生了变化。此后，朝鲜虽然仍保持着军事强硬态势，但在2011年1月的新年贺词中提出与韩国对话，并进行了南北间的协商。对话与军事冲突不断反复的朝鲜半岛的动向是复杂的。本报告旨在将朝鲜复杂的政策与军事战略结合起来予以说明，并由此考察亚洲的战略环境。

一 朝鲜战争与核保有

1948年8月，在朝鲜半岛南部大韩民国建立，9月，北部的朝鲜民主主义人民共和国建立，由于南北双方以国家建设为先导，其结果导致南北间没有就南北统一进行过协商。1950年6月25日凌晨许朝鲜战争爆发。金日成认为，美军撤退后，对朝鲜半岛的军事统一是可行的。当时，苏联和中国都支持朝鲜开战。战争的爆发由于以美军为首的联合国军加入，由此进入全面战争状态。在联合国军北上朝鲜半岛抵达中国国境之际，中国人民志愿军渡过鸭绿江进入朝鲜。这些事情发生在1950年10月。面对中国参战的事态，11月30日，美国杜鲁门总统提出使用核武器。美国表示要使用核武器的言论使朝鲜震惊，并成为朝鲜保有核武器的动机。对此，朝鲜也是认同的。这一点在2010年4月阐明有必要保有核武器历史背景的外务省备忘录中也曾提及。[1]

1953年7月签订朝鲜战争停战协议后，在东西方冷战持续过程中，朝鲜

---

[1] 2010年4月，朝鲜外务省备忘录《朝鲜半岛与核》就朝鲜保有核武器的理由从历史背景进行了说明。《朝鲜通信》朝鲜语电子版，2010年4月21日，http://www.kcna.co.jp/today-rodong/rodong.htm。访问时间：2011年1月24日。备忘录中提到，由于以美国杜鲁门总统为中心的政府高官谈到使用核武器，对此感到恐惧的朝鲜居民避难到了韩国。可见美国使用核武器言论的冲击是很大的。

半岛有美军驻扎在韩国，60 年代以后则处于美韩同盟与中、朝、苏同盟的持续对立中。韩国向越南派兵以巩固美韩同盟，在与日本的关系上，则实现了日韩建交，实行了引进日本资金的政策。朝鲜则发展计划经济，到 60 年代末相对于韩国，在经济领域处于优势地位。朝鲜认为，随着美韩同盟的强化以及日韩关系正常化，韩国内部正逐渐安定，遂开始对韩国采取军事强硬政策。1966 年发生了朝鲜鱼雷艇攻击韩国渔船事件，1967 年在军事分界线发生了南北战斗。1968 年 1 月发生了从朝鲜潜入韩国的士兵企图攻击韩国总统府的青瓦台刺杀事件。但是，朝鲜半岛没有再爆发全面战争，这些只局限于局部冲突。最终，在美国与中国和解、越南战争渐趋和平协商之际，南北间也开始了接触。1972 年 7 月，南北双方发表了《南北共同声明》，南北就朝鲜半岛和平统一达成了七项协议。

使朝鲜半岛紧张感加剧的是 1975 年 4 月北越占领西贡瓦解了南越。同年 4 月，金日成访问中国，谈到"发动战争得到的将是统一，而失去的只是军事分界线"。但此时朝鲜半岛也没有发生战争，保持了休战状态，这是因为朝鲜没有得到中国的军事支持以及驻韩美军依然驻留的缘故。

20 世纪 80 年代末，苏联与东欧的社会主义体制由于经济上的困难发生动摇，由韩国主导实现朝鲜半岛统一的期待在韩国国内日益高涨。1988 年，韩国举办汉城奥运会后，其国际地位得到提高，经济规模得到扩大。在韩国军队实现现代化、南北间的军事力量差距增大之时，另一个分裂国家东、西德国实现了统一，这对韩国国内的统一言论产生了重大影响。

但是，此后没有发生朝鲜瓦解的事情，而且在朝鲜半岛存在着美韩、中朝及苏朝三个同盟条约，南北凭借军事力量相互对峙的格局并没有改变。90 年代，苏联与东欧社会主义经济解体，国际社会对朝鲜核武器开发的怀疑开始加深。国际社会因对朝鲜核武器开发的怀疑要求 IAEA（国际原子能机构）对朝鲜核设施进行核查。对此，朝鲜于 1993 年 3 月 12 日宣布退出 NPT（《防止核扩散条约》）。当时，对于退出 NPT 的原因，朝鲜指出"是由于直接面对核拥有国美国的威胁，为了保持朝鲜的自主性，确保安全而宣布退出 NPT"①。

当时，虽然处于对朝鲜开发核武器的怀疑阶段，但从朝鲜宣布"确保安

① 参看注释 1 朝鲜外务省备忘录。

全面退出"来看，大约到1993年3月朝鲜就有了为"确保安全"的军事目的而保有核武器的意图，并最终在保有核武器的意图下退出了NPT。美朝协商开始之初，朝鲜就存在由于美国拥有核武器为保卫自己有必要拥有核武器的想法。

为了对朝鲜进行严格核查，美朝间开始了协商，1994年10月，美朝间达成了《框架协议》。国际社会期待朝鲜能够接受拆除黑铅减速炉、改善能源状况的国际援助体制。由KEDO（朝鲜半岛能源开发机构）发起，美国向朝鲜支援50万吨重油，国际机构也提供了轻水炉建设援助，开始了冻结黑铅减速炉的工作。但KEDO的工作进展并不顺利，在轻水炉建设方面，朝鲜反对将轻水炉建为"韩国型"。另外，围绕着朝鲜劳动者的薪酬问题，朝鲜与KEDO产生了方针上的分歧，延缓了轻水炉建设进程。

与此同时，南北对话也得以展开。2006年6月，金大中总统与金正日国防委员长举行南北首脑会晤，其间南北领导者就南北和解问题进行了磋商，进一步确认了1991年南北基本协议中提出的促进信任培养。在2007年8月举行的第二次南北首脑会谈中，韩国承诺将予以朝鲜大规模援助。南北会谈的过程似乎进展得很顺利。

但是，进入2000年后，朝鲜半岛对朝鲜进行铀浓缩设施建设的怀疑不断加剧。2002年10月，朝鲜向来访的美国总统特使詹姆士·凯利承认了进行中的铀浓缩计划。从2003年8月开始，为了解除对铀浓缩活动的怀疑，日、美、中、俄以及朝鲜、韩国举行了六方会谈。2005年2月10日，朝鲜外务省对核问题发表了《为了对抗美国的敌对政策而制造用于自卫的核武器》的公开声明。[①] 由此，国际社会为全面解决朝鲜核武器开发计划以及现存核武器的努力遭遇到了困难，朝鲜不再隐瞒其进行核武器开发的意图。对于已经明确了保有核武器目标的朝鲜，相关国家通过六方会谈进行的努力也在持续。2005年9月19日，在第四次六方会谈中第一次发表了《共同声明》，六国一致表示，朝鲜应放弃所有核武器和现有核开发计划，重返NPT并接受IAEA的核查。[②]

---

① 全文登载于《朝鲜通信》朝鲜语电子版，2005年2月11日，http：//www.kcna.co.jp/index－k.htm。访问时间：2011年1月24日。

② 全文参看日本外务省网页：http：//www.mofa.go.jp/mofaj/area/n－korea/6kaigo/ks－050919html。访问时间：2011年1月24日。

《共同声明》发表之后，围绕着大规模杀伤性武器的开发，美国政府进行了调查，认定澳门的汇业银行是朝鲜进行洗钱的金融机构。此后，六方会谈达成的协议事项没得到履行并处于停滞状态。2006年7月5日，朝鲜发射了弹道导弹，10月9日进行了第一次核试验。朝鲜不仅宣布了核保有声明，而且还表现出实施核武器弹道化的可能性。国际社会为阻止朝鲜的核武器开发进行了不懈努力。2007年2月13日，朝鲜接受了六方会谈提出的《落实共同声明起步行动》，10月3日，六方会谈通过了《落实共同声明第二阶段行动》的文件。

从国际社会与朝鲜的交涉以及最近朝鲜说明进行核开发原因的文件来看，朝鲜一直以核武器开发为目标进行着努力。对核武器开发的质疑出现后，朝鲜先是声明为了进行电力开发，随着对相关核设施严厉核查的不可避免，朝鲜退出了《防止核扩散条约》。在声明核保有后，朝鲜进行了核试验。此后朝鲜表明其核保有原因并成为核拥有国而成为国际社会关注的重点。

朝鲜的最终目标是什么呢？由于将美国核威胁的存在作为其进行核武器开发的理由，因此在世界不消除核武器的前提下，朝鲜将继续主张保有核遏制力的权利。从朝鲜的报道来看，前文提到的外务省备忘录中指出"朝鲜民主主义人民共和国核武器的使命是，在实现朝鲜半岛和世界无核化之前遏止和击退对国家和民族的侵略与攻击。"这里所说的"国家与民族"是指包括朝鲜和韩国在内的整个朝鲜半岛，而不是半个朝鲜半岛。"击退对民族的侵略"是指"击退对南北统一民族所生活的整个朝鲜半岛的侵略"。"清算美国对韩国的军事援助"也是朝鲜核武器的使命之一。以此为依据，朝鲜要求核查"韩国内设置的美国核设施"，其理由是"韩国内的美国核武器"是美国对朝鲜半岛进行军事干涉的武器。另外，朝鲜主张只要美国的核武器威胁存在，就不会放弃核武器。此外，还主张以避免核战争为前提，有必要将朝鲜半岛的停战协议改为和平协议。① 这样，朝鲜的核武器又与解除美国对韩国的军事政策相关联，成为制止美国军事介入的手段，并与朝鲜达成和平协定的政策有密切联系。这也是朝鲜将核武器称为"决定性武器"和"最终武器"的原因。

---

① 《朝鲜中央通信》2010年2月3日。《朝鲜新闻》日语电子版，2010年2月10日，http//www. 1korea－np. co. jp/sinboj。访问时间：2011年1月24日。

二 核战略

可以明确，朝鲜核武器的开发是以其传统的统一政策为基础的。抱着"遏止和击退对国家和民族的侵略与攻击"目的的朝鲜核武器在军事上是如何使用的呢？对此，将从 2010 年 4 月朝鲜外务省备忘录以外的声明中进行考察。

2010 年 4 月 24 日，朝鲜人民军总参谋长李英浩在朝鲜人民军建军 78 周年前一天举行的纪念集会上发表演说，指出"如果侵略者入侵朝鲜神圣的领空、领土和领海哪怕只有 0.001 厘米，都将动用包括核武器在内的所有手段彻底摧毁侵略者的巢穴，一定实现祖国统一的历史伟业"。① 这意味着朝鲜在遭到侵略时，即使对方以普通战略入侵，也将以核武器来对抗，同时也表明了核武器的先发使用。"彻底摧毁侵略者的巢穴"应该是指用大量破坏性武器摧毁主要城市或基地。另外，"以此保卫朝鲜的安全"不只是空谈，还要"实现祖国统一的伟业"。无论怎样，朝鲜在核使用的前面冠以的都是统一目标，把核武器保有作为实现统一这一国家战略的一部分来看待。

围绕着金正日国防委员长的健康，从 2009 年开始为应对朝鲜的体制变化，国际社会就各国应如何采取措施展开了讨论。针对韩国政府制订的应对朝鲜紧急事态行动计划的报道，2010 年 1 月 15 日，朝鲜国防委员会发表声明，指出"要实施依据核遏制力的复仇圣战"，第一次使用了"圣战"一词。② 7 月 24 日，朝鲜称美韩两国实施的联合军事演习是"挑起军事性扼杀"，表示"随时都将发动依据核遏制力而进行的复仇圣战"，再一次使用了"圣战"一词。③

2010 年 12 月 23 日，出席朝鲜中央报告大会的人民武装部长金永春指出："我们的革命武装凭着核遏制力已经做好充分准备开始我们所追求的圣战，如

---

① 《朝鲜新报》日语电子版，2010 年 5 月 6 日，http：//www. 1korea - np. co. jp/sinboj。访问时间：2011 年 1 月 24 日。

② 朝鲜国防委员会声明《在非常统治计划中以复仇的圣战来应对》的全文载于《朝鲜通信》朝鲜语电子版，2010 年 1 月 15 日，http：//www. kcna. co. jp/index - k. htm。访问时间：2011 年 1 月 24 日。

③ 朝鲜国防委员会声明《以核遏制力为基础的复仇的圣战》全文见于《朝鲜通信》朝鲜语电子版，2010 年 7 月 24 日，http：//www. kcna. co. jp/index - k. htm。访问时间：2011 年 1 月 24 日。

果入侵我国领空、领土和领海，将予以猛烈的武力打击"。根据朝鲜的解释，"我国领空、领土和领海"是指整个朝鲜半岛。"猛烈的武力打击"则表明将使用大量破坏性武器。[①] 正是依据这样的解释，所以美韩军事演习尽管是在韩国境内举行的，朝鲜也会提到"圣战"。

"圣战"一般意味着对外名分正当化的战争。对朝鲜半岛而言，对外名分指的是停止分裂状态，重新实现民族统一，而朝鲜则是从"停止分裂状态的战争使核战争变得正统化"的意义上来使用的。此后，对朝鲜而言，"如果为实现朝鲜半岛统一与美国进行战争，表明使用核武器遏制美国的介入就变得正当化了"。

这一点与朝鲜提出缔结和平协定的提案并不矛盾。如果凭借保有核武器而实现对美国干涉的制止，那么就有必要使这一状态永久化。为了使这一状态制度化，美朝关系就有必要处于正常状态。2010 年，朝鲜为促进美朝关系正常化，将前外务次官（负责对美外交）姜锡柱任命为副首相。

朝鲜力图使美朝关系变成对等的关系，从而构建只有南北双方参与的朝鲜半岛统一计划框架。"没有美国的干涉，不通过战争实现统一"是自主性的和平统一。朝鲜意识到能够实现这一计划框架的手段就是在实际战争状态下作为遏制力发挥作用的核武器。朝鲜明确了保有核遏制力，不同意摧毁现有的核武器。2010 年，朝鲜向美国专家承认了试验用轻水炉开发计划的存在，并公开了据称是朝鲜国产制品的离心机，承认了铀浓缩活动的存在，总之，明确了一直进行大规模杀伤性武器的开发。[②] 从这些活动与 1948 年建国以来为实现最终目标而确定的决定性武器为核武器来看，本报告认为朝鲜的最终目标无论在怎样的核查、制裁以及核试验阻止体制下，都将是继续进行核武器开发，都将作为对美国的遏制力来制造核武器。"朝鲜对美国的遏制力"的意思就是指"能够对抗美国核战略的核武器"。

综上所述，从朝鲜的公开声明来看，其有关核武器的方针可总结为如下几

---

① 《朝鲜日报》日语电子版，2010 年 12 月 24 日，http：//www.chosunonline.com/news。访问时间：2011 年 1 月 24 日。

② 斯坦福大学赫克教授访问朝鲜后发表了报告，称使用的是令专家感到震惊的新型离心机。Siegfried Hecker, "Redefining Denuclearization on North Korea", Bulletin of the Atomic Scientist, 20 December 2010.

点。（1）朝鲜的核保有是以朝鲜战争时期美国谈到使用核武器为起点的，而不是国际社会和朝鲜围绕着20世纪90年代以后的核查观点差异所致。（2）朝鲜是为了维护整个朝鲜半岛国家与民族的安全和统一而保有核武器的。（3）只要朝鲜半岛整体自主权与安全没有得到确保，就不会放弃核武器。也就是说，只要美国不放弃核武器，朝鲜也不会放弃核武器，会根据需要生产核武器。（4）为了阻止美国对朝鲜半岛问题的军事干涉而保有核武器，这与缔结美朝和平协定并不矛盾。（5）若有针对朝鲜半岛的侵略，朝鲜有可能会先使用核武器。

可以明确，朝鲜对核武器有上述5个方面的原则。朝鲜的核开发计划成为其统一政策的一部分。由此可见，在南北协商与六方会谈等协商中，以保证朝鲜半岛北半部的安全来要求朝鲜承诺放弃核武器是困难的，对此朝鲜在公开报道中也予以了承认。

三 对话与军事

朝鲜在常备战略领域也力图超越韩国。2009年4月5日，朝鲜发射了弹道导弹"大浦洞2号"，5月25日进行了核试验。与此相并行，从2009年开始，朝鲜提出在朝鲜半岛西部划定的北部界限（NLL）无效的主张。2009年5月27日，朝鲜则提出"将不再受约束于停战协定"。[1] 在紧张局势不断加深之际，11月10日，南北海军舰艇在黄海发生冲突。虽然2009年以后朝鲜增加了常备战略的训练，但此次南北海军的军事冲突进一步加深了对韩国的军事压力。12月21日，朝鲜声称位于朝鲜半岛西部黄海海域军事分界线的附近海域"纳入（朝鲜）海岸及海岛炮兵部队平时海上演习范围之内"，并反复报道不承认北方分界线。2010年1月，朝鲜还进行了假想没有美国参与的与韩国单独实战的陆海军联合演习。[2]

---

[1] 《朝鲜日报》电子版，2009年5月28日，http：//www.chosunonline.com/news。访问时间：2011年2月1日。1953年8月30日虽然组成了联合国军，但由于朝鲜失去了海军舰艇和地对舰导弹而接受了北方界线。

[2] 2009年11月10日，南北海军发生冲突后，朝鲜海军的活动很活跃。《朝鲜日报》日语电子版，2010年4月24日，http：//www.chosunonline.con/news。访问时间：2011年2月6日。2010年1月，朝鲜公布了进攻韩国城市的装甲车师团军事基地的外观。《中央日报》日语电子版，2010年1月7日，http：//www.japanese.joins.com。访问时间：2011年2月4日。

2010 年 3 月 26 日，韩国警戒艇（天安舰）遭到朝鲜潜水艇鱼雷的攻击沉没。11 月 23 日，朝鲜发动了对延坪岛的攻击。韩国社会再一次认识到尽管是落后的朝鲜火炮也可以给韩国造成损害。无论是警戒艇（天安舰）事件，还是延坪岛炮击事件，其共同点都是针对韩国并且是单方面的进攻，也是在与美国的战斗中难以预见形态的攻击。

2010 年，朝鲜对韩国诸如此类的攻击与朝鲜呼吁保持核遏制力的报道同时进行。这说明朝鲜将核力量与常备兵力两方面并行并予以强化。另外，朝鲜的军事强硬态势也是与其领导层的变化并行的。2010 年 9 月，朝鲜劳动党代表大会召开，金正日第三子金正恩出任朝鲜劳动党中央军事委员会副委员长。劳动党的组织变动结束后，10 月 10 日，在朝鲜劳动党成立 65 周年纪念活动中进行的朝鲜人民军阅兵仪式上，荣升为大将的金正恩副委员长在主席台与金正日国防委员长共同观看了阅兵式。朝鲜在阅兵式上向美国、日本等外国媒体展示了劳动远程导弹和舞水端中程导弹。弹道导弹的展示在阅兵式中具有重要的意义。对此，从允许外国媒体对弹道导弹展示部分内容进行中介报道就可以看出。借着第三子金正恩的上台而公开国产的弹道导弹，可见朝鲜的大规模杀伤性武器的存在与继任者的上台是有关联的。

朝鲜的外交活动也变得活跃起来。2010 年 4 月 21 日的朝鲜外务省备忘录除阐明了对美国核遏制力的意义外，还向美国提出了缔结朝鲜半岛和平协定的要求。可见为缓和紧张局面，朝鲜有必要使美朝关系正常化。[①] 3 月的警戒舰（天安舰）事件后，8 月，曾担任六方会谈中国代表团团长的武大伟访问朝鲜时，朝鲜同意重开六方会谈。[②] 2011 年 1 月的新年共同贺词中，朝鲜指出南北交流的重要性，1 月 5 日，朝鲜呼吁进行南北间各阶层的交流，此后提出举行南北军事指挥者会谈。2011 年初，朝鲜就开始致力于南北交流正常化的努力。那么，此后围绕朝鲜问题进行的协商会顺利展开吗？

本报告认为，朝鲜将核武器开发计划与统一政策相联系而持续进行，超越

---

① 4 月 21 日朝鲜外务省备忘录由说明朝鲜保有核武器的合理性和缔结和平协定必要性的内容构成。《朝鲜通信》朝鲜语电子版，2010 年 4 月 21 日，http：//www. kcna. co. jp/today-rodong/rodong. htm。访问时间：2011 年 1 月 24 日。

② News From Korea Central News Agency of DPRK，2010 年 8 月 20 日，http：//www. kcna. co. jp/index - k. htm。访问时间：2011 年 1 月 24 日。

了以南北、中朝、美朝关系为中心的东北亚国际关系的军事理论。抱着以统一为目标的军事战略，朝鲜继续坚持保有核武器，并在避免与美国发生正面战争后，以与韩国进行对话和突然进攻为主的作战方式实现朝鲜半岛统一的战略，其背景是什么呢？

第一，朝鲜如何看待韩国社会。2011年1月21日，朝鲜《民主朝鲜》报道指出："同一民族之间应齐心合力，彻底摆脱外部势力，走对立的道路是行不通的。"提出为了消除军事紧张，韩国不应强化与美国的军事演习，而应进行南北间各阶层的对话，指出比起美韩同盟，南北交流更有必要。[①] 2010年，在朝鲜半岛紧张局势激化之际，朝鲜从1月的新年共同贺词开始转变对话态度后，提出举行国会及军事领导者级别的南北协商，并对提议进行了具体说明。朝鲜的对南政策有体现"即便紧张局势激化，朝鲜也能够在韩国内造成有必要进行南北对话的氛围"的内容。南北间军事冲突后，朝鲜劳动党机关刊物等的报道增加了韩国社会批判其政府的内容。由于南北间的紧张，反而使朝鲜对韩国社会支持对话路线阶层增长的事实更加关注。2010年5月20日，韩国天安舰沉没事件中期报告发表，美军联合军事调查团判断天安舰是被朝鲜大型鱼雷击沉的。此后，6月进行的韩国统一地方选举以在野党的胜利而告终。对于在野党认为"韩国政府对朝鲜过于紧逼，朝鲜才实行军事突袭"的观点，支持者是比较多的。朝鲜的军事突袭不会引发韩国方面走向军事报复路线，对此朝鲜应该是知道的。

第二，中国的态度。中国目睹了2009年以来朝鲜实施的导弹与核试验以及对韩国实施有目标的军事攻击等军事强硬行为。当时中国以防止战争再发生为重点，反对对朝鲜进行制裁。2010年3月的天安舰沉没事件后，中国认为为避免战争再次发生而应选择对话路线，反对联合国安保理事会对朝鲜进行制裁的讨论。与此相呼应，朝鲜明确表示了重返中国所期望重开的六方会谈的态度。朝鲜派往中国的代表团出席了为2010年10月中旬重开六方会谈而举行的全部协商。[②] 2010年春以来，中朝关于六方会谈的态度是一致的。11月23日

---

① 《朝鲜新报》日语电子版，2011年1月26日，http：//www.1korea - np.co.jp/sinboj。访问时间：2011年1月24日。

② 《朝鲜新报》日语电子版，2010年10月20日，http：//www.1korea - np.co.jp/sinboj。访问时间：2011年11月24日。

延坪岛攻击事件之后，武大伟在北京举行的六方会谈特别代表记者招待会上提议应为准备六方会谈而进行会晤。中国的这种态度成为朝鲜认为中国不会采取孤立朝鲜政策的判断依据。

第三，朝鲜认为，核武器开发与建设强大的军事力量是需要跨时代的。在2010年10月9日举行的朝鲜劳动党创建65周年纪念集会上，杨亨燮常务副委员长指出"不继承和发扬伟大领袖和敬爱的将军建党指导业绩是不行的"。①这是在金正恩出任党中央军事委员会副委员长之后在劳动党的活动中提出的。"建党指导业绩"包括了居于劳动党军队朝鲜人民军之上的国防委员会的主要事业——大规模杀伤性武器的开发。也就是说，朝鲜即使实现了领导者的交替，下届领导者也将坚持一直以来的核武器实验、轻水炉建设、铀浓缩活动以及导弹性能改良的内政路线。继承金日成和金正日未竟事业是继任者获得正统性的条件。

那么朝鲜的内政现在怎样呢？随着朝鲜劳动党作用的增大，出现了曾为保障金正日国防委员长领导力而成立的国防委员会的部分职能由劳动党中央军事委员会来分担的可能性。

2010年9月28日，朝鲜劳动党44年来第一次召开了朝鲜劳动党代表大会，修订了30多年来的朝鲜劳动党党章（韩国《联合新闻》2011年1月6日报道），其重要内容如下②：

——删除了劳动党代表大会每5年召开一次的规定。规定由党中央委员会召集召开党代会，召开日期在6个月前公布，亦即实行了党代会随时可以召开的体制。

——虽然党代会具有临时党代会的性质，但却赋予了党最高机构选举和修改党章的权力。

——由党总书记兼任党中央军事委员会委员长，金正日兼任此职务。

——规定党总书记作为党的领导者，代表党领导整个党。

——在党代会召开之前由党中央军事委员会组织负责所有军事工作，可以

---

① 《朝鲜通信》朝鲜语电子版，2010年10月10日，http：//kcna.co.jp/index－k.htm。访问时间：2011年11月24日。

② 《联合ニュース》2010年11月10日。

指导整个国防事业。出现了与国防委员会权限相重复的部分。

——朝鲜人民军在劳动党的领导下进行所有政治活动。派遣到各部队的政治委员作为党代表，负责并指导部队的所有工作。

——删除了党章中马克思列宁主义的内容，规定朝鲜劳动党是金日成的党。

——规定党的基本原则是保证党建的继承性。

——保留第10章第60条规定交纳的党费。

其中"在党代会召开之前由党中央军事委员会组织负责所有军事工作，可以指导整个国防事业"，这是朝鲜劳动党中央军事委员会以重视国防委员会职能的形态来履行其职责的方针。统管双方的金正日国防委员长健在之时，由于存在统一指挥而不会产生问题。但如果国防委员长不在了，那么中央军事委员会与国防委员会的关系又会如何呢？强化党的中央军事委员会的作用，到时金正恩作为副委员长的作用将是决定性的。

2010年9月，朝鲜劳动党代表大会对劳动党党章的修订内容包含强化中央军事委员会作用的内容，体现了朝鲜领导层处于过渡状态。

第四，近年来，朝鲜与外国交流并进行了技术革新。根据2010年3月天安舰事件以后的报道可以确定，朝鲜向伊朗输出了潜水艇。[①] 在中国人民志愿军参加朝鲜战争60周年的2010年，中国与朝鲜军队进行了活跃的交流。金正日总书记两次出访中国后，在朝鲜劳动党代表大会召开后的10月10日，中国共产党代表团出访平壤，与金正日总书记进行会谈，签署了《经济技术合作协议》。虽然20世纪80年代以后朝鲜与缅甸的关系中断，但随着缅甸体制的变化，朝鲜与缅甸的关系得到了改善。两国在建交前就已经达成了武器援助条约。[②]

朝鲜不仅在经济领域，而且在军事领域与缅甸、伊朗、也门、叙利亚、巴基斯坦、中国、俄罗斯等国也构建着合作关系。朝鲜所需求的大规模杀伤性武器技术主要是导弹合集和固体燃料技术、三级火箭分离技术以及传感技术。国

---

① 《朝日新闻》2010年6月10日。

② Aung Lynn Htut, "The Burma – North Korea Axis", International Herald Tribune, June 18, 2010, http://www.nytimes.com/2010/06/19。访问时间：2011年1月24日。

际社会对于这些技术到底扩散到何种程度还有很多不明确的地方。从朝鲜与各国进行积极的技术合作来看，虽然朝鲜存在大规模杀伤性武器开发的技术障碍，但继续进行开发的可能性更大。

如上所述，朝鲜战争之后，朝鲜意识到在朝鲜半岛上"核武器的作用"，在东西方冷战开始发生变化时便着力于核武器的保有。东西方冷战结束后，朝鲜切实感到在国防上加强主体性的必要，于是从20世纪90年代初开始加快了核武器开发，此后巩固了以核武器为中心的军事战略，积极利用朝鲜周边各种条件进行大规模杀伤性武器的开发。

朝鲜之所以在常备战略领域也对韩国采取强硬态度，是因为"展现朝鲜完成核遏制力的可能，表明在完成洲际弹道导弹之时，就可以制止美国对朝鲜半岛的军事干涉。这种期待实现后就将发展成为与韩国的交涉或战争"，是朝鲜做的两手准备。正是由于保持着"朝鲜在避免与美国进行全面战争的同时，继续与韩国进行交流，最后如果朝鲜人民军清除了美国在韩驻军，那么就可以不顾国际社会的干涉而实现朝鲜主导下的统一"这样的战略，所以朝鲜才一边呼吁美朝关系正常化，一边以清除驻韩美军的政策为重点。

然而，对朝鲜而言，是通过南北间对话实现统一，抑或通过南北间的军事冲突实现统一还存在诸多不确定因素，这关系到韩国军队的应对和美韩同盟以及美国的扩散遏制如何发挥作用。

避免与美国的冲突和国际社会的干涉而实现统一的战略与金日成提倡的"自主和平统一"的宗旨是一致的，也是朝鲜自1948年建国以来所追求的目标。朝鲜在阐明保有核武器的意义时往往追溯到朝鲜战争时的经验。最近朝鲜半岛的军事紧张局势虽然表明朝鲜半岛任何时候都有可能发生军事冲突，但却向我们揭示了朝鲜半岛的基本格局60年来没有发生变化。

朝鲜已经认识到，炮击韩国延坪岛等会使美韩同盟加强，进而强化日美韩的联系。同时，国际社会对朝鲜的评价会不断降低，而且经济制裁也不会缓和。尽管如此，朝鲜以韩国为目标的军事进攻依然不断。这是因为朝鲜进行的大规模杀伤性武器和常规武器开发活动不仅与外交有关，而且还与由实现统一的对外名分而产生的政策首要顺位的提升，即与军事理论相关联。

朝鲜还考虑到了"挽救体制"问题。如果体制瓦解了，统一就无从谈起。但重要的是"挽救体制"的目标包含"解放朝鲜半岛南半部实现统一"的概念。

如上所述，朝鲜坚持以核武器为中心的军事战略，并在这一战略基础上展开对美外交、对中外交、南北对话以及进行军事力量建设。在此过程中，朝鲜相继进行了导弹试验、核试验，制造了延坪岛攻击事件，并宣布了轻水炉建设计划。这些都是相互关联且与朝鲜内部状况有关的活动。

由于朝鲜相信"遏制美国因保有核武器而进行的干涉，为实现统一而奋斗"的前景是可能的，因而其政策是不变的。在坚持"朝鲜半岛自主和平统一"目标的情况下，朝鲜是不会放弃核武器的，而且还有可能在下一代领导者的领导下通过各种方法开发和保有大规模杀伤性武器，并将从国外积极引进大规模杀伤性武器技术。

四　中国将如何干预

如前所述，朝鲜自建国以来的战略是一贯的，其背景虽然存在以核武器为主体实现统一的军事战略，另一个使朝鲜政策有可能得以持续的背景就是中国的存在。下文拟就中国对朝鲜半岛的态度进行说明。

金正日国防委员长于2010年5月出访了中国。这次出访对促进中国东北与朝鲜的经济发展具有重要意义。中国的图们江开发作为国家工程，是以振兴东北三省工业基地为目标的。随着罗津港运用的活跃，中国也想借此促进本国的经济发展。对中国而言，朝鲜的经济价值是很高的，金正日国防委员长也重视与中国的友好关系。[1]

与此同时，围绕着金正日国防委员长健康恶化之说以及朝鲜领导体制显现出发生急变的可能性，国际社会对在这种情况下中国将如何应对予以了关注，并出现了各种议论。欧洲媒体的分析有中国人民解放军单独军事介入说、中国旁观说、美国与中国联合介入说等。[2] 如果朝鲜局势短期内发生剧变，中国将

---

[1]　延边大学姜龙范博士一直认为中国与朝鲜的关系不是对立关系而是互惠关系，这是以延边朝鲜族自治州为中心展开的中国和朝鲜的交流为依据而予以说明的。姜龙范：《对中朝都将有益的旅行》，《产经新闻》2010年5月3日。

[2]　美国专家集团进行了几点分析。例如，Paul B. Stares and Joel S. Wit, Preparing for Sudden Change in North Korea（Council on Foreign Relations Press）2009。

如何应对呢？对此存在"朝鲜领导层的异常状态、朝鲜半岛局势的变化、人民解放军介入朝鲜半岛"等议论。对此有必要以下列几条作为判断的依据。

1. 没有条约依据

中国和朝鲜之间有 1961 年 9 月缔结的《中朝友好合作互助条约》，根据该条约，朝鲜在遭到外国侵略时，中国是可以介入的。其第二条规定"缔约双方保证共同采取一切措施，防止任何国家对缔约双方的任何一方的侵略。一旦缔约一方受到任何一个国家的或者几个国家联合的武装进攻，由此处于战争状态时，缔约另一方应立即尽其全力给予军事及其他援助"。该条约现在依然有效，但对朝鲜内部变化的事态却是不适用的，因为这并不是"对缔约双方的任何一方的侵略"。

2. 外交原则与安定的中朝关系的进退两难

中国以和平共处五项原则作为对外政策的基础，即在互相尊重主权和领土完整、互不侵犯、互不干涉内政、平等互利、和平共处的基础上发展友好关系。

在这一原则下，中国坚持了"始终贯彻独立自主的原则，不与大国或军事集团缔结同盟和形成军事集团，不参加军备竞赛，不进行军事扩张"的政策。由此来看，如果《中朝友好合作互助条约》是同盟条约，则与和平共处五项原则相矛盾。中国不将该条约称为同盟条约在国际法上是当然的。

另外，中国明确提出了"反对霸权主义，维护世界和平，国家不分大小强弱和贫富都是国际社会的平等一员。通过协商和平解决国家间的纷争和冲突，杜绝武力威胁和武力行动，不得以任何借口对别国进行内政干涉"的外交方针。因此，即便朝鲜陷入内部混乱状态，如果中国进行军事介入就将违背这一原则。

3. 韩中经济关系的进展

韩国与中国建交且两国的经济关系是目前影响东北亚的重要因素。如果中国向朝鲜派出军队，则会刺激韩国的民族意识，中国与韩国的关系将立刻冷淡，对此中国也是了解的。

4. 与中国保持距离的朝鲜

20 世纪 90 年代的朝鲜半岛与现在朝鲜半岛的环境是不同的。朝鲜在 2006 年 10 月 9 日进行了核试验并宣布了核保有声明，当时还宣称"100% 用自己的技术进行了核试验"，这意味着"不依靠中国和俄罗斯而实现了保有核武器"，同时也宣告了"摆脱中国和俄罗斯的军事独立"。朝鲜大规模杀伤性武器开发的背景存在对中国和俄罗斯的民族主义。

5. 韩国的自尊心

来看一下朝鲜半岛南北关系。南北首脑会谈进行了两次，韩国的南北联合基金发挥了作用。韩国面对"危机管理情况下的朝鲜"，是否会容忍美国、中国以及日本的介入呢？在美中和美朝主导下进行六方会谈，韩国的心态并不平静。在面对朝鲜内部异常状态时，韩国最先关注的应是韩国是否会被排除在外。

6. 朝鲜的自尊心

尽管存在"朝鲜发生非常状况中国将会毫不迟疑地积极介入"的议论，不过中国认为"朝鲜虽然是亲密的友好国家，两国唇齿相依，但却是具有难以理解的思想体系的国家"。

7. 诱发美国的军事介入

如果中国借朝鲜内部混乱而进行军事介入，美国是不会袖手旁观的。那么中国是怎样打算的呢？这也是重要的问题。

8. 复杂的局面

在上述朝鲜内部局势开始发生急剧变化的时刻，不仅仅只有中国的活动是突出的，韩国与中国的对立和牵制以及美国与中国的进退，这些都与朝鲜内部变化相交织而呈现出复杂态势。

结　论

可以说朝鲜半岛的动向还不明确，而且朝鲜的局势正处于过渡期。南北对立并没有结束。有必要看到，朝鲜的核武器开发是置于朝鲜半岛统一视野上的，其核武器开发在相当一段时期内还将持续。"坚持核武器开发直到消除美国的核武器威胁"意味着将美朝关系构建为核保有国之间的稳定关系。朝鲜半岛虽然是对话与紧张交替的地区，毫无疑问，今后也将有紧张感加深的时期。

日本是如何看待东北亚的这种局势呢？2010年12月17日，日本政府内阁通过了新的中长期《防卫计划大纲》。[①] 对于日本是如何看待东北亚战略环境的问题，该大纲也有涉及，即日本虽然认为该地区发生大规模战争的可能性很小，但却存在围绕着民族、种族、领土、主权、经济利益等问题对立或纷争加深的倾向。由于亚太地区呈现出世界性力量均衡的变化，战略环境将变得更加复杂。朝鲜的大规模杀伤性武器开发和中国军事力量的强化对这一地区的军事均衡产生着影响。日本认为，面对着东北亚这样的战略环境，将会出现各种课题。另外，成为关键词的还有"动的防卫力""对世界和平与稳定的积极贡献""具有柔韧性的多方对应"。"具有柔韧性的多方对应"意味着日本在有事时采取各机关相互协调以应对事态任何变化的态势，其对策是强化政府组织的情报体制。指出为迅速应对事态将进行全局性的军队调动，还指出为确保这一切顺利进行，美军在这一地区的存在是不可或缺的。

由于今后年轻劳动者的减少，日本将难以确保自卫队员的人数。另外，在削减国家预算的方针下，大幅度增加防卫费用比较困难。在这种条件下，为应对不明确的国际局势而采取的具体方案还只是刚刚开始筹划而已。在通过与亚太国家的交流构建信任关系的同时，为确保进行防卫力的整备，日本认为有必要将 2010 年防卫计划中确定的大纲内容付诸实施，因而公布了 2010 年的新《防卫计划大纲》。

在此基础上，日本决定将陆上自卫队的战车从 600 台削减到 400 台，而潜水部队从 4 个增加到 6 个，潜水艇由 16 艘增加到 22 艘。

新防卫大纲与此前大纲相比提出了不同的概念，这本身就说明了这一地区战略环境的变化是极其显著的。

---

① 2010 年 12 月 17 日，日本政府内阁决议通过的《防卫计划大纲》全文参考了以下资料，http：//www. kantei. go. jp/jp/kakugikettei/2010/12/17。

第三讲

东北亚新形势与中国对朝鲜半岛的政策

虞少华

作者简介：

中国国际问题研究所亚太安全与合作研究部主任、研究员，曾先后担任亚太研究室副主任、主任。两度在中国驻朝鲜使馆工作，任二秘、一秘。享受国务院政府特殊津贴。

研究领域：朝鲜、韩国内政外交，朝鲜半岛安全形势。

学术著作：

《中国周边安全环境透视》（合著），中国青年出版社，2003

《不确定的世界》（合著），世界知识出版社，2002

主要学术论文：

《东北亚安全形势与中韩战略合作》，《国际问题研究》2010 年第 5 期

《中日韩关系和东北亚形势》，《外交》（英文季刊）2009 年冬季号

《朝美关系与朝核问题》，《国际问题研究》2006 年第 6 期

《最重要的是维护朝鲜半岛和平稳定》，《外交》（日本）1999 年 9 月号

非常高兴能够来到延边大学演讲，那么下面我就东北亚新形势与中国对半岛政策这个论题同大家进行交流。

一　东北亚新形势各方的变化

1. 朝鲜

在新一轮朝鲜半岛紧张局势中，朝鲜对外姿态前所未有的强硬（强调拥

核国地位、宣布要对外进行核先发制人打击、指名道姓公布具体攻击计划目标、公布视频、关闭开城工业园区），但虚多实少（声称要进行核先发制人打击、将远在射程之外的华盛顿变为火海）。值得注意的是朝鲜在显示强硬的同时，也加大了对发展经济的重视度、宣传度、投入度（正式在2013年3月31日党中央全会上决定实行"经济建设与核武建设并行"路线，在2014年4月1日第12届最高人民会议第七次会议上任命"经济通"朴奉柱为内阁总理，全力开展吸引外国游客活动，派旅游总局局长访华，向美国、欧洲、中国台湾、新加坡游客宣传等）。

这样看来，尽管朝鲜很难测，但可以有几个相对把握较大的结论。第一，内部相对稳定（金正恩接班与金正日不同：不守孝、不低调，还要搞经济，当然也有金正恩性格的因素）。对外强硬不是因为内部有不稳定危机，但确实也意在提高金正恩权威。第二，不会放弃核武器，并且对自己核威慑能力的自信度较前提高。第三，发展经济改善民生也不是作秀。第四，对美政策进一步不信任。

从当前看，如果在空前激烈的对抗与博弈中把握得当，朝鲜在危机转圜过程中能保住面子，并略有主动。但从长远看，朝鲜的过分举动使自己道义失分、可信度更低，亦不利于其对中国的倚重，总体来说弊大于利。更重要的是，朝"核武发展与经济建设并进"战略难以被周边认可，且不能完全无视周边的要求与压力，如何调整政策与姿态，对朝来说是需要智慧与勇气的。而金正恩有没有这样的勇气与智慧，这正是最近几个月来国际舆论在观察他在对抗中的表现后不能不提出的疑问。

2. 韩国

在对朝立场方面，韩不再一味忍让和机械捆绑取予（李明博强调对朝要"有取有予"）。这两方面特征同时发展似很矛盾，其实不然。韩的不忍让主要体现在应对的实际部署方面，而"信赖进程"的同朝对话基调并不削弱韩的主动，反而可以赢得道义上策略上的主动。这可以看作朴槿惠政府对十年进步阵营和五年保守阵营执政经验教训总结的结果。这使韩对朝能够较前更为自信和灵活。

但还有一点存在问题，就是对美关系的处理和双方的政策协调。韩不能回避的现实是，美韩在对朝问题上的利益是有差别的（主要在于韩不能承受战乱，美没有直接威胁；韩要统一，美不要统一）。而如果希望按零和思维确保安全，韩只能依靠美国来保护自己，但这也意味着韩要付出充当美亚太战略棋子的代价。朴政府处在调整和选择之中，这一过程不会很快，但至少值得期待。

3. 美国

美国在这一阶段的变化用一句话形容就是"部署接近尾声"。美重返或再平衡，总之是为了通过新的部署和计划，强化它在亚太地区的存在。从2010年起，特别是天安舰事件，美重返亚太的动向日益清晰。这之后，美高调宣布重返，全面进行部署，先从军事安全领域入手，逐步向其他领域扩大。在安全领域，利用半岛形势紧张，拉紧日韩两个主要盟国，提升美日、美韩军事合作，加紧撮合韩日军事合作，推动美日韩同盟一体化。此后，特别在反导系统部署方面取得重大进展。还暗中给日本松绑撑腰，使日本敢于逐步强化与中国对抗，日本针对中国的军事部署实际上也符合美国的需要。在经济领域，美国力推TPP，拆正在向中国倾斜的地区合作的台。在政治外交领域，搅起南海问题，挑拨东盟声索国与中国的关系，同时利用朝核问题，在中朝间打进楔子。

在基本按其部署推进到位的同时，美国对东北亚的下一阶段目标与意图也越来越清楚，即利用朝核问题为自身战略利益服务，在需要紧张时加剧紧张，在需要控制时进行管控，而无意真正解决问题。

4. 中国

中国在这一轮东北亚形势波动中，安全环境进一步恶化，同时外交压力也在加大，中国的对朝鲜半岛政策被热议，其中有不少质疑的声音。而热议和质疑都是空前的。但另一方面，中国对地区事务的姿态也在变化，变得立场更为鲜明，参与更为主动，应对更为自信。

5. 日本、俄罗斯

日本是当前东北亚乱局中最没有"公德"的，即完全从一己私利出发，不惜破坏稳定大局以为己用。日本曾一度和朝鲜积极接触，试图从朝美、朝韩僵局中获得好处，而在形势最紧张时，又最积极地借口朝鲜威胁进行军事部署，不仅把矛头指向中国，还火上浇油地刺激了朝鲜。总之，日本完全没有为地区和平稳定负责的考虑，更谈不上发挥建设性作用。由于美国从自己利益出发的暗中推动，日本的这种负面作用会进一步加大并持续。

俄罗斯的变化是更积极介入地区事务。国力的上升和普京再掌权，使俄罗斯对外姿态趋于强硬。一方面，俄罗斯对日本的咄咄逼人也成为地区不确定因素之一；另一方面，俄罗斯对美国军事打头重返亚太的警惕与抨击也有利于制约美国针对中国的军事围堵。

根据上述分析来看东北亚新形势，可得出三点结论：

（1）由于美国根本无意解决朝核问题，且会长期加以恶意利用，朝核问题将长期存在，消极影响地区形势。围绕朝核问题的紧张还会在怪圈里循环，但在各方政策和对局势判断基本维持现状的情况下，冲突不至于失控，紧张虽可能升级，但不会爆发全面战争。当然，擦枪走火引发的局部军事冲突不能排除。

（2）朝核问题表面上是此次危机升级的根源，实际上只是大国在东北亚，尤其是中美在本地区博弈的一个载体。虽然作为新兴大国中国的上升、守成大国美国的颓势长期看是趋势，但目前美国还是相对占有主动。俄罗斯和中国两国不会形成同盟，而美日同盟与前几年相比却在互相利用中更紧密协调，这也决定了中国的外部环境压力大于美国。

（3）朝鲜的选择是一个重要因素，甚至是一个决定因素。因为从大国博弈的角度看，当前朝鲜半岛的利益角逐同冷战时期有相似之处，这在某种程度上决定了矛盾会长期存在，而冲突又有其可控性。但当前格局又与冷战时期有所不同，最突出的不同在于中国包括俄罗斯并不能左右朝鲜，但美国还能控制日韩。如果朝鲜走上一条错误的不归路，则它既救不了自己，也实际上帮了自身的对立面美日韩，而地区格局很可能因此出现更加失衡而不利于和平稳定的重大变化。不过也应该看到，朝鲜把握得当，不脱离理性底线，在对核导有所控制的情况下，利用对话营造有利环境，继续倚重中国、借助韩国发展经济并改善民生，逐步走出困境的可能也仍然存在。这就会为中国提供机会，最终在与美国的博弈中胜出，从而开启东北亚实现长治久安的前景。

二　中国对朝鲜半岛的政策

中国对朝鲜半岛的政策基本原则仍是：在同半岛南北双方关系上，致力于与朝鲜和韩国同时发展友好合作关系；在半岛形势包括核问题上，努力维护朝鲜半岛稳定，实现朝鲜半岛无核化，坚持通过对话协商方式均衡解决朝核问题在内的各方安全关切；在朝鲜半岛统一问题上，支持朝韩双方进行交流，寻求和解与合作，最终实现自主和平统一。

这是因为，朝核问题的解决进程和本地区有关双边关系的正常化进程，都将是一个艰难曲折的过程，朝鲜半岛和平统一，也还有很长的路要走。要实现这些目标又确保地区避免动荡和战乱，对话协商是唯一现实可行的办法。在这一过程中，中国将继续深化同韩国的战略合作伙伴关系，并巩固和发展同朝鲜的睦邻友好合作关系，不论同朝韩哪一方关系出现挫折，中国都无法实现利益最大化。

尽管如此，中国对朝鲜半岛政策尤其是对朝鲜与朝核问题政策在新一轮半岛形势升级之际引发了前所未有的质疑和批评。当前国内外的质疑与关注主要集中在以下方面。

第一，将朝鲜连续进行核试、抛弃无核化目标归咎于中国一贯反对对朝施压并坚持对话解决的立场。认为朝核问题演变至今天的地步，中国有不可推卸的责任，当前局面是"中国对朝政策失败的结果"。

第二，认为中国对朝鲜关系定位徇私或有误。外界多指责中国有意袒护纵容朝鲜，维持半岛分裂，从中渔利，致使朝鲜敢于不断挑衅。内部批评意见则认为，中国长期强调朝鲜军事缓冲地带作用和同一意识形态阵营盟友的意义，与当前军事科技特点和国际潮流不符，助长了朝鲜冷战思维。

第三，认为朝核计划对我国的安全威胁加重，一方面可能引发形势动荡破坏我国的战略机遇期，另一方面朝鲜核污染直接伤害我国的危险加大。朝鲜核计划如再发展下去，对我国的损害将超过我国以调停维持半岛现状、以忍让避免中朝关系破裂所获得的利益。

第四，猜测我国支持联合国对朝实施制裁，是对朝立场根本转变的开端。美韩等尤其希望我国以新领导团队上台为契机，明确向疏朝压朝方向调整政策，从而实现朝鲜问题解决进程的"关键性转折"。而我国内部也有声音认为下决心弃朝或迫其回归正当其时。

再进一步归纳，可以说国内的声音基本上是强调"中国的利益"，而国外的声音大多集中于所谓"中国的责任"。

根据上述结论来考虑中国的政策是否失误失当，是否要调整。

　　首先，中国在朝鲜半岛的利益是什么，或者说朝鲜对于中国的利益是什么。有分析认为，朝鲜原来作为缓冲地带和同一阵营盟友的价值现在都不存在了。确实，由于现代高技术战争理论的发展和冷战后国际秩序的变迁，朝鲜对于中国的军事缓冲地带与意识形态盟友的价值都在缩减。但是，作为大陆力量与海洋力量的交汇要冲、世界上四个主要大国利益交织地域，以及成为物流枢纽的潜力和朝鲜海峡在我国周边海上航道的咽喉地位，朝鲜半岛包括朝鲜对于中国的战略价值即是永久的，在当今国际秩序与潮流特点背景下，其中部分要素还有所升值。另有分析认为，朝鲜拥核对中国有威胁。确实这种威胁是存在的，但用什么方式消除这种威胁本身也关系到周边稳定，更何况消除这种威胁不是中国在这一地区利益的全部。在朝鲜半岛，我们要确保比实现无核化更多的利益，包括确保和平稳定；防止地区格局进一步失衡；维持我们对地区的特殊影响力——同朝鲜说得上话就是一种特殊影响力，看得更远一点，还要通过努力维护六方会谈机制，在地区格局演变进程中有意识扩大对东北亚安全合作的话语权和影响力；在推动朝鲜向正确方向发展的前提下，通过运作地区经济合作，奠定我国在地区经济合作中的核心作用；充实中美合作内涵并建设新型大国关系等。总之，这些重要利益只有在通盘运筹的情况下才可能最大限度地得以确保，只顾及一方面而不考虑全局是不可取的，更不能将防扩散看作中国在该地区利益的全部。

　　其次，朝核问题的恶化不是中国政策导致的，解决朝核问题也不是中国一家的责任。朝核问题的直接当事国是朝鲜和美国。朝鲜挑起核问题有其原因，可以说其安全关切本身是合理的。但不管是开始时的打核牌，还是后来明目张胆的拥核保安全，朝鲜都是在用冷战思维方式解决安全关切。

　　而美国虽然有防扩散的需要，但从来没有准备付出代价解决这个问题。因为美国有比在本地区防止核扩散更重要的利益，即确保对本地区的军事存在与政治经济方面的主导。如果为了朝核问题的解决，美国要付出同朝鲜签署和平协定、实现关系正常化的代价，且随着朝核问题的解决，相关的安全问题逐一得到解决，美国的上述战略利益就会受到挑战，其驻军的合理性会被质疑，其主导影响力会被削弱。因此，美国多年来始终在利用朝核问题而非解决问题，在需要紧张时推高朝核危机，在需要控制形势时又适当进行对话。核问题解决进程就是在这种情况下，每当关键时候就出现波折（《核框架协议》被弃，第二次核危机再起，《9·19共同声明》后金融制裁和汇业银行问题，《2·13协议》后美要求无条件核查，2010年天安舰事件逐步平息后朝鲜表示已做好重返六方会谈准备而美韩不予接受，韩国新政府产生后美担忧韩对朝政策有变而再加大对朝压力等）。除美朝各自的原因外，还有一些因素也导致了核问题解决进程的反复甚至倒退，包括六方会谈本身存在的一些不尽如人意之处，例如对有关协议的不同解读，以及除朝鲜外要求朝鲜弃核的其他方也存在不履约甚至拆台的问题。

而说中国对朝施压不够才导致朝鲜有恃无恐，也难以成立。一方面，朝鲜拥核的目标不是针对中国；另一方面，中国施压就能使朝鲜改变立场的看法也过于简单。相反，即使中国可能在政策和策略上同美国保持一致，也不能确保朝鲜就范，而更大的可能是引发更大动荡，甚至战乱局面。因此，指责中国政策导致朝核问题恶化是本末倒置。

还必须强调，解决朝核问题，维护地区和平稳定，不是中国一家的责任。中国过去太过于承担调停者的角色，这样做的部分结果是，某些国家在出于自身需要挑起形势紧张的同时，并不对形势失控感到压力。美国作为域外国家不能因为朝核危机暂时不对其本土形成直接威胁，就无视域内国家的安全利益；朝鲜也不能因为有合理安全关切就拿地区国家当质押。这也正是为什么中国领导人最近强调，不允许为一己私利把世界搞乱。

三　中国对朝鲜半岛政策及应对方式的调整

从当前看，中国在朝鲜半岛的利益目标没有变化，因此对朝鲜半岛政策的基本方向和原则也没有变化。这主要体现在中国领导人在与美、韩等国官员沟通中再次强调三个坚持，即坚持维护朝鲜半岛和平稳定、坚持朝鲜半岛无核化、坚持通过对话协商方式解决问题。但是形势在变化，一方面表现在东北亚形势的紧张与对抗烈度在加大，另一方面表现在朝鲜同中国就无核化问题的立场差异在加大。因而，中国对目前形势的应对方式，以及同朝鲜的互动方式也会相应调整，而且一些调整已经表现出来。例如中国支持对朝鲜加大制裁力度就是一种调整。中国对朝鲜的谴责与批评声音更明确也是一种调整。相对于以前更侧重劝和，并为避免形成对其他方的刺激和误判而委婉含蓄发声，中国现在也更多发出维护自身利益的声音、批评的声音、要求的声音。另外，随着国力的增强，中国对自己能够应对各种局面的自信也在增强，应对姿态更加从容。在最近一轮乱局中，我们冷静面对，把握劝和促谈节奏，已经收到初步效果。

至于在中朝关系问题上，一种误区似乎认为，要坚持拉住朝鲜就是观念陈腐，不把迫朝弃核当作首要课题就是搞新的冷战对抗，违背时代潮流。其实这可能恰恰是掉入了陷阱，至少是不够冷静的。美国前东亚助理国务卿坎贝尔在英国《金融时报》上刊文的言论表明，中国要看清有关国家在东北亚地区的战略意图，不被相关国家别有用心的策略左右，就必须守得住自己的原则，按照自己的思路和节奏应对形势，既不被美国的责任论和离间法搞乱，也不能被朝鲜拖入被动。

第四讲

韩国人视野中的中国

全寅初

作者简介：

　　韩国延世大学名誉教授，中国延边大学名誉教授。曾任延世大学文科学院院长，延世大学国学研究院院长，韩国东方比较研究会会长，韩国中国语中国文学会会长。

　　非常荣幸能够来到这里为大家做报告，那么下面我就将我的研究成果与大家一起分享，我将从过去、现在和未来几个方面向大家介绍一下韩国人视野中的中国。

过　去

一　丽末鲜初与元、明的关系

1. 高丽与元朝的关系

　　1216 年（高丽高宗四年），金国被蒙古帝国灭亡，隶属于金国的契丹流民侵入高丽，此后 3 年除忠清道、全罗道和庆尚道等南部地方以外的北方地区惨遭蹂躏。接着，蒙古帝国的成吉思汗发表"灭契丹救高丽"的声明，派出蒙古和东镇国联军攻占了盘踞在咸镜道之地的契丹军据点，契丹主力逃向江东城。高丽也派军及粮米支援，最后与蒙古军合力平定了江东城的契丹势力。蒙古以此为契机，于 1219 年（高宗七年）派使臣到开京传达成吉思汗的诏书，要求正式修好，这是高丽与蒙古正式外交的开始。

但是按惯例，蒙古因讨伐契丹对高丽有大恩而向高丽征收过重的贡物。1225 年，因为在边境地带发生暗杀来高丽索取贡物而归的蒙古使臣的事件，蒙古以此为借口征伐高丽。自 1231 年（高宗十九年）第一次入侵高丽以来，蒙古先后 7 次（1232 年、1235～1238 年、1251 年、1254 年、1255 年、1257 年）派侵略军蹂躏高丽。第一次遭受蒙古侵略后，第二年即 1232 年高丽将首都由开京迁至江华岛，具备了抗争的态势，一面与蒙古打仗，一面答应其条件即国王出江华岛入朝进行和议，蒙古这才撤兵，然而这并未实行，结果导致28 年间抗争不断。这就是韩国与中国历代大国外交上迫不得已采取事大主义的事实，国王亲朝的实例更证明了这一点。

遭受蒙古 7 次侵略后，高丽人的命运、财产和文化均受到破坏，国土变成了焦土，百姓饱尝涂炭。最终于 1258 年武臣政权的最后集权者崔谊被金俊所杀，讲和的情势才出现。1259 年（高宗四十七年），高丽国王迁出江华岛，同时派太子（倎：元宗）等 40 余人入朝，至此高丽 28 年的抗争以臣服蒙古而告终。然而高宗在迁出江华岛皇宫的当年 6 月去世，第二年身为人质的太子回国即位，成为元宗。他在即位第二年就派太子（谌：忠烈王）到蒙古做人质，由此高丽王太子直到国内的王死去需继承王位时为止待在蒙古就成为惯例。元宗本人也是 1264 年根据蒙古要求以忽必烈汗亲诏的名义来到燕京（北京）而成为被中国皇帝亲诏的第一位国王。此后，元宗借口在开京建新皇宫而逗留在江华岛，直到 1270 年才返回开京。在此前后，以武臣为中心的反元势力一度废黜元宗，三别抄军直到 1274 年持续长时间对抗元朝，从一个侧面反映出高丽抗击元朝的敌对意识。高丽从元宗至忠烈王、忠宣王、忠肃王、忠惠王、忠穆王、忠定王和恭愍王约一个世纪间在政治上受到蒙元不合理的干涉，失去了自主性，王室变成驸马国，王统日益混血化，在蒙古的高压下随时发生着变化。

元朝在咸镜道西北部设置了双城总管府，在平壤设置了东宁府，把黄海道的慈悲岭作为两国国境等，使得高丽国土被践踏。特别是 1274 年（元宗十五年）和 1281 年（忠烈王七年），元朝两次强制高丽征伐日本，失败后高丽受到极大的牵连。

元朝衰退时期即位的恭愍王为了肃清元朝在高丽内部的残余，从自身做起停止剃蒙古式头，一方面处死了元朝顺帝皇后的哥哥，即在高丽拥有权势的奇辙，另一方面派兵到东北地区（高丽东北地区——编者注）赶走了双城总管府，恢复了失地。这样，高丽逐渐从元朝的奴役下解放出来。蒙古统治下的约一个世纪，丽元之间文化上的交流频繁，特别是在服饰等方面兴起了蒙古风，这使高丽的生活方式发生了很大的变化，直到朝鲜朝时期还流布着这种影响。然而从另一方面来看，由于受到与西方文化交流的元朝影响，天文、历法、医学和数学等也得以传到高丽。

2. 高丽和朝鲜的名号关系

受到元朝一个世纪左右干涉的高丽朝廷即使 1368 年（恭愍王十七年）名义上宣布了建国，但在此后也因元朝残存势力的影响而分成亲元和亲明两派，从而无法实施坚定的外交政策。此后 20 年里，对明关系也暧昧不清。恭愍王即位之初，了解到元朝衰退的迹象，便停止高丽人剃蒙古式头。1356 年，他处死了元朝奇皇后的哥哥奇辙等投靠元朝犯下恶行的子嗣们，收复了北方部分失地，采取废除元年号等激进政策。但是因受到亲元势力的高压，他又开始使用元朝年号。1370 年，高丽决定使用明洪武年号，因李成桂攻打元东宁府，高丽最终与元绝交。但是这期间北元（1368 年后称元为北元）也不厌其烦地派使臣到高丽继续怀柔。1374 年，恭愍王去世，禑王即位后，政权落到侍中李仁任手中，亲元势力重新得势。这一年，来高丽并准备回国的明朝使臣蔡斌被高丽护送官金义杀害，北元派使臣到高丽游说高丽王，从而恢复了与高丽的关系。

明朝势力的日益强盛，使得高丽不敢对之小觑，于是高丽对明朝和北元采取等距离外交政策。1385 年，明使到达高丽告知与之通交友好，册封恭愍王为王，并赐之谥号，正式确立了两国的关系。1387 年，高丽废除元朝服饰，改换成明制。尽管如此，两国的这种关系数年后也随着高丽王朝的崩溃而结束。1392 年，朝鲜新王朝李太祖即位后不久，就以高丽权知国事的名义派遣使臣到明朝报告新王朝的建立，获得承认，同时要求改国号，可是修改国号和国王的称号未获批准。1393 年，太祖赠送 9800 匹马，请求返还高丽时明王朝赐予高丽国王的金印，明借口女真和岁贡问题拒不归还朝鲜国王金印。太祖即位后的 1400 年，明才颁赐给朝鲜国王诰命（王位批准文书）和印章，而朝鲜对明外交关系在朝鲜王朝建立后 8 年才开始正常化。1408 年，李太祖死去，明朝才在高丽恭愍王以后首次赐其"康献"的谥号。以后朝鲜历代国王即位时只要奏请大明王朝，都会被承认并能够得到册封。国王的谥号诰之得以受封由此成为惯例，并且使用明年号、报告国家大事、听取意见等均采取"事大"形式，实质上这是对朝鲜内政和外交上的根本制约，朝鲜缺乏自主性。因此朝鲜和明朝的关系不是对等关系，而是宗主—附属关系，明朝占据的是宗主的位置。在对明的岁贡问题上，首次缴纳的岁贡是金 150 两、银 700 两，此外还有其他土特产，对朝鲜来说这是个沉重负担。1429 年（世宗十一年）免除了这些岁贡，另以牛、马和布匹替代缴纳岁贡。此后朝鲜和明朝的经济、文化交流基本走上正轨，其后 200 年间没有其他变动，始终维持着这种关系。

外交上，每逢明朝有重大事情时，朝鲜都会随时派使节去明。按惯例，一年中要向明连续派出 4 次使团，即元旦时派出的正朝使、皇帝夫妇寿辰时派出的圣节使和千秋使、冬至时派出的冬至使。此外，还随时派出谢恩使、奏请使、进贺使、陈慰使、辩诬使等。每次派出的 40 余名使团人员都是被钦准的人员，与使团随行的朝贡是一种公贸易，即以礼物和答谢礼形式的物物交换，与此不同的是，使团一行所携带的物品交换称作私贸易，也很盛行。朝鲜使臣在北京的驻扎地是会同馆，而明使在汉城的驻扎地是太平馆，这两个地方都是私贸易的中心地。

明朝制定的明律在朝鲜朝时被翻译成吏读文《大明律直解》，它对朝鲜基本法《经国大典》的创制给予了极大的帮助。《经国大典》之《刑典》中至少有 456 条借用了《大明律·刑律》的条文，可见其在法律运用上的巨大影响。

朝鲜从开国初开始便每年从明朝购入大量书籍，然后再刊行，积极输入其文化。一方面，明朝的布绢等高级物品成批输入，与此同时也助长了朝鲜国内的奢侈之风，使朝鲜国内生产出现萎缩现象。然而，朝鲜与明朝关系中最为重要的是朝鲜"壬辰倭乱"时明朝 3 次发兵援助的事实，但是明王朝后期形势突变，到处发生叛乱，财政困难，经济负担巨大，无力再向朝鲜派兵。后满洲的清军势力乘虚而入，朝鲜经历了"丁卯胡乱""丙子胡乱"等国难，明王朝最终被清王朝灭亡。

二　壬辰倭乱（1592～1598 年）和关公信仰

1. 关公信仰的传入与关帝庙的设立

关公作为历史人物是从《三国演义》中了解到的，而作为神格化的人物则是"壬辰倭乱"时在汉城显露出来的。传说他帮助了战争中的朝鲜，因而受到朝鲜民众的崇拜。与此相关，孙晋泰的《朝鲜民谭集》对此有过记录，现摘录如下：

> 明万历二十年（1592年），日本侵略朝鲜，朝鲜请求明朝援军。明向朝鲜派兵，与朝鲜军一起抗击日本军。万历二十五年（1597年），明军守卫汉城，日本军伺机占领，双方在汉城东大门和南大门外对峙。突然，关公出现了，他骑着赤兔马，在空中挥舞着一把青龙偃月刀砍杀着。此时狂风大作，裹挟着沙石的大风扫向日本军。明朝军士看到这一场景都跪下叩拜，勇气倍增，最终打败了日本军获得了胜利。接着，明军将领在汉城为关公设立了祠堂，造了他的雕像，纪念并感谢他的帮助。

汉城的第一座关帝庙是叫陈寅的明朝将领建造的。他平时就虔信关公，在战争中受枪伤在汉城南大门旁边疗养，因关公保佑，他的伤口很快痊愈，于是就在住处的后山上设立了祠堂，并制作了关公神像。该祠堂的规模与设施极其简单，空间狭小。明军统帅杨镐认为其太简陋，就下令重新建造，于是在正殿左右设置了东西廊，在前院也设置了重门，这是明万历二十六年（宣祖三十一年，1598年）4月建造的。因为此祠堂位于南大门外，以后就被称作"南关王庙"。原来它在中区张忠洞2街186－140号，因朝鲜战争被焚烧。1957年重新建造，正门只保留了其痕迹，1979年1月迁移到铜雀区祠堂洞180－1号。

建成南庙后没多长时间，朝鲜君臣和明朝军队将领即于农历五月十三日关公生日之际到庙上祭祀。相传关公生日那天，一阵风吹来，打起了闪电，人们看到了怪异的现象：关公神灵走下来，对着祭祀的人群喃喃作声。这次祭祀以后，被派到汉城的明军将领们都去膜拜，甚至被派到汉城统领军务并指挥朝鲜军务的兵部侍郎刑玠也去南庙祭祀关公。"壬辰倭乱"期间，朝鲜各地参战的明朝高级将领的歃血同盟也是在此地举行的。关公显灵帮助打仗的故事在当时就流传开来，不仅朝鲜国王知道，就连中国神宗皇帝也听说了这件事，所以在南庙落成那年特别派大臣万世德代替杨镐担任朝鲜明军统帅去汉城，并拨付资金再建一座关公祠堂，由此汉城就有了第二座关帝庙。当时，明朝援军一般驻扎在南大门外，第二座关帝庙起初就建在这里，可是朝鲜君臣认为南大门已经有了一座关帝庙，第二座关帝庙理应建在汉城东边。其实朝鲜君臣想把第二座关帝庙建在汉城东边的真正原因是"风水"问题，按照风水，汉城东边薄弱，建造祠堂得挖荷塘，这样可以补充地脉，况且此前也有人提出在汉城东边建造祠堂的建议。结果，明朝军队决定接受朝鲜的意见，用明朝神宗皇帝的资金在东大门外建造了第二座关帝庙，此后该祠堂又被称为"东庙"。东庙很宽，正门和中门设在正面，正殿两侧与中国的关公祠堂完全一致。工程从万历二十七年（先祖三十二年，1599 年）8 月开始至万历二十九年（先祖三十四年，1601 年）8 月为止，用了 2 年的时间才建成，如此长的时间才建成的原因在于当时正值"壬辰倭乱"刚刚结束，社会处于混乱状态，建造工作不能顺利进行，有些地方对选址等产生争议，并且管理层腐败，拖延工期，才导致不能按期完工。后来，从万历二十八年（先祖三十三年，1600 年）11 月 1 日中断了工程，第二年 2 月又派管理人员重开工程。东庙和南庙的管理与维持都由国家负担，管理的级别相当于六品。以后无论是祭祀，还是管理，肃宗都亲自巡视两座关帝庙。有时钦赐匾额，有时题词等，诸如此类的敬意之举不断。正祖（1776～1800 年在位）甚至在亲往关帝庙祭祀时题写乐章。

汉城的第三座关帝庙是明成皇后下令建造的。高宗十九年（1882 年），明成皇后（闵妃）因"壬午军乱"而避身于忠州，当时忠北济川的巫女李氏预言了其还宫的时间，并获得信任，当明成皇后还宫时便与她一起回到汉城。之后，有了因明成皇后不供养关圣帝君而招致灾厄之说，李氏便劝说她设立关公庙，说只有崇拜关公才能够子孙繁盛，福运高照。高宗二十年（1883 年），明成皇后在崇教坊东北隅一个名为兴德寺的大寺庙所在地（现韩国钟路区明伦洞 1 街 2 号）建造了北庙，将巫女李氏崇奉为真灵君。李氏居住在祠堂里，仰仗明成皇后的权位而扩大势力。起初称关羽庙，光武五年（1901 年）改称关帝庙，隆熙二年（1908 年）7 月废止在宫内府举行的祭祀活动，将其与西庙一起收归国有。1913 年，它与东庙合祀。1930 年此地建成中央佛教专业学校，光复后这成为京畿女子大学，1963 年因平泉小学征用而迁移。

西庙是光武六年（1902 年）在被称作贤灵君的巫女尹氏的建议下建造的。为了与明成皇后闵妃所建的北庙相对抗，尹氏劝严妃在西大门外（现韩国西大门区天然洞 98 号）建造西庙，以求子孙繁荣，福禄绵长。西庙以昭烈帝为首，还供奉有关羽、张飞、诸葛亮、赵云、马超、黄忠、王甫、周仓、赵累、关平等神像。此后，隆熙三年（1909 年）4 月与东庙合祀，1911 年总督府将这个地方设置成救济院，变成孤儿们的养育所，第二年（1912 年）用作盲哑院。

上述关庙中北庙与西庙都未能保留下来，东大门外的东庙保存得相当完整而洁净，东西两侧有鼓和碑，现在被认定为 142 号宝物。汉城的关帝庙除上述 4 个地方以外，以后虽然又建了 3 处，但是规模都不大。首先是中区张忠洞 2 街的，其次是中区芳山洞的，再次是成均馆大学附近的。这 3 处关帝庙现在只剩下了 2 处，成均馆附近的只剩下了名字，实物都看不到了。据附近居民讲，该祠堂管理员因为家里接连遭遇不幸的事，认为这是关公不保佑他，一生气放火烧了祠堂后搬家了。

此外，朝鲜时代明军还在汉城以外庆尚北道的星州和安东、全罗南道的古今岛等地设置了关帝庙。朝鲜后期民间对关公的信仰更加虔诚和兴盛，建立起众多的关帝庙。

2. 关公信仰的流行和民间传说

关公在韩国从明军的武圣成为民间祭祀的对象大体上是关帝庙出现以后不久的事。当时，朝鲜政府派人去关帝庙进行管理，尽管发布了命令，可是民众并不能被禁止。此后，来游览或来祭祀的人日益增加，喧闹杂乱，关帝庙肃穆的气氛被破坏，祠堂脏乱不堪。肃宗早就禁止民众游览关帝庙，后来又根据大臣们的奏请在民间发布命令，禁止进入关帝庙，并把关公当作邪恶之物予以驱逐，不许祭祀。然而，这样的禁令几乎没有什么实际效果，或者说效果是短暂的，因为到了英祖三十七年（清乾隆二十六年，1761 年），英祖大王看到民间去东庙和南庙求福的人太多，就又下达了禁令，可是民众对关公的信仰屡禁不止。与此相关，还有一些传说，下面举两个来考察。

a. 当时关于在南大门设置关帝庙一事存在争议。有的人认为应在离城墙近的地方设置，而有的人认为应在离城墙远的地方设置，担任建造关帝庙的大臣李恒福拿不定主意。一天，有位健壮的军官突然来访，而李恒福又恰巧与朋友在一起，这位访客始终要求单独与李恒福密谈。据说，访客在与李恒福密谈后便消失了，李恒福的朋友回到房中，看到李恒福的神色怪异就询问原因，李恒福开始不想说，后来从他那了解到，该访客就是关公派来指示他建造祠堂位置的使者。这以后争议消失了，南庙就是关公指定的场所。

b. 一百多年前有个姓申的读书人因为家里穷常常挨饿。一年冬天，鬼神整天都在他家里骚乱不止。他看不见鬼神，只听得到它的声音。此后，鬼神每天拿给他饭食吃，甚至还给他回家乡的路费。后过了十天，当虚空中再次听到鬼神的声音时，申君就向鬼神发怒道："我向别人借钱，好还你旅费，你应当感谢，现在破坏约定，又来烦我，我去关帝庙向关公禀告情况，你会收到钱的"。听完这话，鬼神急忙隐身而走，据说这个鬼神不是先前的那个，而是他的夫人。

三 "丙子胡乱"（1636 年）

1. 朝鲜后期社会"反清尊明"的意识增强

1627 年，后金对朝鲜发动第一次侵略（"丁卯胡乱"）时，朝鲜与后金签订了兄弟之国的盟约，两国关系告一段落。然而，1632 年后金为攻打明朝都城北京，以两国关系为兄弟之国为由，要求朝鲜提供黄金和白银各 1 万两、战马 3000 匹、清精兵 3 万等，并且，1632 年 2 月派龙骨大、马夫太等强迫朝鲜臣事。仁祖拒绝接见后金使臣，下了 8 道宣战谕文，坚决要与后金决一死战。

1636 年 4 月，清太宗看到朝鲜这种强硬态势，就命国王停止使用清国号，并以如果不派王子、大臣和斥和论者为人质谢罪就攻打朝鲜相威胁。可是，朝鲜因为斥和论者比主和论者占优势，因此继续漠视清朝的要求。12 月 2 日，被朝鲜这种态度激怒的清朝太宗皇帝，亲率由清、蒙古和汉人编成的 10 万大军离开首都盛京（今沈阳），9 日渡过鸭绿江打过朝鲜来。义州府尹林庆业顽强守卫白马山城（义州），抵抗清军的侵入，于是清军避开先锋马夫太这条路进攻汉城。13 日，清军入侵的消息传到了朝廷，14 日清军通过开城。

朝廷急忙任命判尹金庆征为检察使、江华留守张绅为舟师大将、沈器远为留都大将防守三亚、江华和汉城，并且派原任大臣尹昉和金尚荣护送宗庙社稷神主和世子妃、元孙、凤林大君、麟坪大君等宗室成员避难到江华。14 日夜，仁祖也本想到江华避难，可是道路已被清军堵死，无奈之下带领昭显世子和百官躲避到南汉山城。仁祖命令训练大将申景等一定要守住该城，同时招募勤王兵，发布檄文，派急使去明朝请求支援。可是 16 日，清军先锋部队包围南汉山城。1637 年 1 月 1 日，清太宗到达这里，集结 20 万清兵驻扎在南汉山城下面的炭川，南汉山城完全被孤立起来。

当时城内有官兵 1.3 万名，粮食只够维持 50 天左右，也不可能期待义兵和明朝援军，所以无法与清军决战。并且，城外的清军杀害无辜的百姓，抢劫掳掠，年轻者被抓为壮丁，被扔在冰冷路上的孩子们差不多都被饿死或冻死了。特别是生病者长期遭受严寒的侵袭，露宿的将领和士兵们抵挡不了严寒和饥饿，生病或冻死的人数也不断上升。在这种情况下，以崔鸣吉等为代表的主和派和以金尚宪为代表的主战派之间的论争频繁发生，主和论占了优势，最后准备打开城门投降。清太宗答应接受朝鲜降服，但条件是仁祖必须亲自出城投降，交出使两国关系恶化的两至三名主谋者。这时，江华岛也从清军那听到议和的消息，赶紧派崔鸣吉等到敌阵交涉投降条件。于是 1 月 28 日清军派龙骨大、马夫太提出如下江华条约条款：

①对清国保持君臣礼节；②废除明朝年号，断绝与之关系，交出明朝赠予的诰命策印；③送朝鲜王的世子、次子以及各位大臣的子嗣去盛京做人质；④圣节（中国皇帝的生日）、正朝、冬至、千秋（中国皇后、皇太子的生日）、庆吊等使节同明朝礼仪；⑤攻打明朝时，朝鲜需按清朝要求出兵；⑥清朝军队回国时需派 50 条兵船；⑦与内外诸臣要结交和好；⑧不能新建城池或收缩城墙；⑨从己卯年开始上缴一定的岁币等。

1 月 30 日，仁祖率领世子等 500 随从走出城门，到设置在三田渡的受降台向清太宗行屈辱的降礼后，过汉江返回都城。清朝根据盟约将昭显世子、嫔宫、凤林大君等作为人质，抓捕策划的主谋者洪翼汉、尹集、吴达济三学士，2 月 15 日开始撤军。自此，朝鲜完全断绝了与明朝的关系而附属于清朝。战后出现众多孤儿的收养问题、超过数万（某一记录为 50 万）的被绑架者的赎还问题，特别是清军把绑架的良民当作战利品，抓走许多能获得很多赎价的宗室、两班妇女，其中大部分人是出不了赎价的穷人。赎价是每人 25～30 两，相当于朝鲜币值的 150～250 两，根据身份情况，最高者达 1500 两。无论对个人还是国家而言，准备赎还的财源是大事。在此，不能殉节而活着回来对祖上来说就是犯了罪，赎还士女的离婚问题上升为社会的政治问题。1645 年结束了 10 年人质生活的世子和凤林大君归国，世子只过了 2 个月就死了。接替仁祖之后的孝宗反复想起人质生活的屈辱，欲推进北伐计划，却无法实现这一愿望。

2. 与"丙子胡乱"有关的汉诗、时调

"丙子胡乱"发生后，在南汉山城只待了47天的仁祖皇帝不得不与昭显世子一起到三田渡遭受向清军行君臣之礼的奇耻大辱。洪翼汉、尹集、吴达济三学士至死反对议和，被拉到盛京处决。其中，洪翼汉（1586～1637年）曾在沈阳狱中写下一首诗，从中可以看到他们当时的郁愤：

> 沈狱踏青日咏怀，
> 阳坡细草坼新胎。
> 孤鸟樊笼意转哀，
> 荆俗踏青心外事，
> 禁城浮白梦中来。
> 风飜夜石阴山动，
> 雪入青溪月窟开。
> 饥渴仅能聊缕命，
> 百年今日泪沾腮。

"丙子胡乱"时，礼曹判书金尚宪力主斥和，1637年，与清朝刚签订江华条约，他就罢职了。1639年，清朝为攻打明朝要求朝鲜出兵，他提出反对的上疏，被抓到沈阳。1642年回来，因为有排斥清朝的言语又被抓走，1645年归国。他创作过一首与"丙子胡乱"有关的据说最有名的时调：

> 登上三角山，又见汉江水，
> 离开了故国山川，
> 时节殊常，春天也反复无常。

"丙子胡乱"时因为反对议和而被抓捕并被押往沈阳的金尚宪在这首时调中鲜明地表达了很想再次见到故国山川的遗憾。在沈阳被囚禁的某一年，他作了一首汉诗，抒发了在盛京的感怀：

沈狱送秋日感怀，
忽忽殊方断送秋。
一年光景水争流，
连天败草西风急，
幕碛寒云落日愁。
苏武几时终返国，
仲宣何处可登楼。
骚人烈士无穷恨，
地下伤心亦白头。

与上述人不同，主张同清交好的主和论代表崔鸣吉（1586～1647 年）因为不能顺利履行约定也被抓到沈阳坐牢，此时他的立场有所变化。同样在异国遭受铁窗之苦的金尚宪送他一首汉诗，批评他主张与清和亲的错误。而崔鸣吉也送一首汉诗给金尚宪，申明不管是斥和还是主和都是为了国家。

寄崔迟川

成败关天运，
须看义与归。
虽然反凤暮，
未可倒衣裳。
权或贤犹误，
经应众莫违。
寄言明理士，
造次慎危机。

在沈狱和金清阴韵

静处观群动，
真成烂漫归。
汤冰俱是水，
裘褐莫非衣。

事或随时别，

心宁与道违。

君能悟斯理，

语默各天机。

另外，李廷焕（1613～1673年）目睹了"丙子胡乱"的国耻，遂打消了做官的念头。在打发岁月的日子里，他基于痛愤"丙子胡乱"而作《国耻悲歌》时调10首，其中的1首表达了朝鲜文人对胡乱国耻的强烈悲愤：

春雨滋润着草儿茁壮成长，

无忧无虑的草儿不知哀痛，

忧愁的是人类还不如小草。

四 朝鲜后期与考证学、北学派的交流内容

1. 考证学

考证学在中国又称作"考据学""朴学"，该学风建立的前提是反拨宋学、反清复明之时代意识，是在主张理气和心性的空虚的形而上学基础上兴起的。而宋学又可称为汉学，学问的方法是锱铢必较，仔细探究文字与章节的音、义，一一参考古书，从而选择正确的实证性归纳，它革新了过去的经书研究的方法。

考证学可分为五种：①训诂学；②音韵学；③金石学；④杂家；⑤校勘学。若看该学风在中国的影响，它主张经世致用、政治与民生优先的理论，学问研究落实到正确的音韵和训诂研究之上，开启了历史考证的新学风。其代表学者为阎若、胡谓、毛奇龄、万斯大、万斯同等。该学派全盛期时分成吴派和皖派，吴派以惠栋为领袖，皖派以戴震为领袖，吴派研究纯粹的汉学，皖派研究音韵、训诂、数学、天文学、地理学和水利学。

该考证学对英祖、正祖时兴起的韩国实学产生了直接的影响，涌现出诸如柳馨远的《磻溪随录》，李瀷的《星湖僿说》，丁若镛的《牧民心书》《经世

遗表》《钦钦新书》，安鼎福的《东史纲目》，柳得恭的《渤海考》，金正浩的《麻科会通》，朴世堂的《穑经》，徐有榘的《林园经济十六志》，申景濬的《训民正音韵解》，洪大容的《湛轩书》，李德懋的《青庄馆全书》，朴趾源的《燕岩集》等各领域实学著作。

2. 北学派

北学派主张北学论，若综合指称倡导北学的学者们的学问内容和现实意识等思想倾向时则称为北学思想。"北学"首次使用的意义是指像陈良之类的南蛮知识人一定去北方中国学习《孟子》《文公章句》等周公孔尼之道。1778年，朴齐家把引用并学习中国文物的著作冠以《北学议》的题目后，北学就被广泛地用来指称学习清以来的中华先进文物。

自仁祖时遭受"丙子胡乱"的侵扰以后，在朝鲜流行一股向夷族清朝复仇、主张北伐，提出"北伐大议论"、排斥清文物的潮流，可是英、正朝代一部分学者感觉到朝鲜文化的落后，提出夷族清朝的文物就是先进的中华文化，受此影响，关于"北学"的界定才有了较大的思想转变，结果导致洪大容、朴趾源以及朴齐家、李德懋、李书九、徐滢修、徐有榘等汉城京华士族学者们响应国际秩序和适应朝鲜社会内部的变化，追求有利于民生的利用厚生的实用学风。其北学论思想在洪大容的《医山问答》、朴趾源的《热河日记》和朴齐家的《北学议》中得以具体化，并且首次对清朝文物有选择地加以接受。开始时，对此虽然也有很多的争议，但是北学渐渐地被人们所接受。李书九、徐有榘等人倡导发展利用厚生的学风，积极接受清朝的文学和考证学。纯祖时代以后，以此为基础，丁若镛、申绰、成海应等许多学者认为应该改进北学，不仅包括清朝的文物，甚至清朝的学术如考证学、艺术等也要全面加以接受，此风一时很盛。在与清朝学者的直接交流上，金正喜、权敦仁、赵寅永等当权派更加速接受北学，他们追求严密的实事求是的考证学问的方法和文化艺术的高雅，以利用厚生为契机，致力于解决民生问题，照比前一时期北学的内涵更加丰富了。

清朝考证学风非常流行，秋史金正喜的新书画艺术也风靡于汉城，这使得朝鲜的学风和文化随之发生了变化，传统朱子学的地位急剧下降。与此同时，标榜继承汉朝训诂学传统的新出现的考证学（汉学）与传统的性理学（宋学）之间关于学问优劣的论争在学界也得以展开。主张学习清朝文物与学术者从北学论中借助清朝这一媒介，对西洋文物产生浓厚的兴趣，并认识到其先进性，主张直接接触西方来接受西方文物。由此进一步发展为朴齐家的"海外通商论"和李圭景、崔汉绮等主张的"开国论"，他们成为"开化论"的先驱。北学论和北学就是在朝鲜社会变化和朝鲜思想发展的基础上经过这一阶段而转变为近代思想的。

3. 利用厚生

利用厚生是18世纪后半叶洪大容、朴趾源、朴齐家等北学派实学家提出的理念，可是该词语最早出自经书《尚书·大禹谟》之"正德、利用、厚生、惟和"之句，其中即有"利用厚生"之语。而"正德"之所以重要，在于它长久以来一直影响着东方政治价值观的形成。所谓"正德"是指父子、兄弟和夫妇之间都应遵守儒家思想的伦理体系，而"利用"和"厚生"则指国民富裕的经济生活，即伦理不是主要价值，经济才是占首位的价值。利用厚生的政治理论研究的是在清朝浙东学派之主张经世致用的考证基础上产生的北学派理论。

北学派因为脱胎于主张尊周大义、尊华攘夷的名分论和主张学习清朝文物和学术而得名。他们正面反驳先正德然后利用厚生的传统学说，主张利用厚生一定是经济为先的理论，因此也被称为"利用厚生派"或"北学派"。他们辛辣地批判性理学的传统理论主张，关注自然科学的引进、中小工商业的扶持、技术革新、扩大海外通商等关系到国民经济的一切问题，即所谓借助实学运动之力来发展国家。同时，他们写文章批判当时受到特权阶层的庇护，并勾结开城商人的欺诈行为，而拥护洗礼商人。朴趾源在《限田论》中提出"要想利用厚生帮助百姓，连夷族也要学习和接受"的主张，但是遗憾的是，他们只停留于理论上，而未能把这种理论落实到实际行动中。

现　在

最大的经济贸易国、最高的贸易赤字、居外国投资国家首位、居韩国观光国首位、韩国留学生在中国的外国留学生中居首位。

百济最早在现在的韩国首尔地区建立都市并且以之为首都，从北方南下的温祚集团在慰礼城建立后称它为河北慰礼城，虽然不能准确地指出它的位置，但是可以推断它指的是距离今天汉江以北的北汉山城很近的地区。

553 年（真兴王十四年），新罗占领该地区，设置了新州，557 年，废弃新州，同时在汉江以北的首尔地区，即现在北汉山城附近设置了北汉山州。新罗统一三国后，因重新划分行政区之故，它与京畿道、黄海道、忠清道等大部分地区一起被划归汉山州。757 年（景德王十六年），首尔地区改称汉阳郡，所谓"汉阳"是指汉水或汉江以北地区。

高丽初期，首尔地区称杨州。983 年（成宗三年），由于整顿所实施的地方制度，又将它划入杨州牧，而在 1018 年（玄宗九年）属于杨州知事，1067 年（文宗二十二年）被称为南京，成为地方行政区划的中心，并与西京（平壤）、东京（庆州）一起并称为三大京都。没过多长时间，南京被废止，将其归入杨州。到了肃宗大王时代，它与开京、西京作为 3 京又被称作南京。当时南京的规模包括钟路区、中区、西大门区及龙山区一部分，相当于现在整个市中心。1167 年（毅宗二十二年）以后，国王出巡惯例被取消，南京没有太大的发展，最后归属于汉阳府。此后，1356 年（恭愍王六年）实施管制改革，汉阳府又划归南京，因倭寇和红巾贼入侵，为解决边防不安定和朝廷的政治冲突，计划修建从开京至南京的道路，可是因舆论恶化而终止。1362 年又归属于汉阳府。

朝鲜初期经历阵痛的迁都问题得以解决，1394 年（太祖三年），决定把汉阳作为都城并开始建设，设置新都宫阙造成都监，主管新都建设。1395 年，宗庙完工，安放了神位。景福宫落成后，王室的住处安定下来。同年，太祖将新都名称改为汉城府，整顿了官职。1396 年，都城筑造归都城筑造都监管辖。都城计划以北岳白岳山（也称北岳山）、南岳木觅山（今称南山）、东岳骆山、西岳仁旺山为中心，依山脊连接各地区，在建造都城的同时还建筑了四大门和四小门。1396 年，完成行政区划，将城内扩成东西南北中 5 大部分，整体分成 52 坊。而把城外由都城至 10 里开外的地区划归汉城府管辖。1397 年，文庙建成，官衙也完工，类似汉城府官衙的大部分官衙分布在景福宫以南，即从现在的光化门十字路口到国立中央博物馆地区左右，六曹也全都在这个地区。汉阳迁都后约 4 年间，倾力进行新都邑建设，按照计划，都市的基本结构大纲已齐备。此后定宗时代又把首都迁到开京。1405 年（太宗五年）又迁首都至汉阳，这时太宗不住在景福宫，而新建了昌德宫作为寝宫。朝鲜初期，具备基本结构的汉城至 1910 年庚戌国耻时外形上没有什么变化，只是对因战乱而遭破坏的都城内部结构进行了再建，或是对宫阙及设施等的新建。1495 年，汉城府更名为汉城郡，第二年又改回到汉城府，这一名称持续使用到 1910 年。

1910 年，因日帝强占，汉城府更名为京城府，隶属于京畿道。1911 年，日帝调整了京城府的行政区域，将城内划分为 5 府 36 坊，城外划分为 8 面，施行 5 府 8 面制。1945 年日帝投降，美军进驻，京城府改称为现在的首尔，置于美军政下。1948 年，建立大韩民国政府。1949 年，首尔升格为中央政府直接管辖下的特别市，行政区域确定为 268.35 平方公里，由 9 个区（钟路区、中区、龙山区、城东区、东大门区、西大门区、麻浦区、永登浦区和城北区）构成。

在此背景下，"汉城"是"汉文化圈"所使用的名字，给人以中国某个都市之感。事实上，尽管用隶属于东亚圈即汉字文明圈之中心的中国语来标记，"汉城"的读音与"首尔"的实际发音也完全不同。比如说，不仅是首尔，东京也反映不出"Tokyo"的实际发音，"东京"的中国语发音是"Dongjing"，由此可以看出，这是符合以中国为中心的汉字文化圈的价值观。这表明，东亚最先创造文字的国家传播文字和先进文化的结果才导致了这种情况的发生。

2004 年 1 月，在韩国首尔市成立了"首尔中国语标记改善推进委员会"，有关领域的专家对"首尔"的中国语标记方案进行了一年左右的碰头商讨。在商讨过程中，征求了专家和普通市民的建议，共获得"首蔚""曙蔚""首沃"等大约 600 多个方案，围绕这些方案，由 7 位专家组成的小委员会经过历时一年的讨论，于 2005 年 1 月 19 日发布了"首尔"为最后确定的首都名称，因为它既有"第一首都"之意，又与韩国语的"서울"的发音相似。首尔从开始的非"首尔"之意，不知经历过多少次的易名。可是 21 世纪是全球化时代，不是一种文化对另一种文化的接受与传播，而必须基于相互间互惠平等的原则，因此当前文化间的相互交流是众望所归，首尔不是更理想的汉城的首尔，这是显而易见的。

未 来

一 中国的现实：孔子的复活

最近在中国，"和谐"是重要的话题。所谓"和谐"，意指"我们都要和平共处"。2003年，当选中国国家主席的胡锦涛和国务院总理的温家宝在全国人民代表大会上强调"和谐"，中国领导层对"和谐"的强调表明了中国经济的飞速发展，以及由此导致的沿海与内陆地区经济差距扩大的现实，从中可以看出领导层的深刻认识。事实上，这一"和谐"的口号近则指清朝康熙大帝的"协和万方"，远则令人想起先秦时期中国著名的思想家孔子。

孔子生活于公元前551～前479年，以中国占统治地位的传统思想之创始者受到尊重，其儒家伦理思想被历代统治者所采用。共产党执政以来曾开展过"批林批孔"运动，孔子一时成为众矢之的。儒教在毛泽东时代被当作"家长制"哲学遭到批判，毛泽东甚至将自己选定的接班人林彪荒唐的暗杀阴谋视作受到孔子思想的影响而大加批判。但孔子又强调仁义、团结、道德性、权位的尊重和上下关系的重要性等内容。

孔子的后代子孙北京大学教授孔庆东指出，"贫富差别、减员、公开表示不满的人的增加、社会保障体制的恶化与矛盾等"导致社会叛离现象。治疗这一社会痼疾的方案除社会主义外，还需要新的伦理或文化的意识形态。治愈这一社会矛盾的方法除了社会主义，就是有必要建立新的伦理或文化意识形态，特别是既不能与经济发展相矛盾，又能将中国大陆统一在一起的意识形态。这种意识形态除了文化意识形态以外就没有别的方案可替代了，而作为统一中国文化意识形态的儒家思想仍然是非常有效的传统哲学，特别是对于正在进行民主化改革和处于经济增长时期的中国来说，它不仅是创建儒家思想的发源国，也是以能够把不同于现有模式的新型增长模式提供给第三世界为荣的国家。随之，中国的几位学者强调近现代儒家思想与现有资本主义经济的发展并不互相冲突。中国儒家教育支持者的代表人物康晓光说："当今中国社会正面临着最坏的情况。人们没有规定应该怎样去对待他人，事业伙伴、朋友和家庭的道德标准是个大问题，也没有一个判定什么是幸福人生的标准。"同时，他还提到儒家思想的作用，认为儒家思想倡导中国化与和平化的理念，不会威胁到其他国家，是适应竞争时代的典型意识形态。孔庆东教授强调了儒家思想中所主张的全世界人民应组成一个大家庭的大同思想。

我们期待着中国前总理朱镕基所提倡的关于学生们必须接受儒家教育的社会政策的实现，尽管还未发展到那个程度，但是教育部接受了他及其同道者的提案，采取在各级学校开设 30 堂儒家传统文化课程教育的制度。现在接受儒家教育的在校初中生已超过 500 万名，另外 18 个主要大学也相继开设了儒家哲学课程或是设立了儒学研究所。孔子学院最先迈向韩国，其次是美国、加拿大、德国和肯尼亚等国，这与世界性学习汉语的需求同步发展。中国政府拟在 10 年内开设 200 所孔子学校，在传播汉语、艺术和文化的同时传播儒学传统。

二　中国的未来战略（《朝鲜日报》2006 年 9 月 3 日）

胡锦涛一届政府认识到一味追求经济增长所导致的社会贫富悬殊的现实和东西部经济落差的矛盾，而这又将会成为社会危机的根源，因此开始对政策进行修改。从改革开放以来一路迈进的发展趋势来看，当今的中国的确很耀眼。民主政治与市场经济的有机结合推翻了"华盛顿模式"，而将代表新的经济增长模式的"北京模式"推向亚洲、非洲和南美洲的发展中国家，并在 30 年内将国内生产总值增加到 3 倍。未来中国所面临的课题将是在经济增长的同时如何更有效地调控两极分化的现实，可以说这一点正是当今中国领导层需着重解决的问题。

结　论

为了创造以 21 世纪新未来为主体的东亚共同体，我们正面临着主动寻求合作的机遇，合作的主体是中国、日本以及韩国。

我从在加拿大温哥华举办的冬季奥运会中看出了合作的可能性，虽然世界舆论早就预测金允儿能够获得冠军，但是金允儿是否能够顺利地获得冠军，还是会因为紧张导致千分之一的失误而将冠军拱手让出？这成为韩国人以及世界人们的焦点话题。世界舆论一致认为金允儿能够获得冠军，这一方面说明现在世界女子滑冰的主导权开始从欧美转移到了亚洲，另一方面也表明不光是中国就连日本也都认为，这并不是韩国一名柔弱少女个人的荣耀，而是全亚洲人的骄傲，这证明亚洲人未来有可能在体力与技术上雄霸世界。

中国在举办奥运会时已充分证明了这一点。这不仅是中国与韩国的荣誉，也是亚洲人的荣誉，即令人欣喜地展示了东亚共同体的实力。

2009年10月17～19日，延边大学举办了"图们江学术论坛"国际学术研讨会。上海复旦大学韩国学研究中心的蔡建研究员在会上发表了题为《中韩新民族主义与中韩关系》的文章，读了他的文章，我感觉到中韩关系光明的前景。在题为《多元共存与边缘的选择》的文章中，蔡研究员指出了潜在的中国人反韩、韩国人反中的情绪，并对此提出以下三点对策。

（1）加强两国人民的相互理解与交流；

（2）两国政界、学界以及媒体都要加强历史责任感，加强对民众的引导；

（3）相互尊重。

这不仅是一位韩国人的期望，也是一位中国人的期望。最后我想说的就是，作为大国的中国应有宽大之心，而韩国也不能因现在在经济上的一点点优势而自满，应该谦虚，从实际出发。如果过分羁绊于历史中将无法走向未来，主张独岛是本国领土的日本是难以与韩国共存的，同样歪曲南京大屠杀历史的日本与中国也是难以合作的。历史上，高句丽归属于唐朝，但是若将此置于今天的合作中，中国与韩国将无法共建未来，合作也不过是虚拟的口号。从现在开始，尊重彼此的现在，积极探求合作的机遇，这才是互利共存之道。应以此为契机，尽快创造出21世纪和平秩序的进步的东亚共同体。

第五讲

韩国学研究的现状与展望

李瑞行

作者简介：

　　韩国学中央研究院副院长，美国 Trinity Theological Seminary 宗教哲学博士，韩国檀国大学行政哲学博士，首位被朝鲜金日成综合大学聘请的韩国教授。

　　非常荣幸能够来到这里为大家做报告，那么下面我就将我的研究成果与大家一起分享，今天我会从"韩国学的概念"出发，分阶段讲述"韩国学发展的历史情况""海外韩国学发展的新动向""发展韩国学的新课题"。

一　何谓学问？

　　所谓学问，汉语的意思是问和答。而在西方，学问起源于公元前 5 世纪的希腊文化和中世纪的希伯来文化即犹太文化，包括基督教、以色列文化。古希腊的苏格拉底认为，哲学是学问之父，而现代的学问就来源于它。哲学的意思是爱智慧，希伯来文化中则把它称作逻各斯。以逻各斯来解释宇宙万物，所以出现了创世说。学问即来源于此，这就是神学。在希腊则产生了哲学。那么，今天做学问的最高境界是什么？就是哲学。所有的学科，包括人文、社会科学，甚至自然科学都在哲学之下，因此可以说是源于哲学。我之所以向大家说明学问的来源，是因为韩国学离不开学问这一范畴，并且要在学问这一范畴中寻找韩国学，要知道韩国学是怎样的一门特殊的学问，如何在 21 世纪的学问的起源中找到它的源头。人的能力有两种，一种是能够显示出来的，另一种是显示不出来的。人拥有的价值包括有形的价值和无形的价值。我们可以看到的有形价值就是我们的身体。大家都有感觉器官，这就是我们的有形价值，也就是作为人的意义。另外，也有看不到的，就是一个人的精神，是看不见的。在我们的哲学中出现的，也是中国儒学性理学中的理和气，也具有精神上的意义，"理"来源于人的理性。人有理性（这是看不见的），也有欲心（心），心也是看不见的。然而，在宗教国家还有另外一个，就是灵性。这样说的话，也有灵的世界。但是社会主义国家并不相信它，因为采用了唯物主义的价值观。我们的体内有两种基准的价值观，所以我们的身体也都是学问。人既是学问的对象，也是学问的主体。自然也是学问的对象。我们拥有的自然就是所谓的"physics"的自然、物理，就是自然的原理，与我们的身体相连。因此，自然的世界和人类的世界不是截然分开的两个，而是统一起来的一个。也就是说，人包含于自然之中。所以，也可以说人是自然的动物。处于自然中的人类的身体中也有自然的存在。举例来说，我们体内的五脏六腑就像是四大洋六大洲的缩小版，地球虽然是圆的，但是观察的时候，却不存在四大洋六大洲。所以，人就是小宇宙、小自然，相对于60亿人的集团意义，个体人的价值更大。因为人有自己的个性。六十亿分之一的个性，没有人与之相同，因为遗传都是不相同的。在座的各位拥有能够代表宇宙、代表自然、代表人类、代表一切的生命体的价值，在大家的体内具有可能性、创造性。在观察今天的韩国学研究现状的时候，韩国学虽然可以说是一个地域的学问，但是对大家来说，可以说是主人的学问，也可以说是客人的学问，或者从既不是我也不是你的立场上来说，是客观的学问。

二　何谓韩国学？

下面整理一下韩国学的概念。如何用一句话概括韩国学呢？韩国的历史、思想、文化、语言、宗教、民族，哪一个领域可以说是韩国学呢？现在，除了自然科学，人文社会学科中的任何一个领域都可以找到韩国学，进入韩国学。在世界化的时代下，韩国学既可以走向特殊化也可以走向普遍化。"Korea study"不是韩国人赋予的。从前强国欺侮弱小国家的时候，为了掠夺该国的文化和地下资源，占领了这些国家，所以出现了地域学。想要占领非洲，英国不应该研究非洲吗？因此，非洲成为一门学问。"Korea study"也是如此。从15世纪末的书斋洞时代开始，就已经有西方势力进入了。他们想要知道如此平静的清晨之国——朝鲜是一个什么样的国家，所以最初以"area study"的形式呈现了韩国学。区域学（area study）不是一个普遍的概念，它具有特殊性。另外，韩国自己命名为"韩国学"也会陷入矛盾中。因为，中国和日本都称之为"国学"。韩国学中央研究院作为韩国"国学"的本山，也使用了以毛笔书写的"国学"两字。"国学"一词也许最早是由韩国延世大学的国学研究院使用的。

朝鲜民族具有把接受的外来文化再创造的优秀能力。这应该得到公认。外来文化进入朝鲜半岛，韩国人有接受并赶超它的能力。举例来说，佛教经中国进入朝鲜半岛时，最初接受的是印度佛教还是中国佛教呢？虽然从中国学到了佛教，但是韩国佛教与中国佛教不同。那么，佛教是到中国之后发生变化的吧，而到了印度一看，也是不同的。这就证明了朝鲜半岛有以民族的主体性来受融外来文化的能力。元晓大师要入唐求法，但是几次都失败了。当时不仅交通不便，气候条件也不好。大风和洪水迫使大师在山中躲避，结果自己觉悟了。他所觉悟的是韩国佛教中最伟大的思想，是《大乘起信论》中的大乘佛教思想。《大乘起信论》目前正在被世界的学者广泛的研究。中国延边大学的校训之一是"融合"。"融合"一词就来源于此。传入韩国的印度佛教、中国佛教不是不同的思想，应把它们融合在一起。元晓大师所觉悟的，就是"圆融会通"。"圆融"成为延边大学的校训原原本本地体现了韩国文化的精髓。这令我感动。另外，"一即多，多即一"，一个也是全体，全体也是一个。 "一即多，多即一"与著名物理学家莱布尼茨提出的"实体"（monad）的概念相似。如果要写博士论文的话，可以与莱布尼茨的话进行圆融的比较。

我们民族接受外来文化的优秀性仅仅体现在佛教方面吗？在儒教方面也体现了出来。朝鲜王朝的性理学者所觉悟的部分，包括孔子、庄子、道家、儒家在内的思想，是二元论的价值世界，可见的事物用气来表现，逻各斯或者理性用理来表现。中国特别强调理气的二元论部分。我们的儒教也原原本本地接受了。以气为重，则走向了唯物主义，以理为重则可以走向唯心主义。但是当性理学被实学取代的时候，二元论就成了一元论。这就是融合。美国纽约的曼哈顿被称作"曼丁堡市"。美国的五十几个州浓缩成纽约，纽约浓缩为曼哈顿，其中世界很多的文化交织在一起，在那里融合。所以，出现了"Americanism"一词，搞不好的话，甚至会出现"美帝国主义"一词。"曼丁堡市"一词也适用于朝鲜半岛。

韩国学用英语怎么说呢？应该用"Korea study"一词来表示吗？还是用"国学"表现呢？"Korea study"一词是正确的。所谓"ology"可以用"论"来表示。"myth"是神话，"mythology"是神话学。然而，没有人相信神话。可以相信也可以不相信。但是说是史前时代则不能不信。因为在有文字之前，一切都是口口相传的，如果用文字记录下来，就成了历史。那么用"Koreaology"一词？不能说"Egyptology"就正确，而"Koreaology"就错误吧？以上我们了解了韩国学成立的一些问题。

三 韩国学的相关问题

1. 作为国学的韩国学

刚才说到，"国学"一词指的是 19 世纪末为了应对外来势力的挑战而出现的"本国学"（自国学）。朝鲜王朝末期英宗朝，实学家们在《独立新闻》上刊登了朝鲜地理、历史、物产奖励运动的文章。"朝鲜人想学习外国的文化，而对自己国家的文化却不想知道。"这就是我们到了近代被牺牲的原因。我们不了解自己，也就不了解他人，不知道西方是如何发展的。对于中国遭受西方势力侵略的事情，想都没想过。因为中国是大国，以朝鲜半岛的角度来看，没有比中国更大的国家。因此，很难想象中国会有这样的遭遇，因此，不了解邻居也不了解自己，斧柄腐烂了都不知道，只知道和自己人进行内部战争，结果导致 1910 年被日本合并。这件事已经过去了一个世纪，但是还没有完全解决。

2. 是"朝鲜学"还是"韩国学"？

韩国学中的"韩"和大韩民国的"韩"字不同于历史上的"汉四郡"的"汉"字。现在所说的韩国，是南韩，不是"韩国"的概念。是从维持过去的文化的意义上来说的韩国学，而不是在分裂的状态下有了点钱后来研究的意义上的韩国学。经过了日据时代，至今仍无法克服的就是"无史观"。北部的是唯物史观，南部既有唯物史观也有唯心史观，比较混乱。这是南北差异。无史观和历史卑下（轻视、贬低本国的历史）现在还没有被克服。语言中，年长的人还离不开日语，特别是建筑业等生活文化中还有日语的存在。当然，朝鲜不同。20 世纪 30 年代，朝鲜学中最为强调的是朝鲜之魂、朝鲜精神。我的意思是我们要快点找到韩国学的朝鲜之灵魂。如果带有历史意识来看，朝鲜之魂可以看到吗？所有国家和民族都有自己的灵魂和精神。我们也一样有，但应该去寻找。从这个意义上，我来介绍朝鲜语言学会、韩国语学会等。

3. 光复后韩国学的几个重要问题

由于民族内部思想体系中存在分裂的状态，无论如何我们都要建立融合的、圆融的未来的朝鲜学、韩国学。韩国学的含义中也有朝鲜学的意义。名称是朝鲜学也好韩国学也罢，以后南北协商解决。虽然有高丽、Korea、朝鲜等说法，但是"朝鲜"一词包含了开始与结束的含义。"新的""清晨""朝阳"，有开始的含义。"朝鲜"还有持续的意思。有意思的是，"朝鲜"一词用罗马字母写的话是"Cho sen"。以色列民族是非常自负的民族，因为他们自认为是上帝的选民。即使被希特勒用毒气屠杀了 600 万名，现在世界上影响很大的科学家、政治学家、舆论界、工商界人士等精英人士都是以色列人。他们的这种自负心来自于选民意识。三千年前，被选为上帝的选民。然而，"朝鲜"一词无论用汉字还是罗马字，都包含无穷的价值判断。无论是朝鲜学还是韩国学，都没有争论的必要。

4. 韩国学的研究机构

在韩国，所谓国策机关，是由政府预算资助进行研究的机关。1978 年，韩国精神文化研究院成立，2005 年改为韩国学中央研究院。国立国语研究所也是国策研究机关。国史编撰委员会属于教育部。这些机关都在进行有关国学（韩国学）的研究。下面介绍海外的韩国学研究。葡萄牙耶稣会的神父也是历史学家的罗德里格斯（1561～1634 年）在以《日本教会史》为基础、于 1920 年编撰而成的书中最早记录了远东地区的东亚细亚文化史，这里有关于韩国的介绍。然后是利用中国和日本的史料介绍韩国的文化。但是，我们自己没有向国外介绍韩国。"壬辰倭乱"的时候，"朝鲜奴隶"被欧洲所知。被日本人侵略的时代，作为奴隶被贩卖，看起来多么悲惨！就像小说《根》中的作为非洲的黑人奴隶被贩卖到美国的主人公。1668 年，朝鲜在荷兰的航海日记中出现。此外，还有介绍朝鲜的很多记录，我们都不知道。称为隐遁之国、清晨之国的韩国通过西方人的文字被大量记录下来，可能我们很难都收集到。19 世纪末 20 世纪初，由宗教人士、外交使节撰写的韩国访问记之类的图书大约有 190 种。不知道是不是出于学术兴趣，1894 年，俄国的圣彼得堡大学首先开设了韩国语课程。而由于安昌浩曾经于 1942 年在南加州大学进行过独立运动，所以南加州大学把安昌浩故居搬到校园内，把它变成了韩国学研究所。这让我们很感动。不管俄国的韩国语课程开设的目的如何，毕竟圣彼得堡大学是世界上开设韩国语课程历史最早的大学。这样看来，韩国学很快就会赶上日本学、印度学和中国学。然而，从历史上来看，韩国学能赶不上日本学、印度学和中国学吗？追上日本学可能有些困难，但是能赶上印度学吧。与日本学、印度学和中国学并驾齐驱，就是成功。目前，有关韩国学的奖学金在持续增加，大学的韩国学项目也在扩大，对开发韩国语教材的资助也不断增多。韩国学大会、学术研讨会、讨论班以及韩美间的教授交流制度、韩中间的教授交流制度和学生交流制度正在活跃地进行中。如果在朝鲜半岛内部进行朝鲜与韩国之间的教授交流的话，可以预见韩国学会大大向前发展。中国延边大学作为韩国学研究的中核大学，做了很多重要的工作。作为东北三省的中核大学之一，作为韩国学研究的基础大学，即使做一点小事，对我们来说，也具有可以成为中核大学的意义。中核大学的期限是五年。如果这五年间延边大学做得好的话，可以成为韩国学研究的重点大学。关于海外作为韩国学中核大学的情况介绍如下。以 2006～2009 年间选定的大学为例。2006 年选定了美国的常春藤大学——有历史的名牌大学，还有太平洋北部海岸的西雅图大学、澳大利亚的 ULSB、英国的 SOAS、2007 年度的哈佛大学等。我们甚至资助了哈佛大学！之前我们一直从哈佛大学获得帮助，现在我们反而资助哈佛大学。伯克利大学也是如此。2008 年度中国的南京大学、中央民族大学被选定。2009 年，根据新的规定，柏林大学、延边大学、中国海洋大学被选定。我希望延边大学在竞争中可以坚持到最后。2010 年，为了"韩国学的世界化包装"，韩国学中央研究院一年资助中核大学 1 亿韩元。但不是对地域的资助，而是对当地的硕学、大家、专家中的 300～500 名提出的课题进行的资助，一年是 3 亿韩元。如果评价得好的话，将资助 10 年，就是 30 亿韩元。

四　振兴韩国学有什么样的课题

为解决人性的丧失来振兴韩国学。这样，就不是特殊性了。地球上有60亿人在生活，所以是普遍性。那么现在人性缺失或丧失了吗？确实如此。那原因是什么呢？就是工业化过程中的物质主义的价值观。物质主义的价值观泛滥到一定程度就是金钱万能主义——有钱无罪、无钱有罪。如果没有法律的话，人就会丧失自然理智，反过来说，人丧失了自然的理智，法律也就不会存在。真理来源于自然的理智。换句话说，这个时代存在物神主义。物质之神，物质是绝对价值。只知道"钱钱钱"的人不了解自己陷入了物质的深渊，即陷入了唯物主义的矛盾之处。唯物应该转向精神。这样才能培养出稳定的、完善的性格。只有身体优秀还不行。唯心也得转向唯物。双方都得走向相反的方向。日后中国的经济发展虽然也很重要，更重要的是精神、理性，也就是说应该克服拜物教（fetishism）的唯心主义。

现在我们的人性丧失到什么程度了呢？中国以道德伦理为基础创造了西方人所无法企及的学问。东方以中国为中心，这一点谁也无法否认。然而，现在中国是世界伦理道德文化的中心吗？值得怀疑。所以，为了克服道德麻木症来接近韩国学吧。为什么呢？孔子说："东方有礼仪之国，就是东夷。"服白衣而居，我们就是白衣民族、东方礼仪之国，能歌善舞。世界上没有能赶得上我们的歌舞的。环顾一下，全国练歌厅化、全民歌手化，除了韩国以外没有。酒的消费量俄罗斯是第一，因为俄罗斯正处于寒冷的地带，此外就是韩国。《山海经》说的对吧？没有强盗，户不掩扉。去济州岛的话，这种传统还保留着，家家都没有大门，放着三根木棍。放一根棍子的话，意思是只出去几个小时。告诉小偷一下。两根棍子的话，也许是半个白天？三根的话，意思是出去几天几夜。现在去济州岛的话也是这样。从这一点上来说，我们就是孔子在《山海经》中所说的礼仪之国。因此，我们不得不用韩国学来讨论人性丧失的问题。

在传统文化的断裂和外来文化的泛滥中，解决文化的特性和自信心弱化的问题。在资本主义物质极度发达的现在，不仅人的特性，国家的特性也在急速发生着价值变化，非常混乱。这就是所谓的"anomy"，即失范症。这是法国的社会学家研究了战前和战后的社会混乱后提出的概念。"anomy"一词就是无规范的意思，它是价值社会走向无价值社会的加速度。犯罪率也在上升。堕入了这种失范症现象中，只有通过韩国学，通过韩国文化中的圆融性才可能摆脱出来。因为韩国学的基础就是天地人。朝鲜民族固有的思想就是天地人思想。朝鲜民族中有桓因、桓雄和檀君这三位人物的思想，实际上这三位是一个人，就像是西方的圣父圣子圣神三位一体，也就是"三·一运动"的"三"。为什么是"三·一运动"呢？也可能变成3月2日。这是民族的启示，自己也不知道的。伟大的人物把民族的启示当作是金科玉律。朝鲜民族没有把这些启示和价值文化记录下来，所以没有发展成记录文化，所以国史出现了错误。因为不是文字记录，所以不能当作实证来相信。哪个国家都是通过信仰来培养历史意识。从韩国学的人本主义思想、天地人思想来看，这个民族不相信来世主义。"来世好好生活"，不是这样的。看看朝鲜，也不是"死后要把那里变成乐园、人民的乐园"。韩国也是如此。虽然信仰了从西方传入的宗教后开始相信来世，但是最重要的还是现在。没有现在，就没有过去，也没有未来。在神与人之间，西方人是神本主义，而我们则是人本主义。桓因就是因为羡慕人间才下凡而来，所以在韩国学中可以找到人文学的意义。

恢复文化的特性和自矜，对令人满意的韩国印象的再整理究竟是什么呢？所谓的自然原理就是秩序。宇宙本身不是被称为"cosmos"（和谐）吗？现在叫作"universe"。"cosmos"是秩序，而"universe"是普遍。我们是什么呢？和平。过去的五千年间遭受了那么多的外敌侵略，却没有报仇，这难道不是说我们可以展现能够维护世界和平的、我们民族的人本主义文化吗？"弘益人间"的本身不是封闭的民族主义，而是要使弘益的理念世界化。

道德主义价值能够追求什么呢？我想是民族主义的来世。不遵守道德，就不能维护自己的家庭。在我们民族的顺天、敬天的思想中，敬天具有绝对价值。美国总统奥巴马说学习韩国，所以去了父亲的故乡肯尼亚，并赞扬了韩国。韩国学者们也去肯尼亚进行了培训。奥巴马回到美国后，又强调应该学习韩国的教育热。韩流文化中的家族主义得到了尊敬。日本人弗兰西斯·福山所写的《信任》（《trust》）成了畅销书。"trust""相信""信赖"等不是宗教而是信义。信任将成为以后社会的资本。这样来看，信任不是某个人的主张，而是普遍的现象。

第六讲

韩国近代文学与殖民地

金在涌

作者简介：

    第一届亚非拉美洲文学论坛执行委员长，韩国延世大学文学博士，韩国圆光大学国文系教授。

    主要研究成果：《民族文学运动的历史与理论》《合作与抵抗》《世界文学中的亚洲文学》《殖民主义与文化丛书》（全12册），其中《合作与抵抗》2014年由社会科学文献出版社推出了中文译本。

    我是金在涌，今天受邀来到卧龙学术讲坛，非常高兴。非常感谢延边大学研究生院蔡美花院长，延边大学朝鲜韩国研究中心金虎雄主任、全莹副主任和延边人学朝鲜—韩国学学院金永寿院长。感谢此次活动的相关参与者。今天坐在这个意味深远的位置上，很惶恐。其实我所做的事情还没有到这么高的程度。刚刚金虎雄老师有很多溢美之词。蔡美花院长联系我时，我欣然同意，这是因为我对延边大学有非同一般的感情。

    刚刚金虎雄老师所说的话，我只同意一件事情，那就是我对延边大学的感情非同一般。对此我完全同意。今天我要讲的主题是《韩国近代文学与殖民地》。虽然这个题目很大，但是我不会仅限于这个题目，我会把我在研究韩国近代文学史，特别是殖民地问题的相关情况以及我周边的研究情况向大家介绍一下，希望对大家有所帮助。

    大家也许在新闻中看到了，韩国因为天安舰事件的爆发而心烦意乱。我在过去的十年间不太关心朝韩关系，所以生活得非常平静。突然发生了这件事之后，我忽然有了这样新的感觉，"啊，原来我生活在这样的国家中"。事实上，现在朝鲜半岛处于休战的状态，战争还没有结束，只是暂时休战而已。而我们对于暂时的休战一无所知，就这样茫然地生活着。只是偶尔有类似的事件发生的时候才感觉到，"啊，原来我生活在休战的国家中"。朝鲜半岛就像是不知道什么时候会爆炸的火药库，而我们对生活在这样的环境中却没有太大的感觉。我年轻时去军队服役的时候，或是现在上了年纪看到朋友的孩子去服兵役的时候才感觉到，"啊，原来我生活在分裂的国家里"。此外很难有别的感觉。然而，直到这件事件的爆发，我才思考自己生活的、自己所属的朝鲜半岛。也许大家认为这种分裂的状态似乎看起来与殖民地没什么关系。

但是我认为，目前的分裂状态是殖民地的遗物。为什么这样说？想想从日本殖民统治下独立后、解放后的情况，就会很清楚了。当时设定了三八线，南部驻扎了美军，北部驻扎了苏军。而两军驻扎的理由是朝鲜人民、韩国人民没有建设自己国家的能力，所以向他们提供帮助。如果当时美军和苏军进驻的时候朝鲜半岛不是日本的殖民地，那么两军就没有任何理由进入朝鲜半岛。美军与苏军的进入是为了解除日本的武装。如果不是日本，我们也不会陷入这样的分裂状态，也不会爆发天安舰之类的事件，我也不会偶尔感觉到不安，也许以另一种方式在努力地生活着。虽然现在的分裂状态不同于当时日本直接统治的殖民地，但是却成了殖民地的遗产。20世纪的韩国史和韩国的未来都很难摆脱殖民地这一幽灵。事实上，不仅殖民地问题，还有从殖民地问题中看到的朝鲜半岛的分裂也是非常重要的课题。然而，今天我要讲的是殖民地问题对韩国人来说，对韩国文学史、韩国历史来说有多么重要，这就是我所研究的领域，文学中的日本占据时期末期所包含的。

大约是十年前，我专攻韩国近代文学。在韩国近代文学中，我专攻韩国近代文学史。我一直苦恼于韩国近代文学思潮。十年来我一直有一个无法解决的疑问。就是我所学习的1938年到1945年近10年间的文学，没有其他人在学习，这一领域常常被排除在外。而这样的事情竟然如此自然。然而，我在专攻文学史的时候，有了这样的疑问，为什么日本占据时期末期在韩国文学史、韩国历史中被划上了括号呢？为什么大家对此都保持沉默呢？原因是什么？有了这些想法后，我开始对此产生了兴趣。在我学习期间，我之前撰写文学史的学者们都对这段时期一带而过。问了后就回答说"这是黑暗期文学"。"为什么叫作黑暗期文学？""因为到了日本占据时期末期，日本人不会用朝鲜语言文字创作作品，而用日语写成的歌谣抹杀了朝鲜语。所以那时候不存在文学。"
因此，那一时期被视为黑暗期。但是在我研究了日本占据时期末期和当时的报
纸、杂志后，却有了自己的想法——这一时期不是黑暗期，而是韩国 20 世纪
近代文学史、近代史的最重要的部分。我想，如果不研究日本占据时期末期这
一时期，我们怎么来说明韩国近代文学史、近代思想史和近代历史呢？这一时
期不是黑暗期，而是很重要的时期。这一时期连接了 20 世纪的前半期和后半
期，就像我们体内的关节一样。而把这一连接前半期和后半期的关节这一重要
的部分排除，学习韩国近代文学史、韩国近代史、韩国近代思想史的时候，就
有很多段落、章节的碎片拼不起来。不仅有这些拼不起来的碎片，还有将它们
忽略掉、认为它们不是韩国史的想法。为什么我所学习的文学史中日本占据时
期末期这一段时期成了黑暗期？当然，理由有很多，但是在我看来，是因为解
放后很多人都不愿意对这一时期有任何的记忆。解放之后，对韩国文人、作家
来说，有这样的倾向，那就是无论是亲日派还是抗日派都希望把这一时期从自
己的生活中抹去，对此不想有任何记忆，希望对此保持沉默。

这就是这一时期只剩下空白的原因吧。梳理这些不想存有的记忆的方式，
就是把这一时期称为黑暗期。在把它称作黑暗期的瞬间，一切都解决了。所
以，它就永远的作为谁都无法接近的时期固定下来。我想这或许就是理由吧。

不想对当时日本占据时期末期有任何记忆的人当中，很多人将其称为黑暗
期，这是为什么呢？那就是，我们是没有办法才亲日的、才合作的。我们一向
认为这是不恰当的说法。而我研究后发现，相对于没有合作的人而言，亲日合
作的人是少数。使我惊讶的是，当时相当多的作家都没有屈服，通过某种方
式——有时直接、有时间接——来表达自己意思的知识分子、作家相当多。知
道这一事实后，我想，原来自己所学的是错误的，是非常大的错误。为什么尽
管有这么多人进行了抵抗，却连他们也不愿意提起日本占据时期末期呢？第二
个让我惊讶的是，对于亲日的人，无论是韩国的一般民众还是研究者都认为他
们的亲日行为是被强迫的、被诱惑的，是无奈之举，但是我打开这个潘多拉盒
子后，发现这些亲日派并不是被强迫、被诱惑的，很多人都是直接地、自觉地
合作。这一事实让我很震惊。总之，让我惊讶的事情有两个：第一个是与我所
学到的不同，日本占据时期末期，抵抗的韩国作家反而要比亲日的、合作的作
家多；第二个是以往的观点认为合作的作家、所谓的亲日的作家是被迫的，然

而我所看到的则是这些作家不是被迫而是自发地主动地与日本合作，有时是把合作当作是一种解放。在韩国，现在说这样的话很自然，但是在当时是很恐怖的一件事情。因为那是大家头脑中固有的观念。在任何一个社会，打破固有观念都是相当困难的事情。

　　有时候，我们必须要有"应该感受屈辱"的觉悟，因此我们反对某种固有观念时，事实上需要一点勇气，也需要对其有自己的创作。即使是在十年前，我也因这种固有观念承受了很大的痛苦。因为，在所有的文学史、思想史、历史中对日本占据时期末期都有默认的、固定的、谁都撼动不了的一般观念。这个观念就是我刚刚所说的，亲日派是多数，而他们的亲日是无奈之举。对于是否存在别的概念，以及对韩国历史重新进行整理是否可能，我也是十分的困扰。能够摆脱这种困扰、打破这一固有观念的方法，就是通过阅读大量的学术书籍，重新整理那一时代。我这样说不知道大家会不会觉得很冒失。我当时像每天早晨读报纸一样阅读日本占据时期末期的报纸。连当时的人们想什么、吃什么、为什么打架、做什么梦等都了解得一清二楚。我这种把1940～1945年五年间的报纸当作每天晨报来看的行为怎么看都很愚蠢，但不得不这样做。为什么？为了打破大家的固有观念。只有激起"我生活在那个时代"的错觉，才能继续研究下去。而且，报纸最有效果。像每天早晨看报纸一样去阅读当时的报纸，想着"我要像当时的人们那样思考"，不这样做的话，就无法走上这条路。因为这一固有观念太过强大。就这样，我一点点地进入了当时人们的内心、进入了当时人们的意识当中后，我已经有了清楚的想法，其中最让我惊讶的就是，亲日派绝不是被强迫的、被诱惑的，而是自发的。而自发的理由是什么呢？为什么包括李光洙在内的那么多人那样积极地、那样没有任何想法地做了这样的事？在我看来，他们不是没有经过思考，而是思考了很多。使我惊讶的是，在我学习李光洙的时候，通常的观点是说他为了生活得好、为了维持生活的品质而与日本人进行了合作，但是越看当时的记录我越觉得这种说法是不恰当的。当时的人们有自己的理论，如果我对此没有重新整理并予批判的话，我的研究一步都进行不下去。过去，人们对这一韩国文学史研究、韩国思想史研究、韩国历史研究中最大的盲点从来都没有想过进行重新整理，"为了生活得更好"的这一固有观念一次都没有摆脱掉。因此，虽然问题很多，但是我在这里只说两个。首先是李光洙。看了李光洙的亲日理论，我认为，李光洙绝对不是像我们想的那样为了活得更好而亲日的。那么真正的理由应如他所说，"两千万朝鲜民众能够活下去的路只有这个。只有亲日"。第一次我真正地理解了这句话。亲日的李光洙竟然说出了"为了救活两千万朝鲜民众，只有这条路"这样的话。当时那些抵抗的人们、作家们是为了守护自己的信条、为了自己的名誉没有与日本人合作，而真的为两千万民众着想的话就不会这样做了。这句话让我很震惊。我听到亲日合作的李光洙说"那些没有合作的人们只想着自己的实力，想着自己的价值，而没有想着两千万朝鲜民众"的话，看着日本占据时期末期的事实，对此能怎么想呢？用以往的固有观念实在是无法说明。然而，越看越觉得李光洙的判断错误是很大的错误。但是也逐渐理解了李光洙判断错误的理由。因为，对李光洙冲击最大的事件就是1938年武汉的陷落。当时韩国以"武汉三镇"来表述。中国的武汉三镇被日本人攻陷，对李光洙的冲击非常大。因为在当时的亚洲，武汉三镇的陷落无异于欧洲的马德里被纳粹攻陷。当时武汉在报纸上被表述为"东方的马德里"。对李光洙来说，武汉的陷落是非常大的冲击。原因是什么，我也不是很清楚。但是从李光洙的历史来看就能够理解。我认为，目前韩国历史中被误解程度最深的就是"三·一运动"。

韩国历史是这样描述"三·一运动"的："对平日被日本人的压制积累了太多不满的朝鲜人，突然以3月1日为契机，像野火一样燃烧起来。"在说明"三·一运动"的时候使用了"日本残酷的武断统治"一词，事实上，"武断统治"不是什么好的词，是日本人随意使用的。"武断统治"是相对于"三·一运动"以后，日本人实行了所谓的"文化政治"。"武断统治"是日本人为了证明自己已向"文化政治"转变而使用的词汇，事实上这一词也是日本殖民主义的用语。日本人为了转向，也进行了文化统治。但是，我研究了"三·一运动"，特别是研究了李光洙后，发现当然这是很重要的原因之一，但绝不是最直接的原因。压制一直存在，而朝鲜不屈之魂也一直存在，不会在1919年3月1日突然出现吧？当然，这种说法现在已有所改变。日本的学者中就有人认为"三·一运动"爆发的最重要的原因是当时在东京发表《二八独立宣言》的李光洙等人所传播的国际新闻。

一战后，在欧洲举行了和会，有81个国家参加了这次和会。和会提出了如何解决殖民地的问题。当时，美国总统威尔逊的所谓的"民族自决主义"

很有影响，而大部分韩国人都不知道这一消息。因为当时的主流报纸有日本的《京城日报》和朝鲜的《每日申报》。这些都不可能刊登有关日本的消息。因此，当时在日本的李光洙等人阅读了一部分日本报纸，又看了英文报纸后知道了这一消息。当时，李光洙等"三·一运动"的主导者们希图依靠自己的力量独立并战胜日本人的想法是生活在朝鲜半岛的人们所没有想到的。当时威尔逊的"民族自决主义"出现后，在国际上进行了宣传，所以人们就有了期待，以为有了欧洲战胜国的主导，就可以解决殖民地问题。李光洙等人认为，如果好好利用那些参会的世界上的大人物，可以让朝鲜获得独立。因此，在欧洲的巴黎和会上有了会让殖民地获得独立的说法。但是，如果朝鲜方面没有人说话的话，谁来主使呢？也许就错过了独立的好机会。李光洙听到这一消息后，便着手联络了国际人士和朝鲜人，认为至少朝鲜在这个时候应该站出来。因此，"三·一运动"爆发的原因固然是日本的压迫和朝鲜的不屈之魂，但是直接的原因还是当时的国际舆论。

事实上，李光洙最早来到上海的大韩民国临时政府，并撰写了《独立宣言》。另外，如大家所知，1921年李光洙和总督府进行会谈后回到了朝鲜。很多人认为这以后李光洙就变节了，但是在我看来，李光洙那时候没有变节，1919年李光洙由于巴黎和会的国际舆论，组织了很多活动，而回国的时候已经是1919年、1920年。在座的都知道，国际社会所谓的战后处理，是非常帝国主义的处理方式，因为一战中战败国的殖民地全部得到了解放。举例来说，捷克就获得了独立。但是战胜国的殖民地就没有得到解放。巴黎和会就是这样做了决定。这是1919年6月在欧洲做的决定，当时受到冲击最大的就是李光洙和"三·一运动"集团。金奎植、李光洙等人认为理当如此（即包括朝鲜在内的所有的殖民地都会得到解放），一切都准备好了，所以对把战胜国与战败国的殖民地区别对待、只解放战败国的殖民地的这个决定很失望。当时最让李光洙吃惊的就是这个世上没有可以相信的人。当时李光洙说过很意味深长的话："听说你在上海撰写《独立宣言》。如果你在上海的话，就会听到国内的消息。你的第一个念头就会是应该出来斗争。"李光洙的意思是自己很震惊，而他说话的对象就是尹致昊。

如果李光洙没有在上海见到尹致昊的话，会投入进去吗？即使他极力主导，但仍然不足以改变局面，所以投入之后非常震惊。从他之后的文字可知，在那以后他心目中的老师只有尹致昊。一般人认为李光洙的老师是安昌浩，但我认为那是错误的。在安昌浩到上海之前，对李光洙的内心产生影响的事实上还是尹致昊。李光洙尊重尹致昊，对他执弟子之礼最大的原因就是，尹致昊是当时朝鲜知识界中对国际形势了解最为透彻的人。为什么？从尹致昊没有在《独立宣言》上署名可知，尹致昊认为帝国主义绝不会让殖民地独立，即使说了，不知道战败国会如何，战胜国会放弃自己的殖民地吗？根本不可能。通过他当时的文字我们可以看到，在当时的尹致昊看来，没有自己的力量，只相信那些帝国主义者，真是知识分子的轻举妄动。我们自己什么力量都没有，却妄想着搭乘国际便车的想法是多么天真。最后看来，在李光洙的人生中，安昌浩不过是同一时代的人而已，而李光洙一直是在循着尹致昊的轨迹前进，甚至于亲日。正因为如此，所以李光洙一直认为我们依靠自己的力量独立并培养自己的武装等都是很困难的，因为没有自己的力量，所以必须借助国际社会舆论，这样的想法支配了李光洙的一生。

对他来说，最大的教训就是他在"三·一运动"时目睹的残酷。因此，李光洙看到了1938年的武汉陷落后，真是感触很深。"三·一运动"后，李光洙最后的想法就是"不久日本就会与中国开战。然后和美国开战。继而会和苏联开战。这样，我们就一直准备着到那时候就行了。我们为什么什么能力都没有？我们怎么和刀枪作战？日本与中国开战的话，美国和苏联会袖手旁观吗？当然会站到中国这一边"。但是中日战争真的爆发后，李光洙深刻反省了自己的错误判断。中日战争爆发的时候，他还以为这是朝鲜可以获得独立的机会。但是渐渐地，他看到了武汉三镇的沦陷。"连中国也要灭亡了！"李光洙这样想。这当然不是尊重不尊重的问题，而是面对武汉这样的大城市都沦于日军手中的局面，李光洙自然有了这样的想法。

因此，在李光洙看来什么希望都没有了。当然，如我们所知，事实上包括金学铁在内的在海外人士反而认为武汉三镇的沦陷对朝鲜来说是个好机会，甚至金学铁等作家认为不久后美国一定会与日本开战。他们以为太平洋战争的爆发是个好机会，但是李光洙不这样想，他认为一切都结束了。"现在我们没什么可期待了，没什么可做的了。在这样的情况下，我们能做的，除了成为日本人以外再没有什么。过去由于殖民统治，我们被差别对待。现在独立的希望也没有了，继续以日本的殖民地存在，差别对待也会延续下去。不如变成日本公民，真正成为日本公民。"从李光洙的文字可见，他真是发生了脱胎换骨的变化。"现在两千万朝鲜民众不会被差别对待了，不再是二等公民了，而成为一等公民"。由此，李光洙认为两千万朝鲜民众不会再被差别对待了。所以，阅读李光洙的文字最有趣的就是他的亲日理论，那就是两千万朝鲜民众不再接受差别对待，而自己要引导大家走上这条道路。但是这条路与其说是两千万朝鲜民众的生活之路，还不如说是李光洙自己要走的生活之路。把知识分子与过去的独立联系起来看的时候，李光洙的理论真是精英主义的理论。所以，我在重新整理解释李光洙的内心时，不仅包括日本占据时期末期时的李光洙，还有"三·一运动"以后的李光洙，发现他不是一个亲日的人，他对历史进行判断，并根据这一判断，以自己的知识分子的使命出发做了这样的选择。看到这些，让我很震惊。而我们之前之所以片面地评价李光洙，就是我们从没有正面认识李光洙，只是凭借流言和固有观念来看待他，所以实际上根本没有正确地批判李光洙。我认为，从前对他的批判都不是真正的批判，所以现在要正确地、客观地来批判。

第二个理论是崔载瑞等人提出的理论，是个很有影响的理论。纳粹攻下了巴黎后，很多人都认为1789年法国大革命以后的所谓的近代资本主义已经灭亡了。其中有些理论是现在后现代主义的先驱。中世纪出现的、唤醒了欧洲的人类解放的法国革命在资本主义的进行中、在军权国家中走到了尽头。1940年巴黎的沦陷就是近代资本主义的落幕。近代资本主义落幕后，当时有些人以为应该为新的、超近代做些准备。这些人也开始追求亲日。

到了近代，所谓后现代主义出现。而鼓吹这一理论的就是日本京都大学哲学系的所谓京都学派。他们提供的理论非常有说服力。而对于韩国人来说，更重要的理论就是近代资本主义的没落是西方的落幕。西方的落幕预示着现在是东方的时代。近代资本主义就是西欧，而近代资本主义的落幕就是西欧的没落，现在终于到了被西欧统治的亚洲，特别是东亚自立的时候了。以这种理论审视日本占据时期末期的人很多。

崔载瑞等人反而认为，那些抵抗的人是近代的俘虏、近代的奴隶、资本主义的奴隶。为什么要成为外来的近代资本主义的奴隶？他们愤怒地批判近代资本主义已经走到了尽头，在这种情况下还忠实于它真是很傻、很愚蠢，而这些人就这样走向了亲日。他们听到"亚细亚"连细胞都会疯狂起来。一听到

"亚细亚"，听到"东洋"就会变得兴奋起来。似乎越亲日就越是为了亚细亚真正的解放，从西欧资本主义的奴隶身份中摆脱出来，自己就有了摆脱奴隶身份的解放感。

令我震惊的是，我所学到的固有观念认为他们的亲日是无奈之举，但是在探求了以李光洙、崔载瑞等人为代表的亲日派的近代亲日史后，发现他们自己意识中有很大的解放感，以李光洙为代表的集团是"摆脱了差别，以后不会再被差别对待了"的解放感，而另一个集团则是摆脱了近代资本主义奴隶身份的解放感。二者有各自不同的作用，而李光洙等人在日本占据时期末期分别以这两种理论为基础写出了自己的作品。因此，日本占据时期末期与日本人合作的韩国人不是为了生活得更好，而是为了实现自己意识中的解放感，由于我们对此一无所知，所以在批判他们的时候流于简单、轻率。这样看来，我们对韩国近代文学史的潜意识、韩国近代思想史和韩国近代历史的内涵的阅读不是很失败吗？虽然我们做了很多的批判，但是实际上我们所批判的靶子都歪了。因此，我认为如果不对日本占据时期末期重新进行研究的话，那么重新梳理近代以来韩国的文学史、历史和思想史都是很难的事情。

研究了日本占据时期末期这一时期后我感觉到，过去我们对殖民地问题处理得太简单了，我们大多从朴素的、深层的民族主义角度出发进行了大量的批判，而实际上对那些真正与日本殖民主义合作的人却从来没有真正进行过正确的批判。当时我想到的还有我所写的、发表的文章不仅对文学界也对历史学界有所影响，而现在我所能提供的就是，我们在叙述韩国近代史和韩国文学史的时候误入了很大的误区。什么误区呢？1945年独立后，所有的韩国教科书经常提及的就是日本的殖民统治和对此进行的反抗。所有的近代史中，我们所读到的就是统治与抵抗。我在学习教科书的时候，学到的就是日本的统治历史、日本的侵略和掠夺，还有抵抗和独立运动，只有这两方面的内容。如我刚才所说，在研究了日本占据时期末期后我发现，近代韩国史不只有统治与抵抗，两者之间还有一种状态，那就是合作。所以，面对日本的殖民统治时，不是只有抵抗，而是抵抗与合作同时并存。我们应该看到二者是同时存在的，即在日本占据时期末期，伴随统治的，既有抵抗也有合作。因此，当时我在写书的时候用了《合作与抵抗》这一书名。合作这一概念是对之前我所学到的历史叙述的思维定式的克服。那么，合作与抵抗会不会也成为固有观念呢？然而"合作与抵抗"这一构想本来是我研究日本占据时期末期时候的憾事，我欠下了两个人的债，一位是申采浩，另一位是叫作葛兰西的理论家。

为什么说欠了申采浩的债呢？我看了申采浩先生的文章后，脑子里突然出现了以下文字："以为日本对朝鲜的占领用的是枪炮，但这种想法是错误的。"如果是别人说的话，是不可信的。但这是20世纪20年代申采浩在北京的杂志上发表的，"认为日本是用枪炮来统治朝鲜的想法是错误的。更可怕的是日本与朝鲜亲善的说法，这个更容易使我们沦为殖民地。"我当时看到这些话的时候很震惊。这是只有像申采浩一样，全身心地投入1905～1920年的朝鲜历史中的人才能说出的话。的确，当时韩国很多的知识分子亲日、与日本人合作的原因不是因为日本人的枪炮，更可怕的是日本所宣扬的近代化的理论。就是这一点吸引了很多人。如果这些话是别人说的，我可能不会有太大的兴趣。但是看到申采浩说了这样的话，我完全同意。这就是说，不是只有统治与抵抗，而是统治、抵抗与合作。"啊，原来我所思考的理论就是生活在当时的文学家、历史学家申采浩先生已经看到的部分啊。"就这样，我有了很大的勇气。

第二位对我帮助很大的人就是葛兰西。不知道在座的各位是不是知道葛兰西的理论。当时葛兰西说了这样的话："统治有两种，一个是武力统治、压制的统治，一个是和睦的和谐的统治。"因此，只有知道武力统治与和谐统治这两种方式才能知道什么叫作统治。我以前就这么把葛兰西的这句话略过去了，以为没什么意义，也不知道说的是什么意思。研究了日本占据时期末期后我才发现，"啊，原来是这个意思啊。过去我只看到了武力统治。和谐统治多么恐怖！就是用这些话，葛兰西唤醒了欧洲。"

申采浩先生所说的"不仅是枪炮，还有日韩亲善把我们变成了奴隶"的核心就是葛兰西所说的和谐统治。在研究了日本占据时期末期历史后我更感觉到自己做的是对了。我现在理所当然地认为，关于日本殖民地的问题不能放在统治与抵抗这一固定思维模式下来看。我认为把这个放进去与拿出去再看韩国近代文学史和韩国近代史的话，是有很大的不同的。所以我带着这样的想法，写了《合作与抵抗》一书。然而，我最初的想法就是要试图克服人们的固有观念，我的这一想法在学界引起了很大的反响，而且这本书写完我也以为就那样过去了，以为没有多少人能够读得懂。因为这本书有不同的想法，得到了很多的批评。批评的论文也好，称赞的论文也好，现在有200余篇。目前，日本占据时期末期已经成了研究近代韩国文学史的焦点。

这样来看，一个研究者可能做梦都没有想到自己的研究类书籍能卖得很好。（虽然我的书卖得很好）这是我们研究者的悲哀。费尽心血的写了，而销售情况却让人大失所望，所以会有"我为什么做了这样的事情"的想法。但是，让我吃惊的是，我的书竟然卖得很好，当时不都是因为喜欢才买的，有些好像是想要羞辱我才买的。最近一段时间，韩国近代文学研究者们基本上以日本占据时期末期为研究焦点。至少十年前还被看作是黑暗期、无人关注也无人提及的日本占据时期末期，突然间就成了韩国近代文学中最受人瞩目的领域。这样说好像我是在炫耀，请大家谅解。

这样看来，虽然有"啊，我没有做什么出格的事情"这样的想法，另外，也有这样的感觉，"啊，现在日本占据时期末期不是空白了，在韩国近代历史和韩国近代文学史中拥有了自己的位置，这样一来解放后的连续性终于可以维系下去了。"换句话说，我们体内所丢失的关节终于找到了，关节找到后，解放前和解放后就可以连接起来了。

由于时间的关系，有关日本占据时期末期研究对于解放后南北问题的研究有多么重要，我已经没有时间说了。但是，看到日本占据时期末期的思想上的空白已经被填补，新的研究方向将会出现，作为一个研究者，我个人感觉到意义不小，事实上，虽然现在有 200 余篇的研究论文，但是对此我自己什么都没有写过。最初有 50 篇论文出现的时候，我还想过要写点什么，但是现在这么多，和谁对话和谁不对话很难应对，所以就放弃了。目前，我在准备新书，因为对殖民地问题我们还有很多固有观念。说到殖民地，似乎谁都知道，好像不说也都知道，但是殖民地问题不像我们想的那样简单，所以我们应该对此更加深入地进行思考。

作为一个研究者，我想有时候违背常理的、方法上的怀疑是有必要的。今天想和大家分享的，也许是大家都了解的韩国历史、韩国文学史和韩国思想史的部分，但是我认为我们应该以不同的眼光来看殖民地问题，另外，对学界的固有观念不要害怕，也没有必要畏缩，偶尔对这些固有观念加以质疑，这对一个学者来说是非常重要的。虽然打破固有观念后，对于自己所做的破坏也有很多的疑惧，但如果大家对固有观念放任不管的话，我们还需要学问吗？我们为什么需要知识呢？看到学问与知识变成了固有观念，难道没有权利质问吗？当然这个权利有时候会伤害自己，甚至会葬送自己。然而我们这些知识分子既然被赋予了这种权利，那么就有必要鼓起勇气使用这个权利。

谢谢大家！

金虎雄：

在大约一个小时的时间里，金在涌教授为我们提供了能够观察殖民地文学的视角。事实上，所谓学问真的是要具有新的眼光才能从整体上进行观察。正如我刚才所说的，金在涌教授本科学的是英语，英语水平比英语系教授还高。所以接受了东西方的很多方法，尤其是用最近的后殖民地文学的方法论对我们的文学进行了新的透视，提出并解决了新问题，得出了好的结论。刚刚金在涌教授的演讲简要可以概括为下面几个问题：

第一点是，目前朝鲜半岛的分裂状态是殖民地遗物。对殖民地问题的研究可以解决目前的分裂状态。殖民时代的殖民地文学不是受压迫下的无奈之举，而是有统治这些人的内在的理论。用我们的俗语来比喻的话就是"姑娘生了孩子还振振有词"。亲日派也有自己的判断和理论。对亲日派的判断与理论要深入解剖、批判，对新文学特征要进行细致的、透彻的思考，不能遗漏。

第二点是，亲日派虽然受到了日本人的压迫，却反而因痛恨西洋人重新回到日本的怀抱。他们以为借助归属日本可以战胜西洋人，所以他们认为亲日是正当的。只有对这些亲日派的内在理论深入地花费大量的心血，才能对其有深刻的解释，才能永久地保持我们民族的自尊和自信。

第三点是，统治与抵抗这一旧的构造无法解释韩国被殖民统治中的亲日性这一特殊性，只有把合作置于核心，才能在三者的构造中对亲日进行深刻的解释。

有的时候听一次好的讲座比一个学期听数十位教授的课程的效果还要好。虽然是一个小时的讲座，但是能够使我们了解一个时代，也给了我们可以陆续了解一个时代的好的方法论和视角。

金虎雄：

1. 看朝鲜半岛亲日时期的文学，亲日的作家中有些人创作出了优秀的作品。徐廷柱虽然亲日，但是也写出了非常好的作品。您曾说过给学生讲授过亲日派的作品，对此您是怎么解决的呢？

2. 目前也有人在维持着亲日派的内在理论。在韩国，如何认识新的亲日分子？他们的理论还在默默地传播着，如何应对呢？对此大家非常好奇。

金在涌：

在韩国，我写了这本书后，研究了这一领域后，偶尔会听到有人叫我"亲日文学专家"。以前我不是研究亲日文学的。而有了"日本占据时期末期如何连接了殖民地的前半期和后半期"这样的反问后，我产生了苦闷，也因此集中研究了亲日文学。之后的某个瞬间，我就成了亲日文学的专家。实际上我感兴趣的不是日本占据时期末期的亲日派，而是抵抗派。让我惊讶的是，当时亲日派的理论很有影响力。抵抗派也对此进行了辩论，认为它们是假的，亲日派如何知道人类不可能获得解放。我所关注的就是这个。现在来看我的书，对于抵抗我花了很大工夫去写，但是大家看不到抵抗，只看到了亲日，所以我有时候会想，"啊，我的书似乎写得不好啊"，把原因归于自己。之后，不仅电视台邀请我，甚至卢武铉政府在设立"亲日反民族行为真相究明委员会"的时候请我担任责任人，但是我都拒绝了。

拒绝的理由有很多，其中的一个就是，我进行亲日的研究的目的是摆脱固有观念，但是现在又开始有很多新的别的固有观念出现。甚至编写教科书的人们在看到我的著作之后，也把徐廷柱从教科书中剔除了。我请他们说明原因。我认为，徐廷柱收录于20世纪40年代中后期的《花蛇集》中的诗都是好诗。而且亲日的诗反而应在书中刊登出来。为什么要排除掉呢？对此我很难同意。教科书过去对徐廷柱亲日一事绝口不提，也只介绍了《花蛇集》的诗歌等，但是现在由于我对亲日的批判，又把徐廷柱的作品从教科书中排除出去。在我看来，这真是糟糕的教育。"我们以前的文学家中有些人拥有可以创作出好的作品的艺术气质，但是因为有不同的判断、政治上的错误判断，所以犯了多少错误。"这可以作为我们的反省教材来辅助我们。对以前的书不予教授，都排除在外，我认为是错误的。因此，人们看到我之后，觉得上当了。他们原以为金在涌教授是想把徐廷柱等人的作品去掉，想不到却说这样的话，有种背叛感。我想一定有这种人。当政治的正确性和艺术创作能力这两者如果发生冲突，哪一个会占上风？如何才能兼顾好两个方面？韩国文学中有很多文学史上的好的作品可以成为我们反省自己的资料。其中之一就是徐廷柱，正如我刚才所说的，他写了那么好的诗，简直可以说是语言的魔术师，怎么会在政治上犯了错误呢？把这些都呈现出来，集合了这些的所谓的文学，难道不是我们进行自我反省的好教材吗？像韩国近代文学史这样蕴含了这么丰富的史料是不容易的，应该当作我们近代文学的优势来看待。

第二，新的亲日派确实是个问题，但是事实上对韩国没有什么影响。在看待韩国的所谓的"NEW RIGHT"（新右派）集团时，"殖民地解释"本身就有很多的问题。借用金教授的话，也可以放进新亲日派的这一大的范畴中，但是我想，为了批判这些所谓的新右派对殖民地的新解释，不能像对待过去的势利派一样来批判。这些新右派解释殖民地的新理论已经出现了，而过去虽然有很多的背景，但我们对所谓的亲日进行的批判太过朴素，所以反而有了反作用。为了对这些人予以批判，不如站在重新整理、批判亲日的内在理论的立场上，来批判亲日。实际上，对韩国新右派对殖民地的新解释，我反而不在意。为什么？我确实因为过去的理论过于兴奋，但是对现在的这些人的理论我打算以后好好研究，所以反而不怎么在意。

卢武铉执政的时候，设立了"亲日反民族行为真相究明委员会"这样的国家机构，另外也欲建立民间机构，我拒绝这一提案的原因，就是我认为国家不能独占日本占据时期末期的亲日部分。过去我们对此没有研究是我们自己的错误，但是我认为，国家拥有对此进行解释的权力。所以，我认为还不如把这件事交给一般的学者，让他们引导着对这些解释作出合议。如果国家再次介入和独占，这也有可能走向一种"暴力"，"解释的暴力"。对这个"解释的暴力"，谁能承担责任？所以，我认为国家设立委员会来解决这个问题不是很好。普通人帮助学者们深入研究后，大家再对这些研究进行社会上的合议和学术上的合议。到时候，这就成了我们一般市民看待自己的过去的眼睛，成了省察历史中的自己的力量。在这个意义上，我谢绝了这些提议。

事实上，对于过去的解释，"我也能够解释"，所以无论是谁独占了解释都是不行的。我们要多进行解释，其中重要的是能够触动人们的领域，但是往远了说，会诱发我们内部的新的疯狂。那种疯狂是有证据的，如果我们把这个解释公然地交出去，这种疯狂就会扑面而来。

延边大学比较文学专业博士生李范洙：

我听说您曾经去过朝鲜。我们在研究韩国文学史后，知道李光洙在解放战争（指 1950～1953 年的朝鲜战争。——编者注）以后就失踪了。您也去了平壤，不知道您对李光洙的行迹是不是有所了解。和李光洙有相同命运的作家们虽然后来做出了错误的选择，但他们应该说都是非常优秀的作家。

金在涌：

关于李光洙最后的行迹，只是听说而已，出于一个学者一个研究者的责任，我只能说几乎没有什么可说的。都是传说。不仅是李光洙，还有徐廷柱，在韩国有很多这样的疑问，李光洙是个坏人，为什么在文学史中积极地讲他呢？正如我之前所说的，我认为从没有和李光洙打交道的韩国近代文学的研究者进行韩国文学研究的话是很困难的。我对李光洙的文学重新进行研究后，感觉到他的理论不简单。以前我所知道的李光洙就像一个木偶，但是读了他的作品后，越发觉得他不是那么简单的人物，而且李光洙的理论，如金虎雄教授所说，不知道什么时候会重现。所以，不管是进行韩国文学史研究还是历史研究，都有必要认真地和李光洙打一次交道。

我研究李光洙，是因为过去人们对他的研究很少。不研究李光洙，怎么研究韩国近代文学史呢？这样的话说了很多。虽然我不太了解刚刚提问的这位先生，但是我觉得应该对李光洙稍微多一些关心。不仅文学，大家在研究历史的时候也和李光洙进行一次会面，就会看到李光洙的理论中蕴含的东西，这是非常重要的经验。如果不研究李光洙，我觉得是个大问题。

我认为新右派是李光洙理论的变形。在我看来，因为我们朝鲜半岛没有对亲日合作进行研究，所以这一理论经常变换不同的方式再现。

金宽雄：

韩国近代化与日本的殖民统治和日本的侵略有什么关系？

金在涌：

我自己研究日据时代的方法是比较研究的方法。进行了比较研究后，我有了与台湾进行比较研究的兴趣。把日本侵入台湾的情况和韩国的殖民过程相比较，近代化是韩国特性中的一个，而台湾在被入侵的瞬间，日语也大肆进入台湾。甚至有这样的研究结果，说当时台湾人认为中国大陆的白话文、古语和日语基本上没什么差别。有的学者认为，不管是学习统治当地的中国近代语言也好，北京话也好还是日语也好，都没什么差异，都相当于外语。虽然我觉得这种说法很难令人相信，但是似乎也有道理。

事实上，1910 年日本总督府进入韩国以后，日本统治者最大的苦闷就是要不要把台湾的政策在朝鲜如法炮制。就此展开了激烈的争论。但是在东京的帝国政府认为朝鲜与台湾一样，所以按照台湾的方式统治朝鲜，首先就要消灭朝鲜语，用日语治理。和台湾一样，日本也派遣了总督到朝鲜。总督府的人到了朝鲜后，发现朝鲜与台湾非常不同。当时处于大韩帝国时期，自己开办了报纸、杂志，也有书信往来，这种情况与台湾不同。总督府的管理者看到这种情况后，反对东京帝国政府的命令，双方争论起来。最后决定把以日语为国语和不以日语为国语的人区分开来。起初是争论使用日语还是朝鲜语，后来只是划分了国语使用者和非使用者。

然而，我感觉到，虽然大韩帝国时期也想自己建设近代化，但是大韩帝国进行的近代化建设是模仿进行的。

最近有个很大的争论，就是问日本的殖民统治与朝鲜的近代化有什么关系的时候，有人说殖民统治中有近代化，有人说殖民统治就是掠夺。双方争论起来。但是在我看来，二者都是错的。从大韩帝国来看，我们已经有了很多的近代化的经验。与台湾比较的时候，这一点更加清楚，对所谓的帝国主义我们没有必要评价过高，也没有必要否认它的存在。因此我认为，所谓大韩帝国的短暂的 15 年与韩国历史有所不同，所以应该正面回应殖民地近代化和殖民地掠夺论。

1930 年代延边 "民生团事件" 及其历史教训

金成镐

个人简介：

延边大学世界史学科博士生导师

吉林省哲学社会科学"十五"规划历史考古学规划专家组成员

延边大学朝鲜历史研究所所长

延边大学学术委员会委员

中国朝鲜史研究会第八次会员大会上当选为研究会第四任会长

（第八届）、会刊《朝鲜·韩国历史研究》编辑委员会主任委员

荣获第三届"延边大学卧龙学术奖"

参与韩国东北亚历史财团研究活动

中国朝鲜史研究会第九次会员大会上连任为研究会会长

（第九届）、会刊《朝鲜·韩国历史研究》编辑委员会主任委员

作为韩国仁荷大学韩国学研究所聘请教授进行研究工作

复旦大学国际问题研究院韩国研究中心兼职研究员

学术著作：

1. 《朝鲜近代史研究》（主编），延边大学出版社，1992。

2. 《在汉城没有讲完的故事》（主编），（韩国）话和创造社，1997。

3. 《1930 年代延边民生团事件研究》（专著），（韩国）白山资料院，1998。

4. 《从军慰安妇》（编著），黑龙江朝鲜民族出版社，1999。

5. 《东满抗日革命斗争特殊性研究》（专著），黑龙江朝鲜民族出版社，2006。

6. 《朝鲜·韩国历史大事编年》（主编），黑龙江朝鲜民族出版社，2008。

7. 《朝鲜·韩国历史研究》第十至十五辑（主编），延边大学出版社，2009～2014。

主要学术论文：

1. 《试论独立协会的历史地位》，中国朝鲜史研究会编《朝鲜史通讯》1982年第4期。

2. 《1876～1893年日本对朝鲜的殖民贸易》，延边大学《朝鲜问题研究丛书》第一辑，1983。

3. 《独立协会活动始末》，吉林省朝鲜研究学会编《朝鲜研究文集》第二辑，1983。

4. 《试论俞吉浚"西游见闻"及其基本思想》，中国朝鲜史研究会编《朝鲜史研究》1983年第5期。

5. 《论独立协会》，《延边大学研究生论文集》，1984。

6. 《侵略朝鲜是日本明治政权的一项基本国策》，《朝鲜研究论丛》第一辑，延边大学出版社，1987。

7. 《朝鲜开化思想的产生及其主要内容》，中国朝鲜史研究会编《朝鲜历史研究论丛》第一辑，1987。

8. 《独立协会活动的历史意义》，《朝鲜学研究》第一卷，1989。

9. 《1923年日本关东大地震与朝鲜人大屠杀事件》，黑龙江朝鲜民族出版社，《银河》1989年第3～5期。

10. 《对民族文化遗产的历史反思问题》，黑龙江朝鲜民族出版社，《银河》1989年第12期。

非常高兴能够受邀来到卧龙学术讲坛，今天我将向大家阐述一下关于"民生团事件"问题的研究现状和研究意义，论证一下"民生团事件"问题形成的主观和客观原因，同时，也向大家介绍一下该事件给人们留下的历史教训。

序　言

　　20 世纪 30 年代"民生团事件"最为典型地反映和体现着延边地区抗日革命斗争的特殊性。自 1932 年 10 月至 1936 年 2 月的三年四个月期间，中国共产党东满（现延边）特委在党团组织和抗日游击区内部以朝鲜民族革命同志为对象所进行的反"民生团"斗争，怀疑排斥和逮捕审查数千人，其中错杀五百余名革命干部和群众骨干（原吉林省第一任省长周保中同志和朝鲜金日成主席曾说有两千余名被错杀）。

　　这一错误的反"民生团"斗争，无情打击了东满朝鲜民族抗日革命的热情，严重破坏了中朝人民抗日联合战线，几乎断送了东满抗日革命运动。这一事件不仅给中国朝鲜族留下了深刻的历史伤痕，而且给中朝两党、两国关系也留下了一个敏感而复杂的历史难题。正如原东北抗日武装斗争参加者、中共中央纪律检查委员会常务书记、中共中央党史资料征集委员会东北组组长韩光同志于 1984 年所讲的一样，"民生团事件"是一个"特殊事件"，是"东北地区党的历史上一个重大悬案。解决好这个悬案，有利于增强我们内部的民族团结，而且对增强中朝两国、两党的团结，也有积极的作用"。

　　"民生团事件"与 1930 年 12 月在中央苏区发生的"富田事件"（又称"AB 团事件"）颇有相似之处。尽管"民生团事件"与"AB 团事件"相比较，其地域范围和规模较小，但其影响却不小。其原因是，这一事件发生在朝鲜民族聚居地——延边地区，又直接关系到中朝日三国和朝鲜金日成主席的抗日革命斗争历史。因此，在国外史学界关于"民生团事件"的论著颇多。1999 年，甚至在美国也发表了一篇标题为《被伤害的民族主义——1930 年代在间岛发生的"民生团事件"与金日成》的博士学位论文。

　　对这一历史事件的研究现况而言，朝鲜国内研究得最多。几十年来，朝鲜结合树立"主体思想"的需要，在有关金日成主席抗日武装斗争史的大量的宣传资料、小说和电影等，都提到"民生团事件"。金日成主席也在晚年的回忆录中，用大量篇幅大谈特谈这一事件。朝鲜全民都知道"民生团事件"，认为这一事件是由日帝的民族离间阴谋、中共党的"左"倾错误路线、一部分朝鲜民族干部的"事大宗派主义"和中共党一些干部的"狭隘的民族主义"

"政治上愚昧的民族排他主义""左倾排他主义"等原因所造成的。

在韩国和日本史学界凡是有关东北抗日武装斗争和金日成主席历史的论著，都无不谈到"民生团事件"。其大部分认为，该事件主要是由中共党内的中朝民族矛盾所造成的，有些甚至将此认定为中共党利用和打击朝鲜民族抗日革命者的民族迫害事件。不可否认，有些人以被误解的或片面的历史认识和偏见，任意歪曲和诬蔑中共党的革命历史和民族政策。

长期以来，在国内史学界里"民生团"问题是一个不可涉足的禁区。20世纪80年代初，中共延边州委根据党中央的"平反冤假错案，解决历史遗留问题"的指示精神，重新调查核实"民生团事件"，完全确定其为"冤假错案"，实事求是地给不少被害人平反昭雪，并追认为抗日革命烈士。从此，开始出现一些有关"民生团事件"的文章，但其绝大多数仅局限于英雄人物的评价范围。至今为止，我国国内只出版了一部有关专著（《东满抗日革命斗争特殊性研究——以20世纪30年代"民生团事件"为中心》，61万字，朝鲜文，黑龙江朝鲜民族出版社，2006年2月）。

笔者认为，现在再没有必要回避或掩盖这一历史问题。"民生团事件"是根本不可能掩盖，也不应该回避的。从学术研究角度上全面而深刻地分析"民生团事件"这一历史冤案问题，有以下几点重要意义：

第一，有利于增强国内民族大团结。不可否认，长期以来"民生团事件"是压在中国朝鲜族社会文化心理上的一个历史阴影。尽管在政治上已得到平反昭雪，但朝鲜族大都不甚清楚其事件的来龙去脉，因而在社会文化心理上多有余悸。对于"民生团事件"，朝鲜民族确有历史的被害意识，而没有认清其客观必然性和朝鲜民族自身的历史问题。另外，其他民族则只认识其客观必然性与朝鲜民族自身的历史问题，而没有认清其历史上确实存在过的民族误解、偏见和认识错误等问题。因此，确有必要清楚地说明其历史的事实真相，使各族人民共同接受其历史的经验教训，进一步认清今日之民族大团结来之不易，更加珍视和巩固发展各民族大团结。

第二，有利于增强中朝两党、两国的传统友谊关系。朝鲜党和国家的第一代领导集体中，金日成主席等不少领导人是"民生团事件"的直接被害者或牵连者。对这一历史事件的公正合理的解释，必将积极影响到朝鲜人民的中国历史观、中国共产党观和现实的中朝友谊观。

第三，有利于消除国外尤其是朝鲜、韩国和日本史学界对这一历史问题的误解、偏见和歪曲，正面宣传中国共产党的伟大的革命历史和英明的民族政策，进一步增强友好关系。

总之，对于"民生团事件"的研究，不仅有学术上的重大意义，而且有积极的现实意义。

因时间关系，我要概括性地谈一下"延边朝鲜族社会和抗日革命的特殊性""民生团事件的原因""民生团事件的展开过程及其影响"等问题，重点谈"民生团事件四个主要原因中的民族矛盾问题"（国内学界都回避的问题）和"民生团事件的经验教训"问题。

一 延边朝鲜族社会和抗日革命斗争的特殊性

大家都知道，中国朝鲜民族是从 19 世纪中叶开始通过越境迁入而在东北地区逐渐形成起来的一个新生的少数民族（朝鲜族历史上限问题有五种说法：土族民族说、17 世纪明末清初说、19 世纪中叶说、1945 年 8 月说和 1949 年 10 月 1 日建国说。现争论焦点在 17 世纪明末清初说和 19 世纪中叶说，本人主张 19 世纪中叶说），有自己特定的历史属性。

首先，在邻近故国的中朝边境地区形成了民族聚居区域。朝鲜民族迁入中国，其足迹远及关内的北京、上海等地，分布很广（申奎植参加 1911 年辛亥革命；1927 年 12 月广州起义，朝鲜人有 200 余人参加），但主要还是集中定居在作为中朝国境的图们江和鸭绿江北岸地域，多处形成了规模多样的民族聚居地。据有关统计，东北朝鲜民族的人口 1919 年为 43 万余人，1925 年为 53 万余人，1931 年为 67 万余人。其地区分布状况为辽宁省 16 万余人；吉林省 49 万余人；黑龙江省 1.6 万余人。1932 年末，朝鲜民族人口的 73.5% 定居于吉林省，其中的 62.2% 又集中于吉林省东南部的东满，形成了中国朝鲜民族最大的聚居地域。东满朝鲜民族人口，1907 年为 7.3 万人，1911 年为 12.7 万余人，1919 年为 27.9 万余人，1926 年为 35.6 万余人。

迁入中朝边境一带的朝鲜人，绝大多数都定居在偏僻的农村和人烟稀少的未开拓地带，从而自然地形成了一块块民族聚居地。客观上来讲，这一状况同当时中国东北人口稀少而且有广阔的未开拓地，且腐败无能的封建清朝及其后的国民党军阀统治势力衰微等较为落后的社会发展状况直接有关（与在日朝鲜民族社会相比较则这一特点尤为明显，工业化城市没能形成民族集聚区域）。主观上来讲，主要有三个原因。一是朝鲜半岛三国统一之后，朝鲜民族作为单一民族在半岛生活了千余年，逐步形成了朝鲜民族特有的历史文化属性。二是朝鲜民族在业已形成作为近代民族的几乎所有的社会文化特性之后才开始了越境迁入。三是与在东北地区作为刚刚得以形成的一个弱小民族的现实状况有关。

以东满地区为例，朝鲜民族则在那里成了多数民族，在地区人口当中的朝鲜民族的比例，1907 年为 80.0%，1926 年为 80.2%，1930 年底则为 76.4%。这样，在东满自然而然地形成了日益适应中国社会文化，但还继续保持自己相对独立性且与朝鲜有千丝万缕联系的朝鲜民族社会文化生活圈。因此，当时东满地区甚至被称为"朝鲜的延长"。正因为东满朝鲜民族形成了具有一定地域规模的、相对独立的民族文化生活圈，才能够很好地保持和发展民族传统文化。

其次，朝鲜民族的反日革命斗争尤为强烈。赤贫状态来闯中国东北而寻找生路的绝大部分朝鲜人，他们不仅缺乏最起码的物资生活基础，更没有生产资料，而且还要深受日本帝国主义和中国军阀当局以及封建地主阶级的多重统治压迫和剥削，因此其生活环境非常恶劣而不稳定，生活极度贫困。1910 年 8月，朝鲜被日本强行"合并"之后，东北的"朝鲜人由于没有国家，没有势力而又没有财产，沦为全世界最底层的民族"，被置于毫无政治权利而极其悲惨的社会命运当中。

从这个意义上考虑，东北朝鲜民族在其历史经历、现实的生活环境和思想文化情绪等诸方面，具有更为强烈的社会革命要求和反日斗争精神。当时，无论是日本帝国主义所做出的东北"各地的共产主义运动无一例外地都开始发生于朝鲜移住农民当中"的分析，还是中共党做出的"东满的革命影响一般的较高于其他地方。……韩国民众因为长期地受日本帝国主义的压迫，及国民党那时的非人待遇，及生活恶劣等原因，斗争与认识，一般的高于中（国）人"的评价绝不是偶然的。

最后，东北朝鲜民族最初的思想政治运动是在"朝鲜的延长线"上开展的。中国虽然有 50 多个少数民族，但却没有像朝鲜民族这样是在近代通过越境迁入而刚刚形成不久的民族。所以，中国朝鲜民族最为突出的社会文化特性之一就是拥有朝鲜这样一个自己原有的祖国。尽管朝鲜人从定居东北形成民族社会开始，事实上业已成为中国一个少数民族，而且一部分人业已加入中国国籍①，成为名副其实的中国人，但是，在朝鲜半岛数千年作为单一民族生活过的他们，其传统的历史文化意识以及乡土观、祖国观等却无法在短时间内发生根本的变化。何况他们当中的绝大多数是由于贫穷和为日帝所逼，才不得不寻求一条生路的人，而且一部分人是身怀反日独立斗争大志的爱国志士。

因此，他们最初的政治思想运动自然而然要在"朝鲜的延长线"上进行。从20世纪10年代起，朝鲜反日志士们为了把中国东北地区营造成"祖国光复的策源地"，付出了不懈的努力，使得东北成为名副其实的"韩国独立运动者的亡命地，同时韩人在海外独立运动的根据地"。他们密切注视着朝鲜国内局势，酝酿着更为有声势的反日独立运动。1919年与朝鲜国内"三·一独立运动"遥相呼应的东满龙井"三·一三反日示威"就是其中的代表事例。继"三·一独立运动"被日帝血腥镇压之后，他们高举起了殖民地民族抗争的最高形式——武装斗争的旗帜，其代表事例就是1920年凤梧洞战斗与青山里战役。这两次战斗无论在规模与性质，还是在斗争形态与社会影响等方面，都堪称朝鲜民族主义反日独立斗争的最高峰。尽管他们主要是在单纯的民族主义旗帜下为了朝鲜的独立解放而进行的反日武装斗争，也给中国带来不少外交问题，但他们毕竟是在东北大地首先打响了抗日武装斗争的第一枪。

进入20世纪20年代以来，东北朝鲜民族的民族主义反日运动逐步转为共

---

① 对于当时东北朝鲜民族当中已经加入中国国籍的人口比例问题，有几种说法。（1）据1929年4月"东三省归化韩族代表团"提交给中国政府的报告书记载，东北朝鲜民族大约有130万名（辽宁省50万名，吉林省70万名，黑龙江省10万名），其中已经加入中国国籍者大约12万名（辽宁省1万名，吉林省10万名，黑龙江省1万名），约占全体民族人口的9.2%（参照〔韩〕秋宪树编《韩国独立运动》，第4卷（下），1975，第1495页）。（2）据南京《中央日报》1931年8月6日，《东三省韩侨之人口与职业》一文，东北朝鲜民族人口是94.2万名，其中已加入中国国籍的人是51858名（辽宁省8310名，吉林省36160名，黑龙江省7388名），占5.5%（参照秋宪树编《韩国独立运动》，第4卷（下），1975，第1384页）。（3）据1932年10月15日发表在北京《外交月报》第一卷第四期的《国际联合会调查团报告书全文》一文，至1931年"九一八事变"为止，延边朝鲜民族人口中已加入中国国籍的人约占15%（参照秋宪树编《韩国独立运动》，第4卷（上），第271页）。

产主义革命运动。1925 年 4 月，朝鲜共产党在朝鲜首尔成立，于次年 5 月 16 日在中国黑龙江省珠河县（现尚志市）一面坡正式组织了满洲总局，下设东满、南满和北满三个区域局。不久，东北的朝共党组织分裂为几个派别，但"他们还是各自团结了一部分共产主义者和革命力量，组织了群众团体，坚持了反对日本帝国主义、争取民族独立和民族解放的宣传和斗争，对于推动朝鲜民族解放运动起了重要的作用"。尽管当时东北的朝共党活动只以"朝鲜革命之延长"来进行，"唯一斗争的对象只有日本帝国主义"，没有直接参加中国革命，但他们在东北朝鲜民族社会广泛地宣传马列主义和反日革命思想，在思想上和组织上为 1930 年代的抗日武装斗争准备了较为坚实的社会基础和骨干力量。

中国共产党早就关注和同情支持东北朝鲜民族的反日革命斗争。但至 20 世纪 20 年代末为止，东北的中共党组织和朝共党组织只有过一些组织接触，还没有直接的联合活动和共同斗争。当时东北中共党组织和朝共党组织的发展情况相比较，大体上可归纳为以下几点：一是中共党和朝共党满洲总局的领导者大都是来自外地的干部。这是由中国革命先发展于南方而东北革命较落后的状态以及东北朝鲜民族革命处于"朝鲜革命延长线"的状态所决定的。二是朝共党组织群众基础较好，其发展较快，已建立了较为系统的组织网和群众团体。如东满地区，1927 年 7 月末为止，朝共党各派领导下的革命群众组织就有 116 个，其组织成员已达 9700 余名[1]；1929 年 9 月，火曜派满洲总局领导下就有党员 300 余名、团员 380 余名、农民组合成员 4000 余名和青年会员 2 万名。三是中共党在大城市以工人、知识分子和青年学生为主要的工作对象，农村工作则还没有开始。[2] 朝共党则因为东北朝鲜民族绝大多数集中在农村，其工作重点不能不是农村和农民。四是 1929 年 7 月东北的中共党员只有 208 名，而朝共党各派党员已达 1200 余名。前者虽少，但完全而严密地统一在一个完整的组织体系内；后者虽多，但分裂为火曜派、ML 派、京上派等几个派别，没能形成一个统一而严密的组织。

----

① 楣村秀树、姜德相编《间岛珲春地方朝鲜人结社团体概况》，《现代史资料》（29），第 535 页。

② 《中共满洲省委组织状况一览表》，1928 年 11 月 9 日，载《文件汇集》（甲 2），1988，第 394 页。

1930 年春天以来，东北朝共党根据共产国际 "一国一党" 的组织原则，解散其各派组织，其大多数党员以个人身份加入中共党，成为满洲省委各级组织的成员。从此，东北的朝鲜民族共产主义者肩负 "双重使命"，即直接参加中国革命的同时准备进行或支援朝鲜革命。他们 "一方面在中国党领导下执行中国党的路线，担负着祖国解放战争的任务；另一方面他们又在中国抗日战争中以同盟方式参加中国革命，锻炼自己蓄积力量，为解放自己的祖国做准备，这是我们允许的，赞成的。这是合乎国际主义精神的，也合乎历史发展的实际情况"。

原中共东北党和军队的主要领导者周保中回忆说，中共满洲省委 "逐步地按中国共产党的要求接受解散后的朝鲜共产党员，那时的党员干部人数在两千人左右，几乎多于中共东北原有的党员好几倍"。就东满的情况而言，1930 年夏天，原朝共党各派组织成员 "几乎全部加入" 中共东满特委组织。1930 年 3 月末，东北党组织只有 30 个支部，206 名党员。当年 10 月，东北党组织内的朝鲜民族人数已占全体党员数的 90% 以上。1931 年 3 月末，全东北的中共党员共 1190 名，而东满特委的 636 名党员中朝鲜民族占 96.5%；南满特委的 200 名党员中朝鲜民族占 98.5%。这一时期，东北共青团组织内也出现了 "韩国同志占全数百分之九十五，单就农村而言则占百分之九十八" 的局面。

1931 年 "九一八事变" 后，在中共党领导下的东北朝鲜民族率先组织各种形式的游击队，积极主动而英勇顽强地开展抗日武装斗争，在东北各族人民中起到了先锋模范作用。这是因为：

一是东北朝鲜民族早已饱受亡国奴的悲惨生活，深知日帝野蛮的侵略野心，对日帝抱有满腔的民族仇恨。

二是他们在思想上和组织上已有较好的历史基础。这是有批判性地继承和发展前期的朝鲜反日独立军活动和朝共党活动而来的结果。

三是他们已经历了长时期的各种形式的反日斗争，在血和泪的经验教训中认清了只有拿起枪杆子才有民族解放的道路，唯有在中共党领导下与东北各民族人民并肩战斗才能战胜凶恶的日帝的道理。

四是有反日义兵斗争和独立军抗日武装斗争的宝贵的经验教训，也有一些独立军出身者和遗留下来的武器装备等（金日成的手枪是其父亲金亨稷遗留下来的）。

五是初期游击队活动的地方大都是原朝鲜独立军活动区域，具有较为坚实的群众基础以及地形优势等。

1933年初，东北的中共党员共有2100余名，其中朝鲜民族占80%以上。中共党的初期抗日武装队伍大部分诞生于朝鲜民族聚居地域，朝鲜民族革命者起到了重要的骨干先锋作用。杨松说：东满是"我党组织最强，在全满洲占第一位……党员有一千二百人，团员有一千一百人。有广大的群众组织。但是，党的组织也好，群众的组织也好，95%是韩国同志"。根据解放后的国家正式统计资料，抗日斗争时期在延边地区牺牲的抗日革命烈士共3125名，其中朝鲜族3026名，占96.8%[①]。

二　"民生团事件"的展开过程及其影响

1931年"九一八事变"后，朝鲜国内民族主义右派亲日妥协势力与中国东满朝鲜民族主义反共势力相勾结，认为日本军侵略中国东北是东满"朝鲜人可确保其权益的好机会"，他们在驻东满日本总领事馆的谅解下，提出"自卫、自律、自立"和"生活的产业化"的口号，以"确保作为产业人的生存权""顺应世界大势，建设独特的文化""团结一致，开拓自由天地"为纲领，以1200多发起人的名义，于1932年2月15日在龙井公开组织了具有一定群众基础的亲日反共社会团体"民生团"，但不是间谍组织。

"民生团"在日帝朝鲜总督府的支持下声称"间岛韩人自治"，要求在日本殖民统治下的东满地区实行所谓的民族"自治"。这无疑是拥护日帝的武装侵略和殖民统治，公开分裂中朝抗日联合战线的亲日反动行为。他们在东北各族人民正在奋起抗击日帝侵略的形势下，进行了"间岛韩人自治"请愿活动、欢迎日本侵略军、对中国人的解释工作、自卫团组织活动和基层组织建设等一系列组织活动。但是，民生团不仅遭到中国共产党领导下的东满各族人民的坚决反对，也遭到了日本关东军和吉林殖民当局的阻挠，仅以五个月（1932.2.15～7.14）的短命宣告其破产。

---

①　崔圣春主编《延边人民抗日斗争史》，延边人民出版社，1997，参照附录《延边抗日烈士情况表（1）》。

1932 年 10 月，中共东满特委在敌强我弱的极为残酷、尖锐复杂的敌后游击武装斗争环境下，在党组织内部开始了反"民生团"斗争。国内外学界所说的"民生团事件"，就是指东满党团组织和抗日游击根据地内部所进行的这一反"民生团"斗争。

东满特委主要领导武断地全盘否定朝鲜民族长期的反日革命斗争历史，在"朝鲜民族主义 = 朝鲜共产党派争分子 = 日帝间谍组织民生团"的片面错误的认识与斗争理论指导下，原来参加过朝鲜民族主义反日团体和朝鲜共产党满洲总局组织而转入中国共产党满洲省委组织的朝鲜民族抗日革命老干部、老战士，首当其冲地成为牺牲者。在大搞"逼供信"、残酷斗争、无情打击的情况下，组织内所谓"民生团"间谍分子越抓越多，抗日游击区内出现了极度紧张而不安的恐怖局面。到 1935 年 2 月东满特委召开党团特委第一次联席扩大会议（大荒崴会议）为止，在组织内部已逮捕了朝鲜民族干部群众 500 余人。[1]"大荒崴会议"认为，东满特委"组织处在生死存亡（的）紧急关头"，决定"应当运用过去英勇斗争的精神与阶级敌人的奸细走狗——民生团作无情的你存我亡、我存你亡的斗争，把我们组织以内的民生团坚决的肃清出去"。特委认为，在抗日游击区和党政军内业已存在类似反革命组织的"民生团"特委、县委、区委等组织系统，其组织"还比我们的组织更严密些"，其人员在各级革命组织中"约占有十分之四"，决定反"民生团"斗争"在东满的整个工作中是唯一的中心问题"，有组织、有计划、有步骤地开展了反"民生团"斗争。三年多的反"民生团"斗争，给东满党团组织和抗日部队带来了极大的破坏和极为严重的消极后果。

首先，在东满革命组织原有的各级领导阶层中，除金日成同志等极少数人之外，几乎全部的朝鲜民族干部都遭到了严厉的排斥和肃清。过去曾参加过朝共党活动的老革命者和"出身是小资产阶级的知识分子消灭完了"，其结果甚至出现特委等领导机关也都"不会做报告""不会写字"的情况。

其次，怀疑排斥和逮捕审查数千人，其中错杀五百余名革命干部和群众骨干，无情残害朝鲜民族的革命力量，严重削弱了东满抗日力量。东满特委

---

[1] 《中共东满党团特委关于反民生团斗争的决议》，1935 年 3 月 1 日，载《文件汇集》（甲30），1989，第 224 页。

"在内与民生团，外与日帝"军警的军事"讨伐"中进行了艰难残酷的斗争，而反"民生团"斗争中被错杀而含冤死去的同志，却比在反日伪军警"讨伐"的战斗中牺牲的同志还多。[①]

最后，严重破坏了中朝人民抗日联合战线，无情打击了占东满人口大多数、占游击区人口几乎全部的朝鲜民族人民的抗日热情。就这样，1935年末，东满特委由于日伪军警残酷的军事"讨伐"、严密的经济封锁和内部反"民生团"斗争的严重后果，被迫抛弃当时全东北最大的、斗争历史最长的东满抗日游击根据地，开始转移到北满和南满地区。至此，东满特委内部紧张恐怖、尖锐复杂的反"民生团"斗争开始平息。这里主要有三个原因。

一是人们大都开始怀疑和否认自己组织内部有那么多的日帝间谍，对反"民生团"斗争持消极或否定的态度。

二是离开东满游击区，开始进入较大地域范围的游击战争阶段。

三是，1936年2月共产国际第七次代表大会精神和中共中央的新指示传达到东满，这是最关键性的原因。中共党提出组建"韩国民族革命党"，将东北人民革命军改编为"中韩联合军"[②]，进而号召在东满"成立单独的韩国民族革命军，到韩国内部去游击，争取韩国民族独立"，并明确指出了"组织韩国民族革命党，其目的在推翻日本在韩国的统治，恢复韩国之独立，保护韩国祖国"。[③] 这是中共党在领导东北朝鲜民族进行长期的抗日革命斗争过程中，进一步深刻认识到东北朝鲜民族及其抗日革命斗争的特殊性，并在吸取了诸如反"民生团"斗争这样的经验教训后，在更为充分和肯定地理解朝鲜民族共产主义者的"双重革命使命"的特殊性的基础上所采取的新的实事求是的正确方针。朝鲜民族共产主义者在倾注了更高的抗日热情和付出了更多的牺牲之后，终于恢复了自己的正当地位，开始正正当当地开展"以朝鲜独立为目标的活动"。

---

① 参阅（1）"间岛"协助会本部：《最近间岛共产运动状况》，昭和十一年，第40～41页。（2）《姜渭龙谈话记录》，1957年4月1～2日。（3）《金日成回忆录》，《与世纪同行》（4），朝鲜劳动党出版社，1993，第65页。

② 杨松：《论东北人民反日统一战线》，1935年11月2日，载《共产国际》（1～2），莫斯科，1936，第125～127页。

③ 《中共吉东省委致饶河中心县委及四军四团的信》，1936年3月12日，载《东北文件汇集》（甲28），1989，第10页。

当年 5 月，东北人民革命军第二军第三师"金日成部队"在长白山地区正式成立了抗日统一战线组织"在满朝鲜人祖国光复会"，开始出版其机关刊物《三·一月刊》。不仅如此，"祖国光复会"积极向朝鲜国内发展，开始在朝鲜咸镜南道甲山郡等地组织"朝鲜民族解放同盟"等朝鲜国内反日统一战线组织①，并且打响了进军朝鲜国内的普天堡战斗（1937 年 6 月 4 日）。

三 "民生团事件"的原因

中共东满特委组织内部是否存在过日帝"间谍组织民生团"，迄今为止国内外的所有资料基本证明，当时东满特委组织内部所谓的"民生团"组织纯属一个"幻影"。那么，东满特委组织内发生"民生团事件"的主客观原因是什么？笔者认为，其客观原因主要包括：

第一，东满社会的历史特点，包括地理环境和地域人口的民族构成等。开发历史较短，与朝鲜、苏联接壤，朝鲜族占人口的大多数，党团组织、抗日游击队和游击区人口中朝鲜族占绝大多数。

第二，东满抗日革命武装斗争的艰难残酷、尖锐复杂的特殊性。例如，1932 年驻朝日军第 19 师团"间岛临时派遣队"发动第一次"大讨伐"，4 月 3 日至 7 月 2 日的 3 个月内，对东满抗日军民发动了 100 余次的讨伐战斗，出动飞机 380 次。到年末为止，杀害东满抗日军民 1200 余名，逮捕 1500 余名。至 1933 年 3 月的一年间，共进行了 381 次讨伐作战，平均一天超过一次。

第三，日帝阴险毒辣的民族离间政策和朝鲜民族亲日派的恶劣作用等，如"控制与利用"政策，"以韩制韩""以韩反华"策略。

其主观原因主要包括：

第一，革命队伍内部中朝民族关系上不可避免地存在误解、偏见和矛盾问题。

第二，中共党的"左"倾路线影响和东满特委主要干部的认识错误问题。

第三，东满朝鲜民族所具有的客观局限性和内在脆弱性等特点问题。

---

① 参阅辛珠柏：《满洲地域韩人的民族运动史（1920~1945）》，（韩国）亚细亚文化社，1999，第 454~461 页。

四 "民生团事件"的经验教训问题

迄今为止,国内学界对斗争残酷性、日帝阴险的阴谋诡计和党内"左"倾错误路线等问题,业已颇有研究成果,但对中朝民族关系和朝鲜民族自身问题等,都没有涉及或避而不谈。笔者认为,这一问题不能回避,也不应该回避,很有必要以多民族文化共存繁荣、多民族和谐发展为目的,探讨其历史经验教训问题。历史的一切经验教训是宝贵的,尤其是以血与泪凝成的经验教训是更为宝贵的。

首先,作为边境地区的跨境少数民族,朝鲜族不仅要努力保持和与时俱进地发展本民族传统的优良文化,也应尽快学习和掌握好中国的主流文化,融入于中华文化的大熔炉中。前已说过,东满朝鲜民族形成了具有一定地域规模的、相对独立的民族文化生活圈,能够很好地保持和发展民族传统文化;但没能很好地了解和接受中国主流文化,即汉族文化,也没能较快地融入中华文化的大熔炉中。不同民族之间语言文字和风俗习惯等生活文化上的差异是很自然的社会历史现象。但是,具有不同历史文化传统和风俗习惯而又缺乏相互了解的两个民族,在严酷的武装斗争环境下共同生活和战斗在一个严密的政治、军事团体中,不可避免地会发生很多具体的民族关系问题,必然要经历相互间从不理解到理解、从矛盾纷争到和谐团结的过程。当时,占东满抗日革命队伍绝大多数的朝鲜民族的汉语水平普遍很低,甚至在日常生活的一般交流上也有困难。正因为如此,在民族关系、民族团结和共同斗争中,不可避免地产生了很多具体的误解、偏见和矛盾问题,甚至出现金俊权"口号事件"那样的悲剧。① 不仅如此,东满朝鲜民族"党、团员大部分不知道中国革命是什么及其历史","有些了解是在中国党不执行中国革命任务,而执行韩国革命任务,甚至有(些)韩国同志加入中国党团时,不知是中国党团"。而且,参加东满抗日游击队的少数的汉族等其他民族同志则"因为生活习惯的不同、

---

① 《访问李万燮谈话记录》,1962年3月18日。文虎甲整理。1933年9月,吉林汪清抗日游击区迎接"九一八事变"两周年大会,要进行纪念声讨活动,进一步激发群众的抗日热情。负责会场布置的汪清县团委书记金俊权却无知地在入口处贴上了写有"庆祝九一八"的反动口号,当场被认定为"民生团",遭到了逮捕。

言语的不同、和民族感情的隔碍",没有几天就"要求脱离开我们"。这些基于民族文化差异上的诸多具体问题,无疑也为"民生团事件"的发生、发展提供了一定的社会文化感情基础。

其次,"民生团事件"中,朝鲜民族是被害者,同时又是加害者和自害者。这是无可争辩的事实。朝鲜民族应科学地充分认识自己的历史地位及其社会特殊性。回顾朝鲜民族的革命斗争历史,其政治热情和斗争精神,在东北各民族中可谓总是第一,但其"左"的倾向总是尤为突出。这是不可否认的历史事实。东满朝鲜民族是 19 世纪 60 年代以来以越境迁入而形成的跨界少数民族,其绝大多数又是破产农民出身,具有小资产阶级天性、特定的流民无产者的社会文化属性以及作为越境迁入少数民族的客观局限性和内在的脆弱性等。正因为如此,在"民生团事件"中,他们不少人以内在的劣等意识、脆弱性或不安情绪、自我保护意识等为基础,极端地表现出斗争热情和保卫自己的自我显示。他们大都表现为"无条件地不信任韩国同志,无条件地信任中国同志的倾向"。1933 年 9 月,东满特委第一次扩大会议《决议》指出,他们"用一种'左'的方式","用简单的开除与逮捕,甚至极不正确的危险的拷问打杀,表示自己是积极反对派争和民生团"。1935 年 12 月,东满特委书记魏拯民又指出,"有许多民生团的领袖为在我们面前表明他反民生团的积极,他们杀死很多下层民生团。……民生团杀民生团,大民生团杀小民生团。……民生团为了在我们党的面前表现他们反民生团的积极,所以这一(个)杀那一个"。① 这些资料如实地反映了他们内在脆弱性的矛盾心理,而特委的朝鲜民族主要干部金圣道(组织部长)、李相默(宣传部长)、李宋一(宣传部长、肃反委员会主席)等人的表现也确实如此。

如果说,日帝和朝鲜民族亲日派阴险地促成了"民生团事件"形成的客观基础和条件,东满特委主要领导人主观而极"左"地点燃了"民生团幻影"的烈火的话,那么,基层的朝鲜民族干部则在其烈火中表现出极端的热情和狂热性,迫使朝鲜民族革命群众在极度的不安和恐怖中人人自危、相互揭发和相互残酷斗争。

---

① 《中共东满特委书记冯康的报告(之五)》,1935 年 12 月 20 日,载《文件汇集》(甲30),第 322~323 页。

暂且不论民族的历史文化特性和民族气质方面的问题，就作为跨界少数民族的内在脆弱性和过度的政治不安感等而言，无疑是需要迅速克服和改变的。朝鲜民族要努力树立具有独立思考能力、文化修养和科学态度的独立人格，要堂堂正正地做好中国朝鲜族人，堂堂正正地做好中国公民。

　　再次，在"左"倾错误路线指导下，极为容易忽视和否认少数民族历史文化及其特殊性以及现实生活中的民族特殊性。"民生团事件"中极端地出现的"朝鲜民族主义＝朝鲜共产党派争分子＝日帝间谍组织民生团"的斗争公式，是一个典型事例。

　　在少数民族地区工作的汉族干部，应具有更高的历史文化修养和政策水平，应充分认识和理解当地少数民族的历史文化和风俗习惯。这一时期，在对朝鲜民族及其抗日革命运动的认识和处理问题上，东满特委的领导水平确实比不上以杨靖宇和周保中为代表的南、北满特委。他们大都无疑是抗日英雄，是党的忠诚干部，他们也始终如一地主张中朝两国人民共同抗日，而且始终如一地与朝鲜民族抗日革命者同甘共苦，一起并肩战斗到最后。他们绝不是什么单纯的"左倾排他主义"和"狭隘的民族主义"，但他们确实基本上不甚了解朝鲜民族历史文化及其特点，以误解、偏见和不信任为基础，极"左"简单地处理了民族问题，其结果造成了"客观的反革命政变"①，造成了日伪军警残酷的军事"讨伐"和经济封锁所不能产生的更为严重的后果。

　　在"民生团事件"中又可发现，外来干部对朝鲜民族的误解、偏见和不信任尤为严重。如当时以共青团满洲省委特派员身份来到东满游击根据地就"造成反韩人空气"的钟子云（时年 23 岁），根本不了解朝鲜民族的历史和文化特点，也不理解朝鲜民族的风俗习惯和现实情况，幼稚地认为东满抗日革命队伍中"平均十分之七以上"是"民生团"，甚至打报告说，东满"赤色游击区成了流氓及民生团的养成所了"。不可否认，这里不仅有他本人的斗争经历、政策水平和"左"倾错误等问题，还有对朝鲜民族的误解、偏见和不信任等问题。

　　正因为如此，1935 年 12 月，中共东满特委书记魏拯民在报告书上就明确

---

① "满洲国"军政部顾问部：《满洲共产匪研究》，第一辑，昭和四十四年（1965）版，第122 页。

指出，"每个中国同志学习高丽语，研究高丽民族的语言、风俗、人情、习惯等民族特性"，要"提出正确（的）高丽民族的政治口号"。这无疑是深刻总结和接受反"民生团"斗争的经验教训而提出来的实事求是的科学认识和正确主张。

笔者认为，真正的民族平等和和谐团结不仅体现在政治、经济、文化等社会生活的各个方面，也应充分体现在包括风俗习惯在内的、深层次的、潜在的历史文化意识和情感上的相互理解和尊重。

最后，现在我们延边地区和谐的民族关系和不可分离的民族团结是来之不易的，我们曾经历过共同开发、保卫和建设延边的光辉历史，也经历过历次政治斗争和运动风浪的考验，也有过血与泪的深刻教训。我们应汲取历史的经验教训，更为珍惜这一来之不易的和谐的民族关系和民族团结。

朝鲜族在延边地区繁衍生息已有一个半世纪的历史。在中共党的英明的民族政策的照耀下，延边朝鲜民族文化在拥有巨大包容力和凝聚力的中华文化的百花园里日益开放为一枝璀璨夺目的鲜花。现在面对图们江区域大开发的大好历史机遇，我们要进一步贯彻落实好党的民族政策，遵循科学发展观，以充满自信的大国文化心态，共同努力把延边建设成为政治稳定、多民族文化共存和谐、民族团结、经济繁荣、社会文明发展的美好边疆。

第八讲

东亚文明论

赵东一

作者简介：

　　韩国古典文学的杰出学者之一，韩国著名的国文学研究专家和教育家。主要学术成果包括《韩国文学通史》（五卷本）、《韩国文学与世界文学》、《东亚文学史比较论》、《韩国文学史与哲学史，一还是二》、《韩国民族文化百科大辞典》和《韩国口传文学丛书》等60多部著作，并发表了上百篇论文。

全莹：

赵东一教授是韩国首尔大学国语国文系的著名学者，韩国国文学领域的很多体系都是他建立起来的。赵东一教授及其弟子们在世界文学、国文学和比较研究文学领域取得了丰硕的成果。赵教授的著作有：《韩国文学与世界文学》《东亚文学史比较论》《我们文学之路》《韩国文学史与哲学史》《世界文学史的虚实》《共同运营与民族语文学》《韩国哲学史与文学史，一还是二？》《世界文学史的展开》《世界地方化时代的韩国化》，还包括今天所讲的内容《东亚文明论》等。自2012年以来，赵东一教授一直进行研究和讲演活动，是我们的学习榜样。今天，我们能在这里听到赵教授的演讲，是莫大的荣幸。演讲以后有提问的时间，希望大家能够认真听取演讲，然后思考，提出问题。下面我们以热烈的掌声欢迎赵东一教授演讲！

赵东一：

很久以来，人类就带着文明的梦想生活着。但是，近代开始的时候，打破了文明圈的独特性，国家强调各自的优越性，变成了互相竞争、倾轧的时代。现在，世界各国已经超越了本国第一的时代，文明圈的戾气逐渐消失，寻找同质性这一世界新方向已经登场。阿拉伯文明圈没有遗失自己的独特性，在这一点上可以说走在前面。欧盟诞生后，很像一个国家。我曾询问过伦敦的学者，如何可以有非常融洽的关系。回答说，法国和德国之间的关系像是政治婚姻一样，吵架是不允许的。法国和德国编撰了共同的教科书。但是东亚国家间仍然有竞争、矛盾和冲突。与其他文明圈相比，东亚文明的同质性明显不足。这是东亚在世界史的发展中处于落后状态的证据。"东亚各国应该互相理解互相亲近才行"，类似的话到处都有。关于经济上进行合作的必要性、政治上减少矛盾等相关问题的演说不少，但是可以说东亚的统和还是很远的事情。各国的大小、经济状况以及政治体制等方面都有很大差异，东亚团结是很难的，至少在政治优先的时候很难。因此，虽然政治上的统和很困难，但是我们可以努力地研究、发现别的道路，通过对东亚文明的认识，对文明的根基是什么进行学术意义上的追求，这样各国的学者们和普通民众才可以亲近起来，否则不行。对东亚文明进行学术意义上的总括，不管在哪儿，都不会看不到韩国、中国、日本和越南。这段时间以来，我从原来专攻韩国文学史转到东亚文学史研究，又转向了世界文学史研究。要持续研究东亚文明史，一定要对东亚文明史的全貌感兴趣。近来，我受邀在韩国以《东亚文明的再认识》为题目已进行了多次演讲，还受邀到北京外国语大学为该校的研究生进行了为期一天的有关韩国文学史的演讲，但后来是针对全体在校生进行了演讲，另外还接受了对外经济贸易大学的邀请，这样就进行了两次以《东亚文明的再认识》为题的演讲。当时因为演讲需要翻译成中文，如果演讲的时候说这说那的话，会给翻译带来麻烦，所以把演讲稿整理了一下进行了演讲。把演讲原稿整理好，到中国进行演讲、讨论以及和教授们谈话后，我认为对东亚文明史的总括更加切实，所以回国后写出了《东亚文明论》一书。在中国则刊登了北京演讲的原稿。我对原稿删减、整理好后，以《东亚文明论》为题予以出版。书中的内容我虽然都想讲，但是没有时间，所以只能简要地说。这本书我已经赠给延边大学朝鲜－韩国学院的图书室了，所以大家应该能看到。序文就是我在北京演讲原稿的序文。我去北京之前，在山东省进行了集中授课，在山东大学为韩国语系的学生所讲的内容是韩国方面的。窗外竖立着孔子像。原来孔子是鲁国人，但500年后汉代的时候成了中国人，再500年后成了东亚人。现在该轮到孔子成为世界人了，而中国则极力主张孔子是中国人。那么世界人是谁呢？只有西方人是世界人吗？我们在东亚，如何成为世界人呢？不超越东亚，不可能成为世界人。我们来比较一下孔子和苏格拉底。苏格拉底原来是雅典人，后来成了希腊人，成了欧洲人，现在成了世界人。苏格拉底有什么过人之处成了世界人？

苏格拉底曾说了最重要的话："所谓哲学家不是知道真理的人，而是热爱真理的人。"这句话成了"philosophy"，被翻译成"哲学"，成了全世界通用的概念，苏格拉底也因此成为世界人。"孔子是卓越的圣人，所以世界上所有的人都来崇拜他吧。"这样的话一点说服力都没有。那么，孔子所说的话中，哪些能使他成为世界人呢？应该找到它。但在我看来就是"和而不同"这一概念对孔子成为世界人至关重要。"philosophy"（哲学）启示我们如何认识并追求真理，而"和而不同"则教会今天不同的人如何和睦地生活的技巧，所以孔子能够成为世界人。对人类来说，"和而不同"真的可以说是重要的教义。不这样说，只是说"孔子很优秀，请大家崇拜他吧""孔子是中国人"或者"孔子不是中国人"，这样的话没有说服力。中国庆祝建国六十周年的时候，北京的街道上基本上全被"和谐"两字遮住了。来到北京以后，发现有些不同。孔子所说的"和而不同"中，为什么只有"和"而没有"不同"呢？"和谐"二字的"和"与"谐"的含义是一样的。去掉"和而不同"中的"不同"，只剩下"和"字，然后说"孔子很优秀"，实际上是把孔子思想的价值折半、"啪"地剪断，是与孔子的社会思想相冲突的。把孔子降格了，又说孔子很卓越不是自相矛盾吗？中国本强调和谐，而毛泽东时代则提出了矛盾说，最近又重提和谐。和谐与矛盾有什么关系？要怎样说明？我不知道。如果要说"和而不同"的话，毛泽东时代反映的是"不同"，而现在反映的是"和谐"，这个时代的变化说明，"和谐"与"不同"事实上是同一概念的两面。这样理解的话比较有说服力。不是以中国国内的和谐为基准，而是中国与东亚国家间的和谐与共同繁荣、东亚国家与其他文明圈的全体人类的和谐。如果把"和谐"当作中国国内的、中国独占的概念来看，这不合适。这意思是以内摄外。而且现在欧洲文明圈支配着世界，我们与其被容许并站在那边，不如弱化东亚各国间不必要的矛盾，减少文明圈独特性的丧失和自弃。东亚的任何一个国家都无法单独与欧洲文明圈抗衡。即使中国国土面积大、人口多，在中国言必称中国哲学，但要与欧洲较量一下，仍显力量不足。我们说哪一个国家大于其他国家或者优于其他国家，都是不合时宜的。可以说，以我们文明圈的独特性和模态性为基础，扩大文明圈并追求人类的普遍性是这一时代的目标与方向。所谓文明，就是创造出这一文明的国家、民族的共同的创造物和共有财产。没有共有财产，只有私有财产并各自拥有私有财产的民族，争辩优劣的思考方式不值得称赞，而我们也不能随着这一时代的变化前进，当然将来也不可能。那么，东亚之所以成为东亚文明的要素是什么呢？必要的特点是什么呢？不单东亚文明，所有的文明都始于中世纪，"中世纪"一词对中国来说很生疏，没有被使用过，应该承认和世界社会一样存在中世纪，如果要问中世纪是什么时代，那就是共同文言的时代。超越了国家和民族的界限，超越了差异，共同使用一种语言，使用一个固定标准的时代就是中世纪。东亚使用汉文，南亚和东南亚使用梵语，西亚、东非和北非使用阿拉伯语，欧洲使用拉丁语的时代就是中世纪。现在汉文的文字在中国被称为古汉语或者文言文，不使用"汉文"一词。然而韩国、日本和越南都仍使用"汉文"一词。因此，中国接受"汉文"这样的说法，意识到东亚的同质性，可以说是第一课题。至于汉文作为共同语言来使用的时期是什么时候开始的，怎样开始的，中国方面没有进行判别。

除了汉文作为共同语言被使用以外，东亚的中世文明的另一个特征是接受了儒教和佛教作为普遍宗教，从而创造了普遍的理念。虽然说佛教在东亚扎根、发展了起来，但是相对于汉族而言，北方民族的贡献更多一些。以佛教为视角的艺术的产生——云冈石窟中的北魏时代的佛像，为中国创造了中世文明提供了明证。此后也一样，中国内外的很多民族参与创造了共同财产。这一点应该承认。文明虽然始于古代，但是所谓的古代文明是在某一特定地区集中出现的、其他地方所没有的文明。古代文明的特征就是相距很远的几个古代文明之间的异质性。古代文明中的某种因素拥有可以成为几个民族共有的、普遍的价值，以此创造出来的中世文明就是一起使用共同的文字和普遍宗教的文明，出现了所谓的文明圈，拥有很多的共同点。因此，加快文明的脚步、追求人类普遍价值的时代就是中世纪。将其打破，出现了排他的民族语言的时代就是近代。中国对先秦时代的再评价也好，欧洲对古希腊的评价也好，都是为否定中世纪而肯定古代。现在我们已经经过了近代，为了走向下一个时代要重新利用中世纪。因此稍微复杂点说，中世纪的否定之否定，就是对否定中世纪的近代的否定，再现中世纪文明的普遍性是超越近代走向下一个新时代的课题和方向。然而在东亚，近代所造成的分裂仍然存在，中国不认为中世纪的文明是东亚各国的共同财产，而认为这是中国的私有财产，是中国人的。而日本则极度贬低这一共同财产的价值，认为只有自己的固有文化才是优越的、自己的文化第一、自己的私有财产第一，这是因为日本受西方的影响来看待自己的固有文化和西方文化。

中国人在思考中国的时候，应该想到中国、日本和韩国命中注定、必然要共同生存，此外别无选择。不管是从前还是现在，韩国人命中注定只能思考着整个东亚。我来到延边大学，进行了演讲和讨论，发现似乎这里有"做中国学？""做韩国学？""还是做朝鲜学？"这样的纠结。把中国和朝鲜放在一起研究是使东亚研究大大向前发展的证据。"目前您在研究什么呢？""在研究东亚学。"研究东亚学就结束了吗？不是吧。应是以东亚学为基础研究世界学。不研究东亚学就不可能研究世界学。我进行巡回演讲、发表论文的国家有 14 个之多。当然近邻日本和中国来的比较多，还包括欧洲国家、埃及、南非等国，与很多新学者一起发表论文并研讨。到了那儿如果说"我是韩国人，我研究韩国学"的话，是没有立足之地的。这不是因为韩国是小国。德国人、法国人、英国人都在进行欧洲学的研究，而我只进行韩国学研究，这不合比例。换句话说，韩国是小国，所以不合比例，但加上中国的话就可以了吗？从面积和人口来看的话，中国相当于欧洲吧？但不是。即使附加上遗产也不合比例。国家之间相互关注才是东亚学。这样才能站出来。下面讲一个本书中没有的内容。在荷兰曾召开过国际比较文学会，是关于文学的学术会中规模最大的，也可以说是文学界的奥林匹克。闭会的时候，我作为三位主题发言者之一致闭幕词。我说了这样的话："我这次发表的内容是关于中国文学在韩国、日本和越南等国的翻译情况，总结韩国、日本和越南在翻译中国文学方面的时代共同点，我认为其翻译过程是其他文明圈可以看到的一般的形态。这次发表的内容将整理成书出版，包括讨论过程中所回答的问题。总结发言的时候，来自澳大利亚的学者应该回答但回答不了的问题，由我做了回答。我们东亚人为了理解欧洲文明圈，100 年来如饥似渴地学习，所以今天我来到这里讨论这个话题。（我当时是用英语表述的）在座的各位对欧洲文明圈以外的其他文明圈到底有什么研究呢？当然也有知道欧洲文明圈中的几国语言的人，但是封闭于一个文明圈的人和了解两个文明圈的人，哪一个有知识哪一个无知呢？当然，我对阿拉伯文明圈或者梵文文明圈不太了解，但是了解两个文明圈的人肯定要比了解一个文明圈的人有知识。学问是与有知识而不是无知联系在一起的。"我这样说的时候，在座的听众不能说我说的不对。我所说的要点就是，我们在进行东亚学研究的时候，不是名义上而是实际上的东亚学研究，要能够与欧洲文明圈面对面讨论，而且走得应比他们远一步。东亚各国既有同质性也有异质性，但同质性说得很多而不提异质性，这不是正确的。我们过去研究异质性比较多。现在同质性的讨论更加紧要。关于异质性的讨论在我们东亚内部不是很好的话题，但是在与其他文明圈说明的时候，对于异质性的理解本身是很好的。一位荷兰人、一位英国人、一位柏林人、一位澳大利亚人和我东亚的赵东一相聚在一起讨论的时候，对东亚文明圈的同质性和异质性进行了讨论，但我认为，应将其作为话题朝着可以进行讨论的方向进行学术意义上的研究。

所有的文明圈都有中心、中间部分和边缘部分。所谓的中心和边缘之说始于美国学者华莱士（Wallace），之后就流行于世。他认为，目前资本主义世界的主导权不会改变，边缘不管怎么折腾也没用，而且他还说，中心和边缘之间是半周边地区（semi），我觉得这是错误的。中心、中间和周边是存在的。中间地区就是中心和周边的中间部分。在东亚，中国就是中心，对此，没有人能够否定。中国的国家的名称中也有一个"中"字。日本是周边国家的代表。韩国则是中间部分。和韩国一样具有中间性格的还有越南。至于中心、中间和周边有什么不同，这是《东亚文明论》中的重要部分。作为中心的中国创造的古代文明成为中世文明的源泉。也就是说，中世文明是在中国所创造的古代文明的基础上扩大、发展起来的。这样，中国有必要接受"汉文"这一用语。如果不接受的话，学问上的对话就无法进行。通过汉文记录古典文献来创造的文明是由中国主导和规范化的。可以说这是中国的自豪。然而，使用民族语言创造的文学或文明，中国要远远落后于韩国和日本。当然中国明清时代有小说和戏曲，也比韩国和日本的国语文学发达。当时中国没有相当于日本的"和歌"和韩国的"乡歌时调"的国语诗歌部分。中国的白话诗是五四运动以后出现的。虽然中国在共同的文献文学方面领先，但反而在民族的国语文学方面最落后。日本正相反，作为共同文献文学的汉文学建立得不是很早，作品数也不多，质量也不高。这证明了日本古代的文明是不发达的。日本人也承认这一点。所以日本的通信使或外交使到韩国后，有抢着要报纸的风俗。然而，日本却创造了自己的国语文学，走在前面。日本的国语叙事文学很早就发展起来。因此，就共同文献文学来说，中国第一，日本最后；就民族文献文学来说，日本第一，中国最后。韩国则都处于第二的位置。合起来是这样，平均也是如此。如何评价呢？那要看评价的标准是什么。如果以中世纪的评价基准来思考的话，共同文献文学早早产生、早早规范化的中国当然是第一，韩国第二，日本第三。如果以本国的民族文献文学为先这一近代的评价基准来看的话，日本第一，韩国第二，中国第三。中国的胡适写了白话文学史，认为文言文的汉文文学全部是死的文学，白话文学才是活的文学。这是近代的文学观。中国的白话文学与日本相比真是起步得比较晚。

现在，我们要超越中世纪的评价基准和近代的评价基准，走向下一个时代。在下一个时代，中世纪的共同文献文学和近代的国语文献文学得到同样的重视，这两种文学遗产也应该被合在一起。至少要追求文明圈的同质性的话，我们就应该对共同文献文学进行再评价。在此基础上，通过民族语文学，创造更多的成果，成为创造的原型。二者一定得合二为一才行。

我所写的《韩国文学通史》对此也有论及。说日本人简单地创造了汉文学，也没什么不对。中国在过去的很长时间里实际上以汉文学为主叙述了共同文学，胡适所谓的白话文学是其中的一部分。不管文学史怎么写得好，都是向那边（汉文学）倾斜的文学史。处于文明圈中间部分的韩国，不得不把中国和日本放在一起来思考文明论。这样的话，即使不使用东亚的语言，也能进入东亚文明圈之中。然而不仅东亚如此，其他文明圈也有中心、中间部分和周边部分的划分。

梵语文明圈中，相当于印度中原地区的部分是中心，相对于梵语文明发展得比较早，民族文献文学则很落后。那里有两种文明并行，共同发展。处于周边的印度尼西亚的民族文学发展得很早，印度尼西亚人使用的是岛国的梵语。日本人所使用的汉文不是很正确，所以饱受批评，他们是把日语和汉语混在一起使用的。

阿拉伯文明圈也是如此。中心地带几乎没有民族语文学，而在中间地带的波斯和土耳其，则在共同文献文学和民族语文学基础上后发展起来的，波斯拥有较多这两种文学的遗产。处于周边的东非国家，自己的民族语文学发展得比较早。欧洲也是这样。意大利是拉丁文学的发源地。然而民族语文学是在14世纪但丁写的《神曲》之后出现的。但丁的《神曲》是他用意大利语夹杂着拉丁语写成的，可以说是煞费苦心。对于其中夹杂着拉丁语一事，现在有人辩解说，天使没有语言。这还不如说当时就应该使用拉丁语。处于中间部分的德国很早就发展了自己的民族语文学。冰岛的民族语言文学比日本发展得还要早，还要丰富。所以各个文明圈的中心之间、中间地区之间和周边之间是相通的。中韩日三国之间虽然存在很多的差异，但也预示着，在看到其他文明圈出现的统一情况后，能够通过理解东亚文明来理解世界文明史。因此，也能从东亚文学史走向世界文学史。这绝不是猜忌中国、韩国或日本谁更卓越的问题。以韩中日之间的差异为基准，没法说谁更优秀。中心、中间部分和周边也随着时代的不同而不同。中国大概是到北宋时、韩国是到朝鲜时代以前，我认为是中世纪。至于这样认为的原因是什么，说来话长。所以就不在这里赘述了。唐宋八大家创造了非常经典的古典文学。不管是在日本、越南还是在中国，许多人为了学习、研究他们都花费了很大的心血。但南宋、元代以后，水准降低了。如果说苏东坡苏轼结束了一个时代的话，高丽的李奎报则开始了一个新的时代。中国元代的宰相耶律楚材也是唤醒汉文学新时代的先行者。

据说，耶律楚材是天上的文曲星下凡，是最伟大的文人之一。北方民族出现了这样一位人物，说明时代要变化了。然而，我在北京也确认了，在这儿（延边大学）也确认了，虽然耶律楚材是伟大的文人，开创了一个新时代，但是现在的中国学生却不知道他，教科书中也没有关于他的内容。中世纪是中国人处于发展前沿的时期。但是中世纪后期，作为中国下层的北方民族再次登场，韩国和越南等文明圈的周边国家有了自己的文学创作，也有一定的文化水平，也拥有各自的统治方法，一个非常先进的时代到来了。如果要问韩国历史上的全盛时代是什么时候，应该是朝鲜前期。世宗前期为止是韩国历史上的全盛时期、黄金时代，比同时代的明朝起步得早得多，在质上遥遥领先。如何验证呢？现在也可以验证。通过私塾和编撰刊行的著书数量就可以说明。还有相关的资料也可以证明，如识字率。另外，既认识汉字又认识韩文，肯定比只认识汉字有知识。朝鲜前期是很兴盛的。中世纪后期，文明圈的中间部分处于领先，当时的越南也创造了相当高水平的国家经济和文化。中国从明朝开始相对停滞，但没有清朝那么严重。此后，在中世界向近代转换的时候，作为周边的日本开始在经济上领先，但在文化上还处于落后状态。文明圈中在中世纪较为落后的周边国家首先完成了近代化，不仅是东亚的日本，欧洲的英国也是如此，英国是欧洲的周边。所以，日本和英国在近代成为领先国家是很自然的。类似的中心、中间部分和周边国家次第发展的情况在其他文明圈也可以看到。为什么中国是下降的趋势呢？因为中国之前是领先的。日本为什么能够领先，因为他们的祖先非常无知蒙昧，过着艰苦的生活。日本人支撑到了近代后一下子爆发了。

现在到了下一个时代。可以说，现在再次到了一个共同发展的时代。理解了东亚文明，再抛弃中国中心主义，实现东亚的共同发展，寄予中间部分和周边国家希望，随着时代的发展出现了另一个顺序。东亚既是一又是多，多个汇聚在一起，创造出更大的一个。然而，在本书中占有很大比重的、难以说明的就是所谓的册封体制。东亚国家的国王都接受在北京的中国天子的册封后统治本国。东亚有过册封时期，所以说有中国支配东亚的时代。对册封体制的正确认识是理解东亚文明的关键。中国对此有优越感，日本认为自己摆脱了册封体制是有自主性的，而韩国人觉得这是耻辱，要么不说，要么说得很奇怪，都是近代学问的现象。

册封体制每一个文明圈都有。东亚的儒教、南亚的佛教、印度教、伊斯兰教、基督教都有。我们先从伊斯兰教说起。真主的代理者是哈里发，哈里发从安拉那里接受了可以册封世俗的国王的权利和义务。世俗的国王必须要接受哈里发的册封。有两个力证，一个是穆斯林，另一个是正当的驱逐者。穆斯林不能作为实证的时候，敌人就会和驱逐者一起发生叛乱。有时哈里发也是实权者。但是在很长一段时间里，哈里发都没有政治实权，苏丹的手中掌握着政治权力，并对周围国家进行监视。尽管哈里发再没有实权，苏丹的权力再大，如果哈里发不予册封的话，苏丹就会通过武力胁迫哈里发来获得册封。因此，奥斯曼土耳其成为土耳其共和国之后，废弃了哈里发兼苏丹，在阿拉伯世界掀起了轩然大波，质疑阿拉伯世界的同质性将会走向何处。欧洲国家的册封体制是教皇册封各国的皇帝。因此在欧洲，代表上帝的、拥有册封权力的教皇与世俗的国王、皇帝是分离的。坚持教皇的实权制是欧洲的特性。

东亚是天帝监视皇帝，天帝与皇帝是分离的。由于受困于实际的政治权力，所以册封体制的本质显得模糊不清。一切宗教都是如此，有一位代表上天的、可以册封统治者的地上的天子，而不是两个，而接受册封的国王有数位。一定如此。然而中国天子的位置有几个民族曾经占据过。与民族出身没有什么关系，占据中原就会成为天子，就会实施册封。虽然韩国把直到朝鲜时期都在接受册封看作是羞耻的事情，但是琉球人认为接受明朝册封的时候是琉球的全盛时代，附属于日本后，这个全盛时代就结束了，至今还在悲叹。明朝时，琉球的使节来往北京最为频繁，在北京购买中国的物产卖到东南亚，又汇集东南亚的物产向中国朝贡。这就是册封体制条件下的琉球的反应。

再看看越南的情况。每次中国出现了统一王朝，就会侵略越南并否定其主权。明朝建立政权以后，找了个借口进攻并占领了越南，此后统治了越南二百余年，并下令销毁了刀斧。越南进行了英勇的斗争。真是非常英勇的斗争。明军惨败，回到中国。越南在恢复国教的时候，册封体制也恢复了。北京的天子册封了安南的国王，越南统治者的王位才会代代相传。越南的统治者都是皇帝。明朝所否定的、抹杀的册封体制，越南通过武力斗争使明军屈服后，又找回来了。如果说册封体制是抛弃了主体性的、屈辱的体制的话，为什么越南会做这样愚蠢的事呢？朝鲜王朝没有和明朝争论，很自然地接受了册封体制，而越南武力斗争后，结果还是一样。明朝赐建立新王朝的李成桂称号是"权署权知高丽国事"，这是处理高丽国务的临时位置。韩国人以此为极大的耻辱。大部分人都不知道到底是怎么回事，除了专家以外。越南在与明朝提出建交的时候，提出安南国王要同样的称号。这样和其他国家比一比。日本明治维新以后，变成了"大日本帝国"，韩国也是，高宗以"皇帝"的名义登场，这都是册封体制消失的证据。用近代的观点来理解册封体制是不恰当的。

应该知道中世纪与近代是不同的。在中国史书中，把受册封的国家称为"藩国"，我们现在把"藩国"理解为"所属国"。如果我们看明朝的历史即《明史》的话，在"外国"这一分类中，包括藩国和不是藩国的外国。藩国属于外国。与明朝有册封关系的国家是藩国，而《明史》中已经出现了法国、德国等国家，而法国、德国不是藩国。明朝的藩国有几百个，但是真正的藩国只有朝鲜、日本、安南、琉球等学术意义上的藩国，其他都是临时的，为了让使用汉文的人接受国书才这样称呼的，是这样的藩国。

最后，为了东亚的学问，我们来超越自己的、本国的学问，去研究东亚的学问。只有把东亚各国、各民族所拥有的文明合在一起，才能培育出东亚学问之花。各个文明都非常不同。日本文明很细致精确。在韩国，也认为我们应该向日本那样细致精确，但是没有做到。把细致精确这一长处就交给日本，韩国应该以其他的方式发光发热。相互不同，才能"和而不同"。"不同"才能"和"，"和而不同"中如果没有"不同"的话，"和而不同"也实现不了。孔子说，小人同而不和，君子和而不同。

中国的长处是什么呢？就是中国发展的文化的多元性、多样性。但是这里好像没有很多的不同文化，我们应该继续接受不同的文化。举例来说，我们对伊斯兰文化的理解很不够，但在这里似乎看不到中国的回族人，在日常生活中与回族一起生活，理解的是伊斯兰的外表。就是用中国文化的多元性、多样性修订韩国、日本的单一性的思考方式。这是至理名言。我们不要忘了越南也是东亚文明圈的一员。越南的长处是，赢得了与西方世界的两大强国法国和美国的战争，虽然这是军事上的、政治上的使命，但是却打碎了在全体人类中西方世界是优越的这一神话，给予了东亚各国勇气和希望。日本追随西方，打破了我们是二等公民的思考方式，而越南真是提供了良药。当然，因为现在越南的情况比较困难，所以很难开展学术活动，但是我们可以通过越南带给我们的冲击实现我们的学问，实现和平，实现与西方世界进行善意的对话。韩国的优点是对世界有很大的设想。我也是带着这个钻研学问的。当然这种设想有可能是虚无的空想，也有可能脱离现实。所以，韩国可以对日本人所生产的精致的产品进行补充。

由于中国文化的多元性和多样性，延边大学很幸运地得以开设民族学博士课程，韩国没有民族学的课程，即使开设了这个课程的话，也没有现场感。尤其是没有民俗学。如果能来到中国，对中国的少数民族进行调查研究并撰写报告书的话，可以做出很好的学问。如果把越南所给予的自信心转化成学问的话，越南人会像尊敬胡志明那样尊敬你。在韩国的电视里曾经有一个关于外国人的节目，当问到最尊敬的人是谁的时候，来自越南的女孩子毫不犹豫地说是胡志明。胡志明对世界历史的改变，连欧洲的中心都能够体会得到。如果不接受日本固有的细致精确的文化、中国的多样性多元性文化、越南的自信心，那么韩国人剩下的只有缺点，很大的缺点。与日本、中国、越南进行连接，就会变成韩国的长处。把这些文化合成一个整体作为一种基本设计图，并以此来主导韩国的学界是不可避免的。因此，不是作为各国自己的学问而是东亚全体的学问，把四个国家的优点汇集起来，建立起一个大家庭，我们就会有与欧洲文明圈同步发展的自信。下一个时代的学问，我们将会走在前列，依靠我们这四个朋友的合力，这四个朋友合在一起的长处。在延边大学学习的同学们，已经拥有了其中两个国家的长处，所以还要关心、理解日本和越南，虽然与越南的距离比较遥远。我们要摆脱国籍和民族的界限。"您是做什么的？""我是研究东亚学的。""研究东亚的什么？""为了研究世界所以先研究东亚。只有研究过东亚才能走向研究世界。"这样想才应该。"我说中文""我说韩语""我的身份是什么"这样说的话是很奇怪的。如果有人混合了中国、韩国、日本和越南这四个国家的血统，精通这四国的语言的话，那他就是真正的东亚人，我们应该仰望他。他是第一。我常常在韩国这样说。我们应该教育所有的韩国人都学习中文和日文，当然还有英文。只学习英语是不行的。只学英语的话，人就会有所偏颇。追问国家民族间的优劣，是很愚蠢的。这样的话即使到了日本去说，日本人也会承认是正确的。去日本后，若说韩国人优于日本人的话，就会惹出麻烦。既不合理，也会引起争吵。"日本人优秀，韩国人更优秀"这个提法本身就是错误的。

全莹：

谢谢赵教授。赵教授详细说明了撰写《东亚文明论》的背景、东亚文明的要素及其范畴、理解的关键和东亚文明的意义。使我们记忆最深的，就是东亚文明不是中国自己而是东亚各国共同创造的。为了建立更加美丽、更加强大的东亚文明，我们应该协同合作。请大家再次以热烈的掌声谢谢赵东一教授。

下面是提问时间，有问题的请举手。哪一位有问题？

金美兰：

您好！我是比较文学专业的硕士生金美兰。刚刚您说到，中国在国名前附加了"伟大的"这样的单词是落后的象征，那韩国叫作"大韩民国"、日本民族叫作"大和民族"，这些是不是也是落后的象征呢？请您回答。谢谢！

赵东一：

在国家名字上附有"大"字的除了韩国以外并没有其他国家。然而，我在韩国一直主张把统一后国家的名字称为"我们的国家"，虽然"韩国""朝鲜""高丽"等都是很好的名字，也有语言学者主张使用"我们的国家"这个名字。英国也说"great"，但也有点儿不妥。因此，我要强调的是，现在大家关心的不应是哪一个国家更优秀。说自己好不好更多地表现出了内心的劣等意识，所以相比把"大"字去掉而言，更应该摆脱内心的劣等意识。置劣等意识于不顾，仅仅去掉"大"字，是真正的落后。"我们之间的相同点更重要"。我去日本后曾经说过这样的话："韩国与日本互相攻击，都是韩国与日本最坏的人在做比较，这是很愚蠢的。我们还是谈论我们的卓越人物吧。所以，我去日本的目的是寻找日本优秀的人。我发现日本最重要的人物是十八世纪的思想家安藤昌益。"那中国优秀的人是谁呢？我认为是刻苦学习、笔耕不辍的明末清初人士王夫之。我要向他学习。

朝文系朝文专业硕士：

您好！我是朝文系朝文专业的硕士生。我的问题是有关册封体制方面的。听说过去的册封体制使得中国周边国家的国民有很深的"受害者意识"，您认为这是没必要的。我十分同意您的观点。不过，您认为目前怎样看待册封体制才是正确的呢？

赵东一：

可以把接受中国天子册封的地域叫作东亚。以汉文记录的共同文献中关于中国历代册封体制的记载表明，明朝的册封体制记录可以作为教科书。我们可以对"接受明朝册封的国家都是邻国"这一说法进行再确认，对这些国家的理解和研究再下一些功夫。但是，正如我刚刚所说，北方民族也通过占领中原成为天子实现了册封体制。推翻明朝的不是清而是李自成。当明朝的皇帝因李自成而上吊时，如果清人没有进入山海关而守护北方民族的政权的话，对满族来说该是多么幸运的事儿。清人为了成为天子、支配中原，带着自己很少的人口入关，最后导致民族灭亡。日本曾经两次脱离了册封体制，这因为唐朝的时候，交通实在是太不方便，以日本的航海技术很难直接到达中国，所以不得不依靠新罗的船只过海。相对于成果而言，所需的费用实在是太大，所以日本暂时中断了册封体制。这一点在今天成了日本拥有自主性的证据。日本在倭国建立的时候，请求过清朝的册封。但清拒绝了，因为日本在"壬辰倭乱"的时候做了很多的坏事。对日本来说这是很狼狈的一件事。因此，只有获得了册封，日本的小君才能称为日本的国王。天皇没有册封小君的权力，只有天子才有。日本的最高统治者小君称为日本国的大君。所以之前韩国的王成为大君，对日本来说是很狼狈的。在日本与西方建交的时候，国书上写的都是"日本国大君"。明治维新后，日本说他们的天皇就是皇帝，脱离了册封体制。在明清时代，日本没能接受册封而称自己的国王为大君是不恰当的。将其作为日本自主性的证据当然也算是一种积极的解释。但是站在近代的立场上单方面对中世纪的历史进行解释是有害的。所以欧洲人说，歪曲别国历史的行为是自己国家的问题。日本人首先歪曲了自己的历史。歪曲别国的历史怎么是正确的呢？但是也不要单方面排斥日本，而应该将东亚册封体制中的国家和其他文明圈的册封体制一起来理解。尤其是伊斯兰文明圈中，如果哈里发不给册封的话，苏丹会用武力通过胁迫的方式来获得册封。唐朝的时候，也有新疆的回纥王通过胁迫的方式获得了册封。赵匡胤认为，这件事不是对进行册封的中国有利而是对回纥有利。因此，唐王室一直不想册封，但回纥极力争取。这样的例子也有。因此，就像我刚刚所说的，明朝的册封体制可以当作教科书，但当时在贸易上获益最多的就是东部琉球。而且，明朝作为对琉球的一种施恩，准许琉球派遣很多的使臣。

英语专业教师：

您好！我是延边大学英语系的老师，现在是朝文专业的博士生。听过几次您的讲座，感觉您认为口碑文学很重要，所以我想就这方面的内容提问。由于目前网络和手机的广泛使用，网络文学非常流行，我想请问，您怎么看待网络文学以及网络技术对东亚文明圈的形成产生的作用。谢谢！

赵东一：

传统的文学，无论是汉语的"文学"，还是英语的"literature"，意思都是用笔来写。但是文学研究的新领域，是用语言创作的口碑文学。我认为，中国的民间文学和日本的口诵文学不仅是文学的一种体裁，它们本身也是非常优秀的文学作品，口碑文学与记录文学的关系史是文学史的核心。持这种观点，我写了《韩国文学通史》。虽然中国和日本在这方面进行的研究很多，但不均衡，不是将其置于文学史的正面，这是由于中国的少数民族文学与民间文学有所区别，几乎没有对中世纪的汉民族的民间文学和口碑文学的调查研究。

现在是网络文学登场了。虽然口碑文学和记录文学也通过网络传播。然而，可以说网络文学拥有口碑文学和记录文学的双重性格。所以，包括网络文学在内的文学创作以及文学史的编写现在开始成了新的课题。而且记录文学由于书写后出版，所以既有写本又有出版本，现在又有了网络本，分这三种形式。小说写好后，既印刷出版又上传到网络上。这样一来，文学的领域扩大了。实际上这三种版本之间没有本质的差别。我们可以这样认为，这三者之间的关系就是文学史。在这里补充说明一个问题，由于"literature"的意思是用笔写出的东西，所以用"oral literature"来标记口碑文学是不合适的，所以非洲人把这两个单词合在一起，创造出"orature"一词。这样的话，或许也会出现与网络文学相对应的单词。

朝文系硕士生：

您好！我是朝文系的硕士生。您刚刚说到，中世纪是共同文献的时代，而近代是对中世纪的否定和对古代的继承。那么中世纪的意义是什么？近代对中世纪的哪些部分进行了否定？现在如何具体地实现东亚文明的共同感、同质性？

赵东一：

中世纪的核心价值是普遍主义。古代是自我中心主义的时代。统治集团认为自己是第一位的，下层人不是人，所以会有屠杀、殉葬等，而且蔑视自己以外的任何人，这就是古代的自我中心主义。近代的基本理论是民族主义，它否定了中世纪的普遍主义，并以古代的自我中心主义为源泉。日本认为自己古代的时候是第一的，这也是源于民族主义。说起来虽然很尴尬，韩国也认为当时自己是第一。中国号称中华民族，并以黄帝为中华民族的祖先来进行祭祀，这也是以古代自我中心主义为源泉的近代民族主义。然而，我们现在已经经过了近代的民族主义时代，应该追求新的文明圈的普遍主义，甚至是全人类的普遍主义。中世纪没有全人类的普遍主义。为了寻找全人类的普遍主义，就要克服近代的民族主义，重拾被近代民族主义否定的中世纪的表现普遍主义的至高原理，用新的观点来继承。但不是要实现中世纪的普遍主义，而是要建设理想的世界。可以说，从现在开始，实现普遍主义已经成为我们的课题。因此，目前最有害的思想就是认为只有自己的民族优秀，当然这一点很难克服。为了克服它而努力是我们学者应该做的事情。

东亚在政治上、经济上成为一体在目前看来是过于乐观的，这需要时间，而且前景也不明朗。欧洲的情况是，政治、经济的统一走在前面，而学术落在了后面。所以，我们换一下顺序，首先在学术上、艺术上努力。东亚文明是东亚的共同遗产和共同财产。东亚各国应协力合作，深入研究这些共同财产，积累、扩大研究成果并将其通过教育普及给大众。虽然学者不走在前列事情也能向前发展，但我想说的是学者要追求作为时代变化的先求者，努力奋斗。延边大学当然已经具备了能够走在前列的条件，已经走在了前列。虽然通过努力也能够理解中国文化的多样性和多元性，但是还很不够。想要研究东亚学，就要了解东亚各国的传统文化。虽然我也曾经学习过中文，但是也只能是阅读而已。在座的各位已经很好地掌握了中文，是多大的幸福！而且很长时间以来各位也学习了日语，这也是很大的幸福。首尔大学至今都没有用日语开设的课程，也没有学科。我学习了日本的相关知识，去了几次日本，在日本逗留了几天后，感觉到向日本学习对我进行学术研究来说是必需的课题。我的这本书出版后，有几名日语学者说想要把它翻译成日语，中文翻译也已经开始了。这是多么幸运的事情。理解日本、理解中国自古以来对韩国人来说就像是一种命运，没有忠实于这一命运是韩国人的错误。首尔大学没有设置日本文学专业，是没有实现自己的使命。延边大学对日本的研究和日语教育在中国是做得最好的，对韩国的理解、对朝鲜的理解也一样。延边大学比中国的其他任何大学都要领先，当然不仅如此，也领先于东亚的其他大学。我们做学问不是为了中国，也不是为了韩国，而是为了经过东亚走向世界。应该这样想。这样，自然而然就会做好中国学、韩国学。欧洲人受自己的文明论的束缚，所以不了解外面的世界。但是我们努力，就会超过这个文明圈。过去的一百年，我们为了要理解西方而受了很多深入骨髓的苦楚。不仅是韩国人，中国人和日本人也一样。但西方人为了理解东亚受过什么罪呢？不是能力的差别，而是思维开放还是封闭的差异。思维开放的话，学问就会向前发展，否则就会萎缩。

全莹：
由于时间关系，这次卧龙学术讲坛到此结束。再次感谢赵东一教授！

第九讲

近年来朝鲜的文学运动实况及创作概况

周进成

作者简介：

    朝鲜民主主义人民共和国作家同盟编辑部部长，曾任作家同盟统一文学部部长，作家同盟中央委员会小说分委会作家。

周进成：

延边大学是一所拥有 60 多年悠久历史和优良传统的名校。今天能在这神圣的学府与大家共享朝鲜文学运动的最新动态，我倍感荣幸。首先，请允许我向主办方——延边大学及学校的各位领导和师生表示最诚挚的谢意。在这里，我谨代表朝鲜作家同盟①中央委员会全体作家向广大同胞致以最真诚的问候。今天，借此难得的机会，我想为大家介绍一下朝鲜文学运动的最新动态，追溯至 20 世纪 80 年代，尽我所能详尽地为大家介绍朝鲜的文化运动实况，并根据不同时期和不同的历史阶段，将朝鲜作家的具体创作情况分为几大类型为大家进行详解。

自 20 世纪 80 年代初，朝鲜的文化运动迎来了一系列令人刮目相看的标志性契机。其中主要有两大契机。第一个是 1981 年 11 月在平壤召开的全国文学通信员积极分子大会。全国文学通信员积极分子大会是朝鲜为开展群众文学

---

    ① 朝鲜文学艺术总同盟下属的由作家组成的社会团体，1946 年成立，任务是组织作家学习、体验生活和创作；评议作品；培养新人，已开过三次朝鲜全国作家代表大会，下设小说、诗歌、评论、儿童文学、古典文学、外国文学等分科委员会。近年来，组成"4·15 创作团"，从事反映金日成革命活动作品的创作和抗日战争时期优秀作品的改编工作。机关刊物有《朝鲜文学》。

运动，培养作家后备军而设立的国家体系。有很多年轻人受惠于这一体系，我也是其中之一。朝鲜在劳动第一现场发掘文学幼苗，从小对他们进行悉心栽培，使之在劳动的同时，接受文学训练。作家同盟中央委员会及各道的作家同盟都配有专门从事培养年轻文学作家的工作人员。作家同盟中央委员会设有专门执行年轻作家培养工作的部门；各道的作家同盟也设有相关机构编制，教师们在劳动第一线对这些文学幼苗们进行系统的培训之后，将其送往学校。

全国文学通信员积极分子大会就是在这一文学通信员培育体系下成长起来的文学积极分子组成，该大会于 1981 年 11 月在平壤拉开了帷幕。在这之前，1981 年的夏天，作家同盟在咸镜南道银浦水产公司召集了咸镜道的文学通信员，组织了一次创作集训活动。在景色迷人的海边，咸镜道的文学通信员们共聚一堂，开设文学讲座，并在集训期间各完成一部作品。

其中有一位来自咸兴市龙成机械厂的女车工——年仅 23 岁的周玉阳。在参加集训期间，她写了一首名为《天涯海角，欲登长白山》的时调。时调由几首短篇诗组成，受到了指导员和作家们的高度重视，他们认为"这首时调不能随随便便浪费了，必须进行慎重修改，并将其选为优秀作品"。领导小组拿定主意后，让周玉阳同志进行了大量的修改和润色工作，周玉阳因此积劳成疾，不幸患上了急性阑尾炎。然而，她隐瞒了这一切。

她对作品的执着、满腔的创作热情，使她满脑子只关心作品，成为她能够坚持写作的动力。然而，天妒英才，她的病情日益加重，被送到咸镜南道医科大学附属医院救治时，为时已晚。就这样，留下那部还没来得及完成的作品，她悄悄地离开了人世。如果她还活着，想必现在与我同岁。她的才能足以令人惊叹，她总能将一些看似牵强的东西自然而又抒情地表达出来。《雪中的三池渊》① 这首诗描述了三池渊冰峰雪岭的景致，是她为了看大浪澎湃的三池渊到

---

① 三池渊是位于朝鲜民主主义人民共和国两江道三池渊郡的天然湖泊。此湖是由于长白山的火山爆发后，玄武岩和浮石凝结堵塞周边而形成的。三池渊具有丰富的革命历史，是朝鲜人民所熟知的符号。

长白山时创作的作品。

> 白桦雪峰三千尺
>
> 白雪覆盖三兄池
>
> 不见不休心难离
>
> 魂牵梦绕三池渊
>
> 流水已去冰三尺
>
> 满腔热血化冰寒
>
> 奔流不息三池渊

其实，她最具代表性的还是那首《天涯海角，欲登长白山》。诗中，作者用抒情的手法表达了主人公"走在幽幽小径，走在天涯海角，我心永系长白山"的强烈意愿。

留下未成之作，作者含恨而终。朝鲜每年举办全国文学通信员积极分子大会，从诸多热情洋溢的文学通信员中选出最佳作者，于每年 6 月 4 日，为其颁发奖状和奖杯。大会那天，周玉阳的母亲代表已故的女儿领奖。这件事成为一个重要契机，在全国劳动青年中掀起了一股写诗的热潮。当时，我二十二三岁，也是众多劳动青年中的一分子。那个时期，随身携带诗集，在众多劳动青年之中俨然成为一种时尚。这股全国性写诗热潮就是上面讲述的第一个契机。

第二个契机是抒情诗《母亲》的作者——诗人金哲。金哲是一位著名的诗人，曾写过很多好诗。他出生在咸镜北道城津市，即现在的金策市，少年时期，在家乡迎来了祖国解放。后来，由于父亲加入了民主党，而非共产党，两人意见不一，他最终选择了离家出走。他本打算去平壤读书，却赶上朝鲜祖国解放战争爆发。于是他谎报年龄从军，在从军的三年间他写下了大量优秀诗作。他的《请原谅》是一首非常有名的诗，在共和国是读书人必背的名作。这首诗一开始只被刊登在战线新闻一角，无人问津。它的光辉一直被埋藏着，直到被编入艺术片《保证》之后，变成了一首家喻户晓的名诗。

请原谅，母亲！

还记得您用粗布为儿做直筒裤，

却引来儿子的牢骚满腹。

请原谅孩儿的任性妄为。

请原谅，老师！

不做化学作业，不背代数公式，

只知惹您生气。

请原谅学生的幼稚调皮。

请勿原谅，祖国！

进攻之路若有片刻迟疑与贪生，

若我让敌人的子弹穿透我的胸膛，

请您千万不要原谅我！

这是金哲的诗。战争结束后，他回到故乡城津，却发现为躲避原子弹袭击，家人都到南方避难去了，剩下自己只身孤影。于是，在诗写作方面有些才干的他进了金日成综合大学作家学院学习。毕业后，他便开始了一个作家的写作生涯，只可惜后来犯了错，在 20 世纪 50 年代末 60 年代初被送到咸镜南道的许清矿山。他被开除党籍，在许清矿山卸货队做石匠，采矿近二十年。80年代初，他创作了《母亲》这首抒情诗。后来，这首诗被呈报到中央，他这才得以回京，被召回到作家协会。此后，又与为躲避原子弹袭击而失散多年的父母兄弟在高丽酒店重逢。他创作的《母亲》即第二个关键性契机。他在诗中写道：

母亲不过一介生我养我的民妇，

我却将党比作母亲。

惶恐至极无以复加，

我却找不出更好的措辞。

用心永唤祖国啊，母亲。

如今在祖国的作家队伍中起中流砥柱作用的骨干作家们大部分都是以这两

个契机为导火线，在全国范围内掀起了一股写诗和创作文学作品的热潮。朝鲜作家队伍的领军阶层是当时受其影响而投身文坛或开始学习文学，后成为作家的那一代人。

从这一时期开始，在小说领域开始举行中长篇小说"百篇文学作品大赛"。大赛竞争之激烈难以言传。这一作品创作项目在国家组织的指导下进行，每五年举办一次。作品种类主要包括长篇小说、中篇小说以及叙事诗等，但还是以中长篇小说为主，诗歌数量寥寥无几。这场中长篇小说百篇文学作品大赛至今已举行了六届，是否举行第七届还有待商榷。

仔细一斟酌，第一次百篇大赛期间在文坛上也出现了一个大契机。抗日武装斗争时期，有一位叫马东徽的抗日战士。被囚禁在两江道云兴郡惠山警察局之后，他咬舌自尽以保住司令部的秘密。后来，和他同乡的一个小说家——金寿范写了一篇以马东徽为原型的中篇小说《永恒的微笑》。金寿范恰巧出生于1937年12月马东徽烈士咬舌自尽的那天。所以这位小说家经常说"将马东徽烈士的事迹写成作品流传于世，是我的宿命"。

这部中篇小说完成于20世纪70年代末，后被递交到伟大领袖金日成将军的手中。看到一半，将军就打电话给著名抗日战士林春秋[①]，问道："之前在抗日游击队，就有一位叫金寿范的政治工作者，不知道这部小说是不是出自他手？"林春秋回答："此金寿范非彼金寿范。"领袖接着说道："这位叫金寿范的作家好像对抗日游击队生活十分了解。我看了开头，觉得很不错。我有要务在身，你先看着，等我从地方考察回来再接着看。"看完整部小说之后，领袖眉头紧锁道："这位作家对抗日游击队生活不甚了解。他不该把朝鲜人民革命军总司令写成毫无人情味的指挥官。"

小说中有这么一段内容。马东徽同志接到朝鲜人民革命军总司令的任务指示，前去整顿在惠山事件中遭到破坏的地下组织。当时，他的妻子金容锦是军队的一名裁缝，与他同属一个部队。本来临行前夫妻两人见上一面也在情理之中，可作者偏偏写道"当马东徽同志向上级提出'时间紧迫，我怎能顾念儿女情长？请让我即刻出发'时，总司令应允了他的这一要求"。将军澄清，自己从来没有这么不近人情，作者一点都不了解抗日游击队的生活。抗日共产党

---

① 林春秋，生于咸镜北道，1932年参加抗日游击队，是一名著名的抗日战士。

员都是一些有情有义之人，正是这种情谊使他们团结一致，为人民与社会、为祖国的解放抗战到最后。当作者听到领袖的反馈之词后一蹶不振。作者对自己以后的职业生涯、社会政治生活悲叹不已。然而，伟大领袖金日成将军却下令将作者叫到平壤，让他亲手修改自己的作品，而不是弃如敝屣般将它丢置一旁。

鉴于领袖对小说的评价，作家同盟本想派其他作家着手重写这部作品。然而，伟大领袖金日成将军坚持要让作者自己动手修改。后来，这位作家被叫到了朝鲜党中央会议室，接到了新任务。当时，作者身患肝硬化，很难进行写作。然而，接到领袖的旨意后，他即刻起身去了牛山庄创作室。

从朝鲜的篮浦朝西北，朝靠海的方向走三十里，便有一座名为牛山庄的疗养所。日帝强占时期，有一地主买下了那块地，在山清水秀的地方建起了几栋别墅，并以此来挣钱。解放后，那里被改成了劳工疗养所。1970 年，在文艺革命开展之际，伟大领袖金日成将军将散建的 14 间创作室全部配给了作家们，金寿范就在牛山庄创作室进行了近一年的创作。

由于作者的健康状况不佳，将军特派主治医师、编辑、创作指导员等协助他完成作品。经过紧锣密鼓的修改工作，中篇小说《永恒的微笑》以长篇小说的形式重又问世，成为一篇名作。同年 12 月，在新春来临之际，将军亲笔写了一张贺年卡寄给他。据其家人回忆，几年前那位作家临终时，还手握贺卡不放。这便是另外一个重要契机。前面讲的两个契机，点燃了朝鲜全国劳动青年和文学通信员心中的创作热情，而作家金寿范重新创作长篇小说《永恒的微笑》的过程，为之后如何去组织和指导"百篇"大赛，如何携手合作共同将"百篇"的文学作品加工润色为优秀作品指明了方向。

这一时期创作的长篇小说《新春》《生命水》《平壤时刻》《岭脊》等，都是领袖逐一挑选、亲自点评的小说。随后，又出现了《遥远的路》等长篇小说。现在回想，无论是从思想艺术性，还是从创作数量上来看，20 世纪 80 年代都无疑是小说、诗歌创作的鼎盛期。在这一过程中，尤其是进入 80 年代后半期，南北统一的气氛笼罩着朝鲜半岛。1989 年 6 月，第 13 届青年大学生庆典召开，借此机会，韩国外国语大学在校生林秀卿代表韩国大学生访北，其后文益焕牧师也造访平壤，这些事件串成一个导火索，促使统一运动在南北半岛迅速展开，以半岛统一为主题的作品大量涌现。《久别重逢》《再相聚》都是以半岛统一为主题的歌曲。2005 年、2006 年是半岛统一文学运动高涨的时期，当时，我与一些韩国作家一同出席宴会，在闲谈中得知，原来韩国作家们也听过这几首歌曲。

像《久别重逢》《再相聚》等以半岛统一为主题的作品主要出现在诗歌、歌词创作方面。进入 80 年代后半期，大量描写生活、描写真情实感的浪漫主义诗歌大量涌现。《吹口哨》是革命诗人赵基天在解放后的民主共和国时期创作的诗。"昨夜路过福顺家，情不自禁把哨吹。无奈伊人不解情，口哨声声传我心。"四五十年后，这首诗被配了曲，编成一首大众流行歌曲。"女人一生如花，明媚的巾帼之花，开满了千家万户。"《女人一生如花》是一首描述现实生活的歌曲。除此之外，这一时期还出现了《请君勿问我是谁》等诸多反映劳动生活的歌曲。

20 世纪 80 年代是劳动生活歌曲创作的高峰期。这与当时社会主义建设工作进入白热化阶段的社会实情有极大的关系。90 年代初，以苏联为首的社会主义阵营经历了巨大的挫折，在许多国家出现了开资本主义历史倒车的情形。在这种国际局势下，伟大领袖金日成将军于 1990 年 12 月，悉数点评了三百多篇诗歌，指出需由万寿台艺术团①编曲、普天堡电子乐团②配曲后编成电视节目作品等。到年末工作总结时，我们惊讶地发现，将军共审阅诗歌三百余篇，相当于每日审阅一篇。

即便是在国际形势最为复杂、国内经济最为艰难的时期，将军在百忙之中也没有忘记每天审阅作家们的诗歌作品，这对那些作家们来说是莫大的鼓励。他们将自己的感激之情表于文字，寄到了将军手里。出乎所有人的意料，将军于 1990 年 12 月 27 日，给当时的朝鲜文学创作社——作家同盟，写了一封回信。

祝所有朝鲜文学创作社的同志们，新年快乐！希望大家继续作为我党永远的同行者、忠实的协助者、出色的谋士，为祖国的建设出谋献策。

1990 年 12 月 27 日　金正日

---

① 万寿台艺术团是朝鲜最优秀的艺术团体，拥有歌剧《卖花姑娘》和音乐舞蹈故事《乐园之歌》等经典名作，因技艺精湛，风格高雅而享誉全球。
② 普天堡电子乐团是朝鲜民主主义人民共和国的一个乐团，以演出革命歌曲和传统民谣闻名。

将军身为国家最高领袖，在最艰难的时期，为作家们送去这般温馨的勉励之词，并给予他们"永远的同行者、忠实的协助者、出色的谋士"这一尊贵称号，使众作家们感动不已，士气大振，再次深深地感受到党对他们的期待与信任。

1994 年 7 月，共和国经历了前所未有的大国殇。伟大领袖金日成将军的辞世、接连不断的自然灾害使全国陷入巨大的悲痛之中。连年洪涝，工厂接连倒闭，煤矿、矿山不断发生透水事故，反对、孤立、扼杀共和国的气焰日益嚣张。这一切都将朝鲜人民逼到了生死存亡的十字路口，面临着"永远地被奴役，还是独立自主地生活"的巨大抉择。这种时代背景催生了先军政治，国家进入先军时代。曾经，在行军最为困难的时期，伟大领袖金正日将军将最强力坚实的部队派往安边青年发电厂。在那里，人民军队身先士卒，创造了攻克时艰的革命军人精神。在全社会普及革命军人精神，并将这一精神融入实践的过程中，先军时代悄然而至。

反映这一时代现实，或在这一期间创作的作品都被称为先军革命时期文学，即从 20 世纪 90 年代中期至今，其间创作的作品都被称作先军革命时期文学。

1996 年是"苦难行军"达到顶峰、国家最为困难的一年，当年 4 月 26 日，敬爱的将军喊出了"在文学艺术领域创造更多佳作"的质朴口号。对时局进行分析之后，将军提出了"作家之使命"的问题，并指出"作家的职责就在于创作出更多团结人民攻克时艰的优秀作品"。他阐释了何为当代社会所需要的名作之本质，指出反映伟大领袖一生所倡导的红旗精神的作品，反映"不为当下一时的享乐，为光明的未来而奋斗"之革命人生观的作品才可谓名作。

他强调，创作时可能涉及一些方针问题或禁忌问题。比如，不能为了突出作品的思想性，而降低其艺术形象性，使其变成政体演讲提纲或新闻社论；不能不顾编辑及创作指导员的创作个性，一味地对作品强加主观意志。早前的文艺理论中曾提到"百位作家，百样作品，不能千篇一律。创作中的重复和效仿无异于死亡"的观点，这一观点非常正确。应在创作过程中彻底摆脱固定模式的束缚，警戒互相效仿。这就需要作家们不断提高创作能力，创作能力其实就是对时局、对党的要求的熟知度和作品创作艺术才能。作家拥有独特的艺术才能，故能区别于其他知识分子。当下，广大人民勒紧腰带，走在"苦难行军"的道路上，困难重重，道路艰辛，是任何一个时期都无法比拟的。正是因为这样，作家们更应该深入民众，用自己的文字来鼓舞民众。将军一声令下，八方呼应，作家们纷纷创作出反映这段时期现实生活的作品。因此，还出现了许多表现出庄严甚至悲壮情绪的作品。

已故诗人郑恩玉与我是大学同学。她是"非转向长期囚"① 高强仁之妻。郑恩玉创作了歌曲《枪尖上的和平》，随后类似的作品纷纷出现，如崔埈卿的《社会主义好》、宋赞洪的《让我们高举红旗吧》、诗人车勇道的《胜利之路》、诗人郑成焕的《看着你想着伊》等都是带有庄严、悲壮色彩的作品。尽管那是一个艰辛的年代，但也不乏一些积极、浪漫的描述生活的作品出现。伟大领袖金日成将军遗体告别仪式那天，全国人民肃穆静立在沿途道旁，送别将军。当将军遗像从身前经过，他们便再也忍不住悲痛，失声痛哭。

伟大的将军向全国人民，尤其向所有作家传递了一种"笑看艰辛"的信息。这不仅是将军为鼓励广大人民群众攻坚克难的一种号召，更是他与人民结下的一个约定。不管前进的道路多么艰难，我们也要勇敢笑对，"笑看艰辛"这一口号本来自工农阶层人民群众。

在那段最艰难的时期，涌现出诸多反映真情实感、时代情绪的作品。这一时期的另一个特点就是"共产主义良风运动"在全国范围的普及。有一些姑娘，她们义无反顾地嫁给了在战争中失去双目、手脚的荣誉军人；还有一些姑娘，她们离开首都平壤到偏远的山区去照顾年迈的老兵……这类善行不断涌现，全国掀起了一股共产主义良风运动热潮。反映这一时期特征的作品大量问世。这一运动持续了两三年，还召开了全国共产主义良风运动先驱大会。反映这一时期特征的代表性作品有：由短篇小说家卢正范创作的《等待的母亲》、小说家白哲洙创作的短篇小说《忠告》、张善宏的短篇小说《会宁的姑娘们》、《时代的诞生》作者石润基先生之子石南镇创作的短篇小说《女儿》等。这些短、中、长篇小说充分地反映了"共产主义良风运动"所体现的时代特征。

---

① "非转向长期囚"是指朝鲜战争期间或其后被俘的朝鲜人民军俘虏、被派到南方进行谍报工作或在南方进行游击战的被俘人员等。这些人平均服刑期长达31年。他们的罪名是违反了韩国《国家保安法》、《反共法》或《国防警备法》等。在数十年的牢狱生活中，南方政府曾施加种种压力，要求他们转变思想，但他们始终不渝，坚持自己的政治信仰。

这一时期，反映严峻时局的作品大多以长篇小说为主。小说家宋祥元的长篇小说《举起刺刀》讲述的是在建设安边青年发电厂之时，人民军队在现场体现出的誓死拥护执行精神、英雄牺牲精神、誓死贯彻精神及革命军人精神。郑基钟在他的长篇小说《历史长河》中，全面描述了美国与朝鲜的核对决。由白宝鑫、宋祥元共同创作的小说《永生》描绘了伟大领袖金日成将军从1994年1月致新年贺词到7月8日逝世期间的生活。开城工业区、金刚山观光区全面开放时期，很多韩国游客争相购买《永生》这部小说。这部小说出版初期国家正处于经济最为艰难的时期，以致印刷出版的数量有限，因而在图书馆或者书店贴有用毛笔誊抄的全书内容，以供人们抄写，《永生》的流行程度可见一斑。

这种盛况已成为明日黄花。言归正传，后通过多次再版，《永生》一书在朝鲜几乎每户一本。这本书如伟大首领金日成的分身一般，被朝鲜人民视为传家宝，甚至很多韩国作家也读过《永生》。第四届"百篇"创作大赛的中长篇小说以《永生》《历史长河》《枪杆》《举起刺刀》等为代表作，主要反映了"苦难行军"时期。第四届"百篇"创作大赛期间涌现出很多反映现实的作品，并被广为流传。

接下来，在文坛中值得关注的是"6·15"统一时代。2000年6月13日是一个永载史册的日子，韩国总统金大中访问平壤，与朝鲜国防委员会委员长金正日举行会谈，并发表了《6·15共同宣言》。自南北首脑发表共同宣言至近一两年前的这一时期被称为"6·15"统一时代，这一概念至今未被完全摒弃，形势还待观望。"6·15"统一时代的到来是南北分裂半世纪后第一个令人激动的突破。上至八旬老翁，下至三岁孩童，无人不为之振奋。一座巨大的、看似坚不可摧的冰山，在两国首脑相握的双手中开始融化。乘着这一势头，又发生了一件历史性事件——63名"非转向长期囚"被送回了朝鲜。在此之前，1993年也曾有过"非转向长期囚"李仁幕被送回的先例，但那并不是大规模的。在李仁幕先生被送回前，朝鲜人民甚至我们作家都不知道"非转向长期囚"的存在。

我第一次接触到"非转向长期囚"这个词，是在韩国釜山的小说家金河杞写的长篇小说《永生的坟墓》中。金河杞曾是釜山学生运动的领头人之一，于1980年5月30日被捕入狱。从被判死刑到无期徒刑，再经过减刑，他共在狱中生活了 7 年。金河杞的原名是金瑛，他改名的缘由来自那段漫长的狱中生活。金河杞在狱中认识了三名"非转向长期囚"，一位是崔河钟先生，他出生于中国龙井，在龙井读到中学，对龙井有深刻的感情。另外两位分别叫金东基、安荣杞，都是作家同盟的盟友，目前依然从事文学创作。金河杞出狱时，从这三位狱友的名字中各取一字，给自己改名为金河杞，并以此名写下《永生的坟墓》。据我所知，《永生的坟墓》是朝鲜半岛上第一部以"非转向长期囚"的生活为题材的长篇小说，这一点，作者本人也十分认可。正是通过这部小说，我们才知道有"非转向长期囚"这一类人的存在。

63 名"非转向长期囚"们荣归朝鲜，平壤市民夹道欢迎，他们纷纷走到路边迎接，金日成广场被堵得水泄不通，车子寸步难行。"非转向长期囚"们只好下车，待重新开路后才得以继续向前。当时，仓促之下来不及给 63 名老人们建新房，于是朝鲜党中央委员会副部长们把自己的住处腾了出来，但那栋楼位于平壤火力发电厂旁，空气污染较重。经指示，后在平壤空气比较好的地段，作家同盟大厦旁新建了 5 栋楼，但老人们对原先的住处有了感情，不愿意搬离，还固守原地。后来，金正日将军提到，63 名"非转向长期囚"的生活与斗争经历各不相同，以他们为原型创作小说，可以写出 63 篇各有千秋的作品。作家们严格遵照这一指示，等不及老人们彻底缓解旅途劳累就投入到准备工作中。按理说，需要 63 名作家各负责一部作品，但考虑到作品的质量问题，能力不足的作家又实难胜任这项工作。因此，有些文笔优秀的作家们只好能者多劳，在四年里写出了 3 部长篇小说。当然，作家们在写作过程中也遇到不少困难。大家料想，"非转向长期囚"们在狱中煎熬了几十年，必然会非常严肃、寡言、坚定，没想到的是，他们一再坚持自己实在没做过什么，一句也不肯说，干部们出面说服也无济于事。最后决定：由作家们各显其能，跟老人们交友也好，当儿当孙也罢，总之要和老人们进行零距离接触，以收集故事题材。通过努力，作家们终于创作出了 63 篇以"非转向长期囚"的生活、斗争为题材的长篇小说，成为第五届中长篇文学作品创作大赛中最重要的一部分。

从作品在文坛上的地位之序，辅之以我个人的喜好，笔者选择了几篇代表作向大家做个简单介绍。曾写过《历史长河》的郑基钟先生创作出长篇小说《星星的世界》，另外，曾担任过"4·15"文学创作团团长一职的金正所创作了长篇小说《自由》。还有一部长篇小说《暴风中扬大帆》是由《黄真伊》的作者洪锡中先生所写，是以朴八阳先生的儿子朴文载老人为原型的。朴八阳先生在中国延边地区也生活过很长一段时间，时任《满鲜日报》报社局长期间曾帮助金珠玉先生、崔河宗先生等人发表过不少作品。朴八阳先生父子起初并不知道对方身在何处，后来朴文载入狱后听到监狱有关人员提起后才知道自己的父亲生活在朝鲜，朴八阳先生也偶知自己的儿子身在韩国。除《暴风中扬大帆》《拥抱》等比较优秀的作品之外，也有一些作品是令原型人物们不太满意的。总之，这63篇以"非转向长期囚"为原型的长篇小说占据了第五届"百篇"中长篇文学作品创作大赛中的主要部分，大赛也因此得以顺利落幕。

说到"6·15"统一时代，我们整个半岛、整个民族的文学家们都有一种条件反射，自然地联想到"6·15"统一文学时代。要想在"6·15"统一时代创造一个全民族齐心协力推进祖国统一的局面，文学家们必须发挥领头作用。从2004年开始，时任韩国民族文学作家会议总事务长的金亨秀、祖国统一委员长高银、祖国统一委员会副委员长郑都尚都频频与朝鲜作家同盟展开业务往来，提出尽快结成囊括整个民族的作家组织并每年相聚开会。当时，还计划朝鲜、韩国及以延边地区作家为主的其他地区作家一同到中国延边地区踏访抗日革命遗址，取材并写作。如果没有发生那件切断南北之间一切交流与协作的憾事，我想一切已经实现。

"6·15"统一文学时代在最近几年共和国的文学运动中占据着举足轻重的地位。

南北双方原定于2004年7月在平壤举办"第一届民族作家大会"。2004年7月8日是伟大首领逝世10周年的日子，有消息传韩国已派吊唁代表团访朝，但中途受阻返程。朝鲜的作家同盟中央委员会就此事向韩方相关负责人提出抗议，宣布将无限期推迟旨在实践《6·15共同宣言》的民族作家大会。此次大会在推迟一年以后，于2005年7月在平壤人民文化宫的圆桌会议室召开，共有250余名作家出席会议。这是继1946年朝鲜作家李箕永先生和韩雪野先生前往首尔与韩国作家有过短暂接触以来时隔近60年的历史性重逢。

本次大会通过了共同宣言，决定设立由朝鲜、韩国及其他地区民族作家构成的共同组织，组织名为"'6·15'民族文学人协会"，旨在实践《6·15共同宣言》。设朝鲜、韩国、其他地区三个本部，并设立共同主席团，共同主席团由朝鲜、韩国、其他地区各5名，共由15名成员构成，每年进行一次会长选举。本人也荣幸地被选为 15 名主席团成员之一。统一文学运动在如此蓬勃发展之时为何会突然停滞不前，想必各位都很清楚，南北之间的关系目前处于冰冻状态。大会第二天，朝鲜和韩国就各自设立了本部，2007 年 9 月 31 日，南北作家齐聚金刚山，探讨设立其他地区本部的相关事宜。我们民族的作家散居在澳大利亚、美国、中国、日本等地，从这些作家中经讨论选出 5 名主席团成员着实很难。"6·15" 民族文学人协会的正式成立宣言不得不一拖再拖。后经研究讨论，南北作家们决定暂且推迟设立其他地区本部，让其他地区有条件参与的作家率先参与进来。目前，其他地区本部也已设立成功，由美国洛杉矶的诗人李世强担任本部会长，但由于"6·15" 民族文学人协会目前处于有名无实的境地，其他地区本部也便无法发挥任何作用。总之，金刚山之行促就了"6·15" 民族文学人协会，通过了协会纲领和规定。

统一文学运动发展势头迅猛，协会随即决定发行协会刊物《统一文学》杂志。其实，《统一文学》杂志在很多年前就已经在平壤出现，下面简单介绍一下决定发行《统一文学》杂志的契机。1984 年，前面提到的"非转向长期囚"崔河宗先生的中学好友崔荣化先生任朝鲜文学艺术总同盟中央委员会副委员长兼作家同盟中央委员会副委员长时，曾与吴勇载先生等人一同前往板门店欲与自由实践文人协会的韩方代表会面。但由于韩方代表到达坡州后因故打道回府，会面被迫取消。朝方曾为这场会面在媒体上公开向韩方发出邀请，当会面泡汤后，朝鲜再一次宣布：既相见如此不易，就让我们相聚纸面，《统一文学》杂志也因此诞生。尽管在此之前有过祖国统一泛民族联合、祖国统一泛民族青年学生联合等多个全民族的组织，但"6·15" 民族文学人协会是第一个拥有组织刊物的，因此这一杂志地位非凡。"6·15" 统一时代到来后，《统一文学》杂志决定不再沿用之前朝鲜单方面搜集并刊登韩国作家或者其他地区作家的作品的模式，而是朝鲜、韩国、其他地区共同搜集各自地区的作品后聚集一处，经讨论、筛选后决定。朝鲜、韩国以及其他地区的作家们不顾旅途艰辛，坚持办到了第三期，但第三期印刷完毕后却无法发行了。至此，"6·15" 统一文学时代被笼罩在一片阴霾之中。

目前，朝鲜的文坛中最受重视的口号是"坚持 20 世纪 70 年代的创作方式和斗争作风"。为何要反复强调这一问题，我想经历过那个年代的人肯定不言自明。20 世纪 70 年代是朝鲜文学艺术的一大鼎盛期。敬爱的金正日将军在党中央委员会指导工作期间，亲自指导了 5 大革命歌剧、5 大革命话剧的创作。此外，在电影艺术方面也收获巨大成绩，在作品数量上频创新高。尽管 20 世纪 70 年代活跃于文坛的大多数人都已不在了，但当时的创作方式和斗争作风足以引起后人深思。秉承这一精神，朝鲜文学艺术于 2010 年创出了喜人的成绩，翻译并改编了柴可夫斯基的《叶甫盖尼·奥涅金》，此次翻译工作由作家同盟的作家们负责。歌剧《叶甫盖尼·奥涅金》在平壤金元均音乐大学上演，由俄罗斯著名作曲家兼指挥家担任指挥并进行指导。平壤音乐大学的年轻学生们也充分发挥出了毫不逊色于专业演员的极高艺术才能，圆满完成了难度颇大的外国古典歌剧的创作课题。另外，朝鲜国立话剧团重新排演了中国话剧《霓虹灯下的哨兵》，朝鲜血海歌剧团排演的歌剧《红楼梦》更是来华演出，受到热烈欢迎。歌剧《红楼梦》由赵灵出先生作词，李冕相先生作曲，这一版本是继 20 世纪 60 年代以后的第二次创作。伟大的金正日将军每次看到歌剧《红楼梦》的时候，都会怀念赵灵出先生及李冕相先生，希望我们的年轻作家能够向他们学习而有所作为。另外，为迎接中国人民志愿军入朝参战 60 周年，血海歌剧团改编了以中国民间传说故事"梁山伯与祝英台"为原型的歌剧《梁山伯与祝英台》，受到了热烈欢迎。演出当天，中国驻清津总领事馆有关人士及众多华侨也前来观看。作家同盟中央委员会的诗人们也参与了剧本的润色等工作，中国文化部也派了文学考察团前来，提供了演员服装等多方面帮助。我想歌剧《梁山伯与祝英台》的中国巡回演出也指日可待。

最近，伟大的金正日将军下达指示，把金日成综合大学的主楼改为电子图书馆，并将亲笔题写"立足国内，放眼世界"的字句刻在墙上。为透彻理解这句话的内涵并把它运用到文学创作实践中，朝鲜文学界进行了多番揣摩。立足国内，就是要我们的创作活动符合主体思想、符合国情；放眼世界，就是作为世界的一分子，必将走向世界。朝鲜文学界高举这一旗帜，投入到创作战斗中。另外，曾在 20 世纪 80 年代初以一篇抒情诗《母亲》震惊文坛的诗人金哲先生于 2009 年 4 月 2 日去世。这位诗人在朝鲜孤身一人，只有一个女儿在沙里院市当作家，兄弟姐妹们都生活在韩国。他患了癌症以后，得到国家资助来到中国治疗，可惜病情已发展到了晚期，最终不治身亡。他得知自己将不久于人世后便回到朝鲜，致信金正日将军并献上诗歌。将军得知金哲去世以后，说道："我们失去了一位优秀的诗人。他去治病之前写的信曾在媒体上公开过，回来后写的那些信我也都看过了。不知将来文坛能否出现能与他比肩的诗人。"将军过去也曾评价诗人金哲为"第二个赵基天"。① 金哲曾在 20 世纪 80 年代获得过"金日成奖",其艺术才能、创作个性以及个人魅力异乎寻常。正因为如此,伟大的金正日将军才对他的去世表现得极为惋惜。我演讲的内容到此为止,祝各位生活愉快、学业有成。谢谢!

现场提问:

您好!您在演讲中多次提到朝鲜作家们在进行文学创作时抱有一种使命感,那就是要让作品反映红旗精神和革命精神。您同时也提到,金正日将军要求在进行文学创作时避免雷同化、形式化、重复化。那么作家们以同一个主题创作作品时如何避免重复雷同,保持自己的个性呢?

周进成:

人自出生之始,就是一个独一无二的个体,每一个作家都拥有自己独有的个性。因此,我认为一个作家的创作活动本身具有独创性,而非重复的。在社会主义现实题材的文学作品中出现雷同化、形式化、重复化的行为,应该在伦理道德范畴内进行批判。虽然我们也在尽力,但仍然不能完全保证杜绝这样的现象。我们极力反对形式化、雷同化,并不代表我们完全不存在这些问题。不管是过去、现在,还是将来,我们都致力于追求作家的创作个性与独创性。

学生:

您好!我有两个问题。首先,朝鲜解放后至今,我们应如何从文学层面进行时代划分。其次是,我们延边虽然与朝鲜相邻,但了解朝鲜文学的机会却并不多,尽管学校的图书馆里也有一些藏书,但我们无法判断这些书籍在朝鲜文坛的地位如何。那么,从关心同胞的角度出发,朝鲜作家同盟对此有何想法?

---

① 赵基天(1813~1851 年),朝鲜著名民族诗人,代表作有《图们江》《土地之歌》《叫敌人死亡》《朝鲜在战斗》等。

周进成：

首先我来回答第一个问题。金哲的抒情诗《母亲》创作于 1979 年，同一时期还有金相吾诗人的抒情诗《我的祖国》。这两首诗的地位非常重要，至今经常在各类考试中出现。解放后，朝鲜文学同盟正式成立的时间是 1947 年 10 月 13 日，尽管在此前的 1946 年已出现了朝鲜艺术家联盟，但朝鲜文学同盟是朝鲜第一个作家同盟。因此，解放后到朝鲜文学同盟成立期间可以看作一个阶段。

诗人金在旭的诗歌、朝鲜文学同盟成立后赵基天写的长篇叙事诗《长白山》等作品纷纷高歌祖国解放的喜悦与感动，这也代表着这一时期文学作品的主旋律。朝鲜文学同盟成立后，开始有组织地管理作家。李箕永先生创作长篇小说《土地》的时候，到农村搭起一个帐篷，在帐篷中写作。伟大的金正日将军几年前对作家们进行批评教育时曾提道："现在的作品中只有水泥味，一点泥土的气息都闻不见，李箕永先生曾经为写出《土地》，不惜到农村搭个帐篷生活，我们的作家要学习这种精神。"文学同盟的统筹调控职能在此时发挥其作用，使得作家们能够有计划地去农村或其他地方深入体验生活。

另外，文学同盟还有其他职能，为作家们提高写作实力，提出一些文学运动中需要解决的问题，为作家们的创作活动指明方向等，比如，如果有的人作品过度偏向于艺术至上主义时，文学同盟就会敲响警钟，遏制这种错误的倾向。但文学同盟不会给作家们下达统一的写作题材并收集作品。文学同盟创立以后，作家们开始创作大量反映朝鲜新民主建设中人民斗争与生活的作品。代表作有赵基天的《长白山》，这首《长白山》在创作并发表的过程中出现过一些插曲，其原因在于朝鲜文学运动当时还不够组织化、体系化。当时赵基天先生在朝鲜新闻社工作，朝鲜新闻社是由苏联军指挥部控制的报纸媒体。

几天后，赵基天在《劳动报》刊登了一篇关于长篇小说《长白山》的书评，名为《朝鲜文坛的新曙光》。从这一过程可以看出之前松散的创作及文学运动逐渐向有组织的方向发展。包括解放前卡普①作家时期，国内的作家之中仍然残留一些日本统治时期遗留下来的落后思想残渣。新时期，这种嫉妒、仇

---

① "卡普"（KAPF），朝鲜无产阶级艺术同盟的简称。"朝鲜卡普小说"是朝鲜现代小说创作的一种倾向，由"焰群社"等进步文学团体发展而来，以小说和诗歌创作的成就为大。在文学上反对自然主义、唯美主义和颓废主义。优秀作品如赵明熙的短篇小说《洛东江》，李箕永的短篇小说《元甫》《造纸厂村》和长篇小说《故乡》等。

视别人的旧思想残渣必须清除。就这样，那些旧思想变成作家们的斗争对象，在文学领域兴起一场取缔旧思想的"清洗运动"，其中的代表作有李箕永的长篇小说《土地》及其他的一些诗歌作品。

解放后到 1951 年期间的文学作品，虽然也出现了不少小说作品，但主要还是以诗歌为主，诗歌领域的较量在这一时期占重要地位。赵基天先生也在这一时期创作了大量作品。战争时期，作家们率先从军，他们拿着身份证，身穿军装，手持短枪奔赴战场，在战争中失去了与一些作家的联系，等再次联系上已是多年之后。当时军旅作家们的作品在文坛占据主流地位，他们的作品皆真实地反映了庄严的战场。

在决战的道路上，赵基天先生写下了诗歌《我的高地》《飞机猎手》，此外还有一篇歌谣《泉水边》，讲述了一个在战前严酷的环境中生存的十八岁短发少女的故事，引导这一时期的十八岁少女走上一条正确的道路。类似的歌曲还有《战壕中的我的歌》《汽车司机的歌》等。

随后，赵基天的诗歌《这一群人中》《三赤山上满山春》《眼见南海》也相继问世。当时的文学作品都带有鲜明的时代特征，虽然也有反映抗日战争时期的以历史为题材的作品，但大体上还是以反映现实生活的文学作品为主。战后重建时期的作品带有深刻的时代烙印，1959 年到 60 年代中期，"跨时代千里马运动"时期的作品亦是如此。这一时期的主要作品有《炉火飞扬》《在考验中》[①] 等。

20 世纪 70 年代，朝鲜国内掀起了一场名为"现代革命红旗争优运动"的无产阶级运动。这是一场在资产阶级文化的所有领域进行新改革的运动，反映这一时期特征的作品有长篇小说《劳工之城》。而后问世的《平壤时刻》等作品均创作于战后重建时期，这一时期的平壤呈现出为郡内每家每户重建家园的忙碌景象，14 个郡的家园重建工程一次性完成。现在这些房屋已经逐渐消失不见了，但在当时，战后的平壤市民都生活在防空洞，因此国家急于让他们搬离防空洞，故有此一举，且形成了所谓"七千大军"的盛况，指的是在平壤地区安家落户的七千户人家，最后逐渐发展成两万户居民。反映当时平壤的重建速度和盛况的长篇小说就是《平壤时刻》。可以说，这部小说包含了战后重建时期的时代性特征。

---

① 尹世重：《在考验中》，吉文涛译，上海译文出版社，1981。

学生：

您好，我是延边大学比较文学专业的新生，我叫金兰。教授今天的精彩演讲在让我受益匪浅的同时，又心生疑问。在中国，很多以历史人物为原型的文学著作，在新时期得到了不同于往日的新评价。我想问教授，朝鲜是否也在对那些已有的文学作品进行新时代新评价。如果有，是以什么为主要标准进行评价？

周进成：

在回答这一问题之前，我想说明一点，那就是在朝鲜，我们专门有一套评价作品的原则性要求。比如说蔡万植或李光洙这样的作家，他们虽然在后期转为亲日派，但作家与作品不能一概而论，从这一原则出发，我们还是会对他们作品中有利于促进民族文学发展的部分进行保留。至今我们的图书馆仍保留着这两位作家的作品，还重新印刷了十部。这是朝鲜对作家与作品问题的一贯主张。你刚才问到的是关于对已有著作主人公重新进行评价的问题，是吗？

学生：

在中国，《三国演义》《金瓶梅》等著作中的历史人物都被重释。我想知道朝鲜是否也在试图对以往的著作进行新的评价。

周进成：

据我所知，不仅在中国，韩国也在对一些古典名著进行重释。然而，朝鲜目前还没有做这样的尝试。自解放后到现在，摆脱日本殖民统治的这半个多世纪以来，我们创作了大量的围绕历史事件、历史人物或一些史料记载的作品。尽管出版前经过了多次修改和审稿，但时隔数十年后拿出来一看，还是发现有很多不妥之处。在朝鲜，评价一部以历史人物为原型的作品时，要遵守"既坚持其历史性，又体现其现代性"的原则。

这也是我们经常碰到的一些问题，但自始至终，它还没有形成一种趋势。

主持人：

由于时间关系，提问到此结束。本次卧龙学术讲坛到此结束。谢谢大家。

第十讲

东亚历史问题共同研究的思考

步　平

作者简介：

学　历：哈尔滨师范大学历史系学士

　　　　黑龙江省社会科学院历史研究所硕士

历　任：黑龙江省社会科学院副院长

　　　　中国社会科学院近代史研究所所长、党委书记

研究方向一：中俄关系

主要研究成果：《东北国际约章汇释》（专著，1987）

　　　　　　　《中俄东部边界西段的勘定》（论文，1988）

　　　　　　　《沙俄侵略黑龙江流域编年》（专著，1991）

研究方向二：中日关系

主要研究成果：《中国东北沦陷史十四年史纲要》（专著，1991）

　　　　　　　《日本侵华战争中的化学武器》（专著，1995）

　　　　　　　《苦难与斗争的十四年》（专著，1995）

　　　　　　　《关于"大东亚战争史观"》（论文，1997）

　　　　　　　《关于"自由主义史观"》（论文，1998）

　　　　　　　《日本的化学战》（专著，1998）

　　　　　　　《慰安妇问题与日本的战争责任认识》（2000）

　　　　　　　《中、日、韩三国东亚近现代史》（2005）

　　　　　　　《第二次世界大战期间日本的化学战》（专著，2004）

　　　　　　　《日本的靖国神社》（2005）

　　　　　　　《东亚三国的近现代史》（合著，2005）

《毒气战》（专著，2005）

《日本右翼思想研究》（专著，2005）

《阴魂萦绕的祭场——靖国神社与日本的军国主义》

研究方向三：东北对外关系史

主要研究成果：《东北近百年史讲话》（专著，1984）

《近代东北边疆特点初探》（论文，1989）

《黑龙江百科全书》（历史编，1991）

研究方向四：其他方面

主要研究成果：《试论李大钊的民主思想》（论文，1979）

《关于史学功能的超越性》（论文，《史学理论》，1987）

序　言

我这些年从事和日本学者的共同研究比较多，但也和韩国的学者进行了中日韩三国的共同交流。所以我想把自己这些年来三个国家的学者，有的时候也可能是中日两国学者之间的学术交流的体会向大家做一介绍。为什么要做这样的介绍呢？我想也很简单，因为大家都知道我们现在的整个国家实力在突飞猛进的发展，我们从过去一个在亚洲、在世界上很弱的国家成为当今的一个大国，当然我们的目标是成为一个强国，但是我们在这样一个过程中，在成为大国和强国的这种情况下，我们的心态，我们学术研究的方式是不是也得有一个相应的变化呢？我想跟大家谈一下这方面的体会。

谈问题之前我想首先做一个说明，大家可以看一看，图1这些书实际上是这些年来我们东亚的一些国家的学者们共同研究的一些成果，这些成果可能有的从名字上看不出来，比如说《跨越国境的历史认识》，这本书是由中日两国学者共同编写的，这本书可以概括我今天演讲的主题，就是说希望我们的历史认识能够跨越国境。将来，我们可能很多同学会从事或进行"跨越国境"的经济、政治、文化等方面的活动与交流。那么，我们的认识能否也有一个跨越国境的背景，我觉得也是非常有必要的。特别是刚才谈到了这些年来我们有了一些尝试或一定的努力。就是中日韩三国的学者，主要是从事历史学研究的学者在进行的一个努力。这个就是在2005年出版的中日韩三国学者共同编写的

图1

东亚的近现代史，三本书样式不同，开本也不大一样，但是出版时间和内容却是完全一样，这是因为三国学者共同编写在三国同时出版的。其实，这本书严格来讲，从学术研究的角度上说还有很多问题。众所周知，东亚三国在历史问题上争论比较多，但是三个国家的学者们能够坐在一起共同编写出来这样一本著作，应当说还是很有意义的，所以在国际上也有很大的影响。

这本书在 2005 年出版之后，我们觉得还有许多方面要做。从 2006 年开始，我们继续编写这本书的第二部，第二部会在第一部的基础上进行更深入的研究。第二部分两册，上册主要介绍东亚三国近代国际关系的变化，下册分专题介绍，如东亚各国宪法发展的道路、东亚三国间的人员流动、东亚三国间的铁路建设、东亚三国间的文化建设等。通过这些我们不仅要让读者了解到自己是中国人、韩国人或日本人，我们同时还是亚洲人。我们亚洲人会有一些共同的历史、共同的经历，当然这些经历有时候立场和角度并不一致，但我们还有一个共同的未来——未来的目标。

除了学术间的研究之外，大家都知道中日、日韩之间曾经因历史问题长时间影响到国家关系，因此在中日之间有一个政府间的历史学者对话机制，叫中日共同历史研究，日本和韩国之间也有这样一个研究机制，叫日韩共同历史研究。我有幸成为中日共同历史研究的中方首席委员，日方首席委员是日本东京大学的教授北冈伸一，这个工作从 2006 年 12 月开始，第一阶段已经结束，提出了一个研究报告。我们在这次工作中具体研究哪些问题呢？我们主要研究的题目（见图 2）有古代研究，一共分三章，每章两个问题，加上总论共七个问题，近代问题争论较多，一共九个问题，加起来共十六个问题。针对这些问题中日学者要各发表一篇研究报告，共三十二篇。

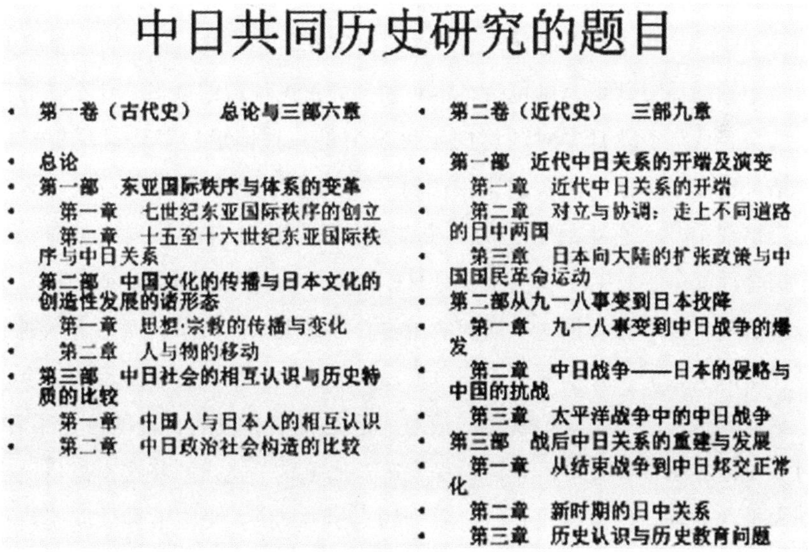

中日共同历史研究的题目

- 第一卷（古代史）　总论与三部六章
- 总论
- 第一部　东亚国际秩序与体系的变革
- 　第一章　七世纪东亚国际秩序的创立
- 　第二章　十五至十六世纪东亚国际秩序与中日关系
- 第二部　中国文化的传播与日本文化的创造性发展的诸形态
- 　第一章　思想·宗教的传播与变化
- 　第二章　人与物的移动
- 第三部　中日社会的相互认识与历史特质的比较
- 　第一章　中国人与日本人的相互认识
- 　第二章　中日政治社会构造的比较

- 第二卷（近代史）　三部九章
- 第一部　近代中日关系的开端及演变
- 　第一章　近代中日关系的开端
- 　第二章　对立与协调：走上不同道路的日中两国
- 　第三章　日本向大陆的扩张政策与中国国民革命运动
- 第二部从九一八事变到日本投降
- 　第一章　九一八事变到中日战争的爆发
- 　第二章　中日战争——日本的侵略与中国的抗战
- 　第三章　太平洋战争中的中日战争
- 第三部　战后中日关系的重建与发展
- 　第一章　从结束战争到中日邦交正常化
- 　第二章　新时期的日中关系
- 　第三章　历史认识与历史教育问题

图 2

从这些报告中我们可以发现双方在历史问题上的共性和差异，这样我们才可以去讨论，才可以了解我们争论的问题点。这几年到韩国去，我发现韩国的社会理论非常关注日韩之间的历史研究，2010 年正好是日本吞并朝鲜半岛 100 周年，因此韩国有很多的活动，我也有幸参加了一些在韩国的纪念活动，我收到了韩国记者的一个调查问卷，调查问卷中的大部分题目都是和日韩的历史有关，其实我们中日、中韩之间围绕历史问题的争论还是很多的，这是影响国家间关系的一个很重要的问题，所以，我说我们在历史方面的努力应当说还是有效果的，为什么这么说呢？

一　东亚国际关系中的历史问题因素

从 20 世纪 70 年代中日邦交正常化、日韩关系正常化之后，一直到现在，国家关系发展的几个低潮期，如 1982 年、1995 年、2005 年都是由于两国间历史问题而导致的。也就说历史问题在很大程度上影响着两国关系，所以历史问题的研究、解决是比较重要的。我重点谈一谈近年来影响国家间关系的重要问题是什么？以中日关系为主要切入点。第一个，1982 年中日关系进入低潮，原因是 20 世纪 80 年代中期日本的一些政治家发表了一些言论，直接涉及日本对侵略中国的历史认识，也包括日本对朝鲜的殖民统治的认识。什么样的认识呢？就是否认。否认日本对朝鲜的殖民统治是一种倒退，否认对华侵略的性质，结果造成了国家间关系的紧张。到了 90 年代，又是同样的情况，当时日本社会出现了"大东亚战争"的历史观的抬头。1931 年中国局部战争，1937 年中国全面战争，这对于我们来说是日本侵略中国的一段历史。那么日本史怎样看待的呢？日本社会把这一期间的历史看成是大东亚战争，所谓大东亚战争不是侵略战争，而是日本领导亚洲争取民族解放的战争。特别是珍珠港事件之后，更强调这一战争是对抗欧美的战争。但是日本战败后，美国占领了日本，当时在美国控制下，日本不允许再提大东亚战争这一概念，将这次战争明确为亚洲太平洋战争。但是冷战开始之后（50 年代中期），美国不再采取制裁日本的政策，希望日本成为自己的盟友，希望在亚洲有一个军事力量的辅助，也就是我们说的不沉的航空母舰，那就是日本。美国为扶持日本，就纵容了日本国内否认侵略的力量，所以冷战开始后日本的大东亚战争观开始抬头，20 世纪 90 年代出版的《大东亚战争的总结》是这一观念的典型。这一认识还影响了当时的日本历史教科书，所以又出现了日本历史教科书问题，使得中日关系又走向了一个低谷。进入 21 世纪以来，日本首相小泉纯一郎几次参拜靖国神社，这导致中日关系特别紧张，特别是 2005 年和 2006 年 8 月 15 日参拜靖国神社，刺激了中国人和韩国人。所以由于靖国神社问题的出现，中日关系、日韩关系在 2005 年再次降到冰点。每次国家间关系的紧张都是由历史问题、战争问题导致的。历史问题是造成东亚国际关系紧张的重要原因。日本关于韩国的殖民统治怎么认识？对中国的侵略怎么认识？可能这是一个很大的问题，为什么会出现这些历史问题呢？

见图3，日本2001年到2009年的GDP经济增长率基本是平的，下面这条线反映的是中国2001年到2009年的GDP经济增长情况。2010年年底，中国GDP超过日本，成为世界第二大经济实体。但冷静分析一下，中国GDP的人均情况与日本相比，差距仍很大。按照GDP人均相比，我们没有什么可骄傲的，但中国经济的发展速度确实给周边国家带来了一定的压力，给日本人带来了一些紧张感。这一紧张感也促使我们思考一下，我们是盲目骄傲乐观呢，还是需要冷静一下呢？第二，我们还得想一想，我们这样高速度的发展给对方造成压力的情况下，我们自身对于自己的发展是否应该有一个更冷静的思考，或者我们应怎样保持适应我们这一高速发展的状态呢？

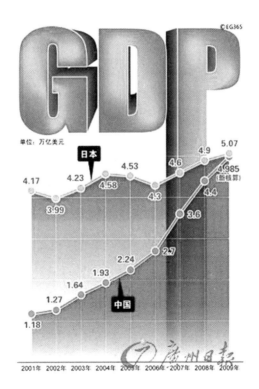

图3

二　东亚历史问题的对话空间——三层面问题的相互交错

我们三国应该在哪一层面上对话？在谈到历史问题的时候，我们是站在哪个层面上谈呢？我认为在历史问题的对话上是在三个层面上来谈的，它们分别为政治层面（如我们和日本谈话，承不承认侵略。我们和韩国对话，讨论边境问题、领土问题）、学术层面和感情层面。历史和学术问题不完全一样，有些人对政治不清楚，对学术也没有充分了解，但还有一个感情层面，自己的成长经历。我们在谈论历史问题的时候，这三个层面往往是交织在一起的，这三个圆（见图4）既不是完全分开、各自独立的，也不是完全重合的。所以我们在谈历史问题时，得想一想是这一图形中的哪一部分？当你不把它们分得很清楚，谈到中间黑的那部分时，恐怕是各方面的问题都会有的。这样，有时候我们就无法分清楚问题的重点。我认为，学术层面要为另两个层面提供重要的学术根据，如果学术研究不充分、不清晰，政治层面容易受到各方面的影响，就会出现混乱。所以要将这三个层面分开来研究。

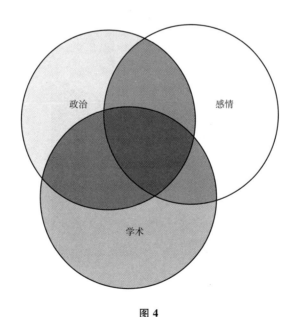

图4

1. 政治层面：关于侵略战争的性质判断

中日两国主要是侵略与被侵略问题，在这一问题上，日本战后有没有问题呢？应当说有问题，比如有些日本政治家不承认侵略，有些日本政治家不恰当的言论等，但这不是这一问题的全部。其实日本战后有过很深刻的战争反省、思想冲击，否则我们中日邦交不会走到今天。比如日本学者丸山真男，他认为日本知识分子应该是一个悔恨的共同体。因为在战争期间日本绝大多数知识分子都支持日本政府的战争政策，有的知识分子开始不支持，后来慢慢地转向全面支持政府的战争政策，但是1945年日本战败，这些人又意识到我们不应该这么做啊，我们这么支持导致国家走到了崩溃的边缘。所以他认为日本的知识分子应该反省，但是这些知识分子反省的程度不同。多数人反省，认为我们不应该支持政府的战争政策，其中有一部分认为，我们不仅不应当支持，还应该理解我们带给亚洲人民的灾难。这主要是因为日本战后建立的和平宪法第九条规定：日本国民真诚地祈求以正义和秩序为基础的国际和平，作为解决国际争端的手段永远放弃国权发动的战争、武力威胁或武力行使。为了实现前款的目的，不保持陆海空军及其他战争力量。不承认国家的交战权。这说明日本国民确实认识到战争对日本的确是一个灾难，应当抑制战争。当然，也有一些日本右翼分子鼓动修改和平宪法，认为这对于日本是一种束缚。可见日本社会的复杂性。日本对韩国的殖民统治的认识，也同样存在这样的问题。究其原因，一些日本的政治家战后在思想上没有发生变化，他们的一些言行使得日本战后的和平努力大打折扣。我想这是政治层面的。

2. 感情层面：东亚民众不对称的历史体验

感情层面多发生在民众之间。侵华战争、对朝鲜半岛的殖民统治，给三国国民带来了什么样的战争体验呢？从民众的层面看，对战争的理解往往都是从被害者的层面看待。我曾经进行过针对三国学生对战争体验的问卷调查，分别请三国学生谈一谈对当年战争的第一感受。中国学生首先想到的概念是南京大屠杀、七三一细菌部队和"三光"作战。日本学生回答的是原子弹爆炸、东京大空袭和冲绳作战。韩国学生的回答是殖民地支配、从军慰安妇和创氏改名。我觉得他们的这些认识都是有道理的，都是事实。但是三国学生都根据自己知道的事实去讨论，可能会出现争吵。但是我们还发现，当在共同学习之后，大家都有了一个共同的认识、共同的了解。我通过在日本的交流，发现向大家讲授历史的真实情况也是非常必要的。

3. 学术层面：研究方法的差异

学术研究我们需要考虑的问题就比较多，接下来我谈一下在东亚地区历史问题上需要研究和思考的学术问题。我们知道中日韩三国是近邻，我们之间存在差异，也存在共同的地方。我们那些共同的地方能不能促使我们去共同努力？我们先谈一下近代之前的东亚朝贡体系，中国学者往往强调朝贡体系的积极成分，韩国学者往往强调朝贡体系的不合理成分，可见同一个问题在不同国家学者之间的体验是不一样的。又比如中日两国被打开国门后，走过的不同道路，对很多问题的认识（如民族主义）也不同，对问题的判断也不一样。又比如在文化交流上，中国很多的名词（如法律）是从日本舶来的。在抗日战争问题上，日本不认为1931年"九一八"事变中国进入了战争阶段，他们认为1937年卢沟桥事变才是中日战争的开始，1941年珍珠港袭击发生后，日本则认为是日本和欧美之间的战争，苏联对日作战后，日本则认为苏联是未遵守条约而侵略日本。所以说，中日两国之间对战争的认识存在差异。在教育方面，两国也存在很多差异。在日本世界史教科书里，中国古代历史人名出现了135个，近代出现了36个；在日本史中，涉及的中国古代人名22个，近代11个，可见日本历史教科书对中国古代介绍得多，近代介绍得少。中国正相反，日本是厚古薄今，中国则对近代史了解得更多。因此，三国学生在交流过程中存在很多障碍。三国学者在交流之中对很多问题也存在关注点的差异。历史能否共有？需要我们认识历史和超越历史。

在欧洲有过这样的尝试，德国和法国2006年共同编写了历史教科书。所以2007年德国举办了共同编写教科书的会议。德国学者认为，亚洲与欧洲相比有更多的共同点，应该有更多的合作。

4. 不同层面问题的交叉中学术研究的意义

下面分析两个具体问题。第一个问题，靖国神社问题。为什么不应该参拜靖国神社？靖国神社是什么？靖国神社是日本神道教的宗教朝舍，在日本有八万多座，而靖国神社只有一个，明治维新后才建立起来的，用以祭祀为天皇效忠而死的军人，目的是巩固日本天皇的地位。战争中的靖国神社是军国主义教育的机构，但战后，靖国神社脱离了政府的管理。1974年，靖国神社参拜法

案出台后，1978 年甲级战犯牌位被放在靖
国神社里。靖国神社现在仍是日本右翼分
子活动的场所。右派做了很多的努力，特
别是到了60 年代，日本的右派鼓动日本的
保守政党自民党向国会提出了一个议案，
要求国家管理靖国神社。从 1967 年开始，
这一法案在国会上共提了 6 次，6 次都被
国会否决了。所以大家看图 5 的图像，这
个人叫藤苇正行，是当时的文部省大臣。
他就提出了另外一个方案，叫迂回策略，
即不用国家管理了，因为他觉得让国家管
理很困难，所以提出了靖国神社参拜法
案，就是鼓动政治家们去参拜靖国神社。
如果大家都去参拜靖国神社，那靖国神社

图 5

不就是变相成为国家管理的了嘛。靖国神社参拜法案提出之后，就带来了另一
个问题，那就是政治家们参不参拜靖国神社，这不就有问题了。这一法案提出
的时间是 1974 年，当时靖国神社里还没有甲级战犯。甲级战犯的牌位是在
1978 年才被秘密放在靖国神社里的，所以我们提出政治家不能参拜靖国神社
是对的，但是我们有时候提的理由并不十分正确。我们只说你供奉甲级战犯是
不对的，那么右派就会提出理由来说当时没有供奉甲级战犯，我们参拜对不对
啊。从这一点上可以看出，我们一定要对具体的问题有一个充分的分析、了
解，才能够去下结论。那么实际上作为首相去参拜靖国神社，情况也不一样。
日本战后作为首相去参拜的有 14 个人，作为首相没有去参拜的还有 18 人。所
以也并不是说首相一定要去参拜靖国神社。

当然，靖国神社本身问题还是存在的。靖国神社现在仍然是日本右翼势力
活动的一个场所。日本右翼的宣传车经常在这里活动，展示武器，弘扬战争时
日本军人的精神。比如图片中出现的潜水艇，这是日本 1942 年发明的回天潜
水艇。这些图片用很大的篇幅介绍日本军人的献身精神，可以说他们的立场没
有变化，但是他们的立场并不是日本政府的立场，在日本也有很多人反对参拜
靖国神社。

第二个问题，日本的历史教科书问题。我们也需要将该问题与战前联系起来。战前，日本的教科书可以说贯穿了军国主义思想。日本战败后，日本教科书有了一定的改善，但是右翼分子又编写了新日本历史教科书。2001 年，日本扶桑社出版的新日本历史教科书占日本各出版社中学历史教科书的 3.9%。所以说有清晰的认识才有助于对话。

总之，我们应该有一个跨越国境的历史认识。首先，政治层面、感情层面和学术层面的历史认识需要分开来，其中学术研究这一层面很重要，我们冷静的思考、冷静的研究非常重要。其次，民众的感情需要引导，我们要注意到民众感情中的一些问题，特别是我们当代很多人没有经历过战争，我们应当注意到我们认识中的空洞。最后，我们应当扩大我们的知识面，需要互相沟通了解，了解就需要有一些资料。我们之所以要编写这样的一本教科书，就是希望在一本书里既了解自己，也能够了解对方。我们这本书虽然学术水平有待提高，但是它展现了我们不同的国家、不同的经历，这样有助于我们进行对话。我们国家现在已经成为一个大国，但是我们还需要有一种大国的心态，有一个大国的精神状态。

第十一讲

书写新的历史

——生活史

宋基豪

作者简介：

  韩国首尔大学国史学科学士、硕士、博士，首尔大学记录馆馆长、博物馆馆长。

  主要研究成果：《渤海历史》（译著，1987）、《寻觅渤海》（"满洲"、沿海州踏查记，1993）、《渤海政治史研究》（专著，1995）、《俄罗斯沿海州与渤海历史》（译著，1996）、《再看渤海》（教育书，1999 年初版、2008 年修正版）、《渤海考》（柳得恭著，译著，2000）、《东亚历史纷争》（2007）、*The Clash of Histories in East Asia*（2010）、《渤海社会文化史研究》（2011）、《生于这片土地上》"宋基豪教授的我国历史阅读一"（2009）、《女嫁男婚》"宋基豪教授的我国历史阅读二"（2009）、《乘马带侍从》"宋基豪教授的我国历史阅读三"（2009）。

宋基豪：

本人的主要研究方向是渤海史，但是通过多年的研究工作后发现，古代史研究方面史料匮乏，所以今后只进行渤海史的研究工作就显得尤为困难；另外，本人在很久以前就开始对生活史怀有浓厚的兴趣。最近，本人在研究渤海史的同时，对生活史方面也予以关注并进行了相关的研究，出版了关于"火坑"方面的专著。在生活史研究方面，本人以"五层世界"为题，从自然和人的层面着手编写出版了《生于这片土地》一书；从家庭和婚姻的层面编写出版了《女嫁男婚》一书；从社会和身份的层面编写出版了《乘马带侍从》一书。今后，还要从国家和制度的层面以及外交和异民族的层面上进行研究，计划出版 3~4 本著作。为了这项研究工作，本人已利用十年的时间收集、整理了韩国生活史方面的相关资料，而且还在继续。本人查阅《李朝实录》就耗费了七年的时间，基本上已整理完，在此基础上本人还每月写一篇文章。那么，为什么说是生活史呢？下面给大家讲述一下何谓生活史。

一　为什么说是生活史？

这张照片（图1）是2004年我在哈尔滨拍的，是街头理发的场面，过去在韩国也随处可以看见这种场面，在我小时候也曾见过，但现在只能到理发店才能理发，再也见不到这种场景了。

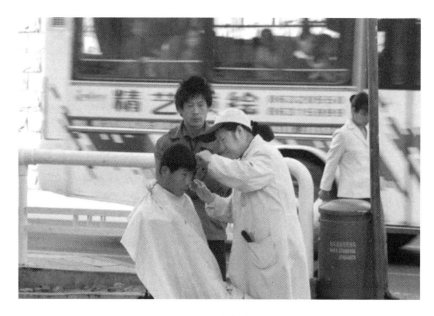

图1　哈尔滨

我第一次来延边是1990年，时间已经过去了21年，当今的延边与那时的情景相比，变化相当大。首先，过去延边朝鲜族播音员的口音类似于朝鲜，但现今已完全变为韩国首尔口音，变化颇大。过去，我在这里旅行时留下了三个方面的回忆，即古代史、朝鲜族、寻觅已失感。

1. 在中国东北地区的经历

（1）三个旅行回忆

我在中国东北地区包括延边地区旅行时留有三个印象。这里有古代遗迹，包括高句丽和渤海遗迹，因此我在这一地区的旅行相当于穿行在一千五百年的历史中。还有，这一地区过去是朝鲜族生活的地区，而且是民族独立运动、抗日运动时期的历史现场，如尹东柱、龙井地名起源于"井泉"等保留有诸多珍贵的历史人物、实地资料，这些事件的发生距今只不过是几十年而已。

另外，对我来说，进一步激发我的兴趣，而且使我更加对生活史感兴趣的原因是：当时我在延边地区目睹的生活情景是过去本人在韩国也曾亲眼见过、经历过的生活，也是在当今韩国已经消失殆尽的场面，所以本人认为在延边应该把这些活生生的生活场景拍下来，作为记录保存好。这就是过去我在旅行时留下来的三个回忆。

（2）延吉市胡同里见过的蝈蝈窝商人

1991年我第二次来延吉市，独自一人走在参花街时看见了卖蝈蝈窝的街头小商人，昨天（开卧龙学术讲坛前一天。——编者注）我给一些人看了这张照片（图2）后问这是什么，但很多人对此都不知晓。这是夏天人们用稻草编制的草窝并把蝈蝈放入其中挂在房子的某一处，听取蝈蝈悦耳的叫声。我也在小时候编制过蝈蝈窝，但当时视为常见、不起眼的日常物品，所以没有留下与此有关的图片资料。但是这种小时候亲身经历过的情景再次出现在我眼前是在延吉市的旮旯胡同里，而且那位小商人肩扛着一大捆蝈蝈窝。当时由于种种原因没有拍下照片，之后在延边和其他地区再也没有见过。这次经历再次唤起了我对过往的回忆。

图 2

（3）朝鲜族独有的风俗：女人头戴毛巾和头顶东西

韩国人本身不知道韩国民族性，韩国人自己判断不出。延边地区各民族生活在一起，生活方式也互相交融，但从我多年的经验来看，能看出朝鲜族独有的行为方式，那就是只有朝鲜族女性们才头顶洗刷物去洗衣服或搬运东西。在黑龙江省海林县哈达村时，陪同我的朝鲜族人士跟江对岸正在洗衣服的妇女们（见图3）用朝鲜语对话，本人对此颇感意外，后来问他怎么知道她们是朝鲜族，那位人士回答说：头戴毛巾的女人只有朝鲜族才有。可见，虽然朝鲜族跟其他民族共同生活，但至今仍保留着民族特性。

图3 2004年黑龙江省海林县哈达村河边洗衣服的妇女们

若说这些是属于韩国文化属性的内容，那么对这些问题的研究是属于文化学或者人类学领域的问题。但是，阐明这些传承在历史上、文献方面的内容是如何延续下来的问题是属于历史学领域的生活史范畴的。

后来，我发现李朝时期挖野菜的女人们也头戴头巾。我曾认为头戴头巾是从近代开始的，从已收集的资料来看，已在李朝时期的绘画中发现了头戴头巾的女人像，还没发现比这幅画更早的资料，历史文献中也没有相关的记载，因为这些极为日常化的习俗往往不见于文献记录。

我认为，通过这些日常生活写照寻找民族性及其历史渊源关系等的研究工作应具有某种历史意义，这一点我在走访延边和东北其他地区的过程中颇有感触。

这一张图片（图5）也是我在延吉市拍的，是卖木梳的商人形象。延边人可能对此不感兴趣，因为是习以为常的。但是来自韩国的人会说："啊！我们以前曾见过，但现在已经不复存在了。"在韩国已经见不到木制的梳子，而在延吉还留有，但不远的将来会极速消失的。从这种角度来说，大家有必要留意或寻觅将要消失的是什么？什么是具有

图4　采艾图　18世纪初

韩国属性的或者说是具有朝鲜族民族性的。如若不然，这些情景必将不留任何痕迹，成为永远失去的东西。

图5　2001年于延吉市

图6是牙医在街头治牙的情景，这种情景过去在韩国也有过，但现在已经见不到了，牙医如果在街头治牙，定要被抓的，因为是非法行医。

2. 书写新的历史

生活史仅仅以这种方法或途径寻找韩国属性才具有其意义吗？我本人认为

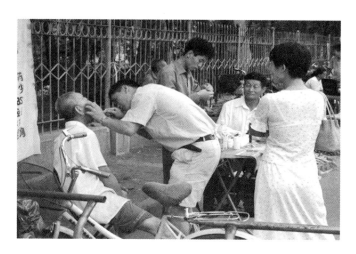

图6　2001年8月，街头牙科

应超出这种认识，把生活史的范畴稍微扩大一些。

（1）发展与变化、结构与个人

这里我们所说的概念都是历史学领域中最基本的概念。中国也好，韩国也好，所有人在历史学科领域所学的知识是：历史是发展的，撰写论文时也只专心寻找发展的一面，因为这样才算是论文。但是历史只有发展的一面吗？从历史记载来看，并不仅仅是对历史发展的记载，而关于历史变化过程的内容也非常多，但不被历史学家们作为研究对象，往往被疏忽或忘记。

（2）优劣和异同、普遍和固有

不论是中国方面的历史书，还是韩国方面的历史书，都以各自的文化为荣进行教育，所以只列举各自的优秀文化。若按此说，那么，其余的文化则没有价值吗？何况若只灌输自己的优秀文化，则可能产生蔑视对方文化的意识。但是，这并不意味着只有优秀文化具有价值，还应承认与之相异文化的存在，也就是说还要考虑"异同"的问题。

世界史有其发展规律，中国历史也好，韩国历史也好，都遵循着历史发展规律，但对普遍性而言，还有其固有性的一面，而实际上这些问题往往被疏忽或忘记了。

（3）对外抗争和和谐

例如，在韩国历史上对李舜臣、姜邯赞等对外抗争名将的评价相当高，中国历史书上同样也强调对外抗争，由此引发了爱国、卖国的话题。但问题是，21 世纪是与其他民族共存的时代，这也是全世界、全人类共同关注的大课题。如果只强调对外抗争历史，那么能否与其他民族和平共处呢？这是需要我们思考的问题。还有一点，写论文要有论理逻辑，这就需要所选的资料在逻辑上能够得到有理有据的证明，如果保持旧的这种思维模式，那些认为没有说服力或简单的历史资料往往会被排除在外。

（4）必然和偶然

但在我们周边发生的很多事情是不能只靠论理逻辑来说明的，很多事情是属于偶然的，过去的历史中也有很多这种问题，但全被排除在外了。所以，历史学虽把所有的历史资料作为研究对象，但还是只选择自己所需要的、必要的部分，那么被疏忽或者排除在外的历史部分又该如何解决？所以我认为，不仅需要现存的历史叙述方法，还有必要考虑其他的历史叙述模式。

我这里有篇韩国人写的随笔：我故乡庆尚道北部有一种特别的礼仪，其中之一就是吃饭时不能手拿饭碗。幼时无心手拿饭碗吃饭必会遭到呵斥，大人们说，那是低贱人的吃法……而日本人吃饭时会手拿饭碗，日本人认为，只有牛、狗等动物才把饭具或饭碗放着吃，所以人必须手拿饭碗吃。如此说，他们是低贱人吗？……①

在我看来，中国人也手拿饭碗吃饭，不知在座的朝鲜族人在家里吃饭时，手拿饭碗吃被训斥过没有。对韩国人来说，吃饭时必须把饭碗放在餐桌上，手拿饭碗吃则被认为是乞丐，因为乞丐是手拿饭碗并来回走着吃的；而日本人认为，放着吃的是动物，因为牛或狗才放着吃；而中国人也手拿饭碗吃。这种不同的文化不是发展，也不是优劣，是属于异同文化范畴的话题。只凭放着吃和拿着吃的吃法，不能说明哪一种是优秀的，但是按照现在的历史学框架来说，这种问题不应作为解释的对象。由此引申来说，韩国不同于中国和日本的文化并具有韩国属性的文化有哪些呢？

3. 不同于中国和日本的韩国文化

（1）传统医学和西洋医学（西医）

在如何看待传统医学和西医的问题上，中国和韩国截然不同。过去我曾因

---

① 李润基：《揭短处反而学一手》，《下来时的所见》，飞彩，2007，第 142～144 页。

饮酒过量到急诊室就医,当时出诊的医生是西医,但开的药是韩药,是西医和传统韩医的结合。而日本呢?或许一度认为日本更发达,但自从西洋医学进入日本以来,日本的传统医学消失殆尽,当今在日本国内已没有本国传统医学了。那么韩国的情况如何呢?西洋医学进入韩国以后,曾出现本土传统医学和西医互相对峙的状况,与中国两者相结合、融合的状况相比,在韩国两者是相对立的,所以在韩国韩医和西医各自独立存在,这一点是韩国文化。以现在韩国的情况来说,韩医院的医生会建议不要服西药,反之,西医会建议不要服韩药,两者互相不信任,与中国大不相同。这种不同文化的存在是因为近代以来如何接受外来文化的不同而造成的结果。

（2）缺口或裂纹餐具

中国和韩国文化上的不同,还表现在饭店用餐的餐具上。在中国饭店的餐桌上有时摆有缺口和裂纹的餐具,这对韩国人来说可能会带来文化上的误解,韩国人认为这是对他们的不尊重,我也见过对此发怒的韩国人,确实是文化上的差异而引起的结果。在韩国,如有客人来,必须要拿出新的或者是完好无损的餐具摆在餐桌上,这一方面韩国与中国不同。

（3）不能改姓氏

在日帝时期,日本人统治朝鲜半岛并强迫朝鲜人改成日本姓氏,即所谓的"创氏改名",至今为止,我们书写韩国历史时都把日本人的这一举措作为他们犯下的罪行之一编入书中。但在政策实施过程中也遇到过文化上的大差异,对日本人来说,改姓氏是件相当容易的事情,所以在当今的日本国内究竟有多少姓氏尚不清楚,大概有 30 万吧,而韩国不到 1 万。日本人在这种意识下,认为使当时的朝鲜人改姓氏是件容易的事情,所以政策上也很容易制定出"创氏改名"的规定。但是对韩国人来说大为不同,韩国人一般在发狠誓时会说出"若是那样,我改姓"的誓言,韩国人如若改姓,则意味着从家里被赶走,被赶走就等于他不能享有作为一个人的待遇。同样在具有姓氏文化的中国、韩国、日本三国中,韩国和日本对姓氏的理解是极为不同的。

（4）吸烟礼仪

韩国人,在座的中国朝鲜族也一样,在长辈面前不能吸烟,而这种吸烟方面的礼仪只在韩国独有,是身份社会留下来的特征之一。而日本人随意吸烟,据我所知,中国人也随意吸烟,没有像韩国似的吸烟礼仪。如果从历史渊源的角度说明这种差异，则有多种解释。

此外，还有在阳历元旦和阴历春节、寺庙和教会、跆拳道和中国武术等方面，韩国、中国、日本三国文化都有差异。

这张（图7）是我在2009年去蒙古时拍下来的照片。中国人喜欢吃猪肉，所以在中国人眼里这张照片是很寻常的情景。但是众所周知，游牧民族是不吃猪肉的，但在那里还是有猪，于是我问为什么在蒙古能见到猪呢？回答说：这是因为韩国人教蒙古人吃猪肉的。接着我再问：中国人喜欢吃猪肉，吃猪肉是不是中国人对你们的影响？回答说：不是，我们是按韩国方式杀猪烤五花肉吃的。我去蒙古博物馆时，邀请蒙古学者用餐，但我考虑到蒙古学者们不吃烤猪肉，而是吃牛肉，所以我们去了牛肉店，但是这些蒙古人反而说他们不想吃牛肉，要吃烤猪肉，于是韩国人吃了我们自认为价格很贵的牛肉（在韩国牛肉价格比猪肉贵），而蒙古人吃了相对便宜的烤猪肉。实际上，蒙古人刚开始吃烤猪肉，所以在蒙古猪肉价格比牛肉更贵。这是在不同文化影响下所反映出来的一种现象。这种现象正是作为前面已提过的在现有历史解释框架中如何解决异同问题的一种实例，进一步说明了什么是韩国属性。

图7　蒙古

最近流行"韩流"，在世界范围内学习韩国的人很多，所谓"韩流"并不是说，外国人认为韩国文化优秀而学习韩国，是因为"韩流"具有韩国的独特性，所以吸引着外国人。西方人到韩国后能够体验到韩国文化或感兴趣的地方并不是仁寺洞、民俗村、景福宫、国立博物馆等地，在这些地方西方人是感觉不到韩国文化的，而历史学家们往往把他们带到这些地方，历史研究对象也是这些地方。但对外国人来说，他们去普通民家，买蚕蛹吃，吃辣炒热米糕才能真正体验到韩国的纯文化。但对韩国人或韩国历史学家们来说，这些都不是他们的研究对象或者所要解释的文化对象，而这些被韩国人疏忽或排除在外的部分正是外国人能够感触韩国文化的实质性内容。而这一点正是我们需要考虑的问题，也是文化异同的问题。

二　探求韩国属性的文化

关于文化的异同问题，韩国具有其固有的生活文化，如语言、服饰、饮食、住居、家庭、风俗、制度等，其中我主要谈谈如下几个问题。

我读过一篇随笔文章：日本人与我们颇有不同，年轻的女大学生嘴里叼着烟，向头发苍白的我伸手借火，我借给她打火机。我被污辱了吗？不是，那位女大学生是来自父子之间也可以相对吸烟的国度——日本。①

这正是说明了文化上的差异——只有韩国人在吸烟方面具有的礼仪和与之不同的日本人吸烟文化之间的差异，这种差异甚至可以导致人与人之间的误解。

1. 男负女戴

我一般多以汉字或韩语使用"男负女戴"一词，特别是爆发战争时，多将人们的避难情景与"男负女戴"一词相结合使用。我检索中国文献结果发现，中国文献中没有"男负女戴"这一组合词，但是有"男负""女戴"等分开使用的词语。

从这张图片（图8）中可以看出，男人背负东西和孩子，而女人则用头顶东西的情景，是朝鲜半岛19世纪的画面。对韩国人来说，若有沉重的东西，无意识中首先想到的办法是用背驮负。

这张图片（图9）是贩卖盐的商人，从图片中可以看出男人用背架（意译）背驮装满盐的筐，而女人则用头顶东西，背负婴儿，有趣的是女人把婴儿直接装进自己的后衣内，而不是用布褓背上。这种男人背驮东西、女人头顶东西、用布褓背有孩子的情景是最典型的、最具有韩国属性的场面。

① 李润基：《揭短处反而学一手》，《下来时的所见》，飞彩，2007，第142页。

图 8　方物商人（《岐山风俗图》，19 世纪末）

图 9　集市路（金弘道　画）

　　还有一点，为了更方便背驮沉重的东西，韩国有背驮东西的工具，即背架，西方人感到最神奇的也是韩国男人背驮东西的背架。

　　为什么说"男负女戴"最具有韩国属性呢？我们通过比较可以证明。

图 10 清 董棨 (《太平欢乐图册》,《明清风俗画》, 第 178 页)

中国人用一条长棍, 两端挂有东西的方法搬运东西, 日本人搬运东西的方法也跟中国一样。

据我观察, 世界上搬运沉重东西的方法有三种, 分别是韩国式、中国式(包括日本), 还有一种是虾蛦族式。虾蛦族是利用圆带, 一端挂在自己的前额上, 另一头挂在所要搬运的东西上, 前额顶着带搬运东西, 我在墨西哥、尼泊尔等地也见过这种方法。在这三种方法中, 背负东西是属于韩国式的。

那么, 从何时起韩国人开始背负东西的呢? 我认为应该是从古代开始的, 但我收集的文献资料是 12 世纪前往李氏王朝的中国使臣徐兢留下来的记录。这是因为韩国人认为背负方法对他们来说是极为普遍的、常见的情景, 所以没必要留下记录, 但对中国来的使臣徐兢来说, 韩国人背负东西的方法很特别, 所以对此留下了相关的记录。其原文如下:

　　负戴之役, 其劳一等。水米饮歠, 皆贮铜罂, 不以肩升, 加于顶上,

图11　菱川时宣（17 世纪），江户物参躰（《大英博物馆
所藏　浮世绘名展》，1985 年）

图12　虾蜹族搬运东西（函馆北方民族资料馆）

罂有二耳，一手扶持，抠衣而行，背负其子。①

---

① 这篇文章载于《高丽图经》。《高丽图经》是宋朝使臣徐兢来到高丽后的见闻录，于仁宗
元年（1123 年）刊行。

这是延续了几百年的具有韩国属性的场景。可以说，后背上背有用布褓裹着的孩子、头顶东西的女人形象是最具有韩国属性的描绘。

还有一种具有韩国属性的现象就是褓负商，这些商人一直存续到 19～20 世纪为止。从图片（图 13）中看出，所谓的褓负商指的是男人用背架背负着布包、女人头顶着布褓、布褓内有商品、行走着做买卖的商人。这在中国没有必要，因为在中国车舆比较发达，但在李朝时期道路还不发达，所以褓负商人们以这样的装扮走着做买卖。李朝时期道路不发达的原因之一是担忧来自中国方面的攻击，李朝时期总有人主张国家禁止利用车舆，其重要理由之一就是国内修道路极有可能给中国提供攻击路线上的方便，对此朝廷感到极度的恐惧。正因为李朝时期道路不发达，人们背负或头顶东西搬运，才有背负商、布褓商等商人阶层，于是出现了"男负女戴"的词语，而这种现象作为最具有韩国属性的文化而载于史册。

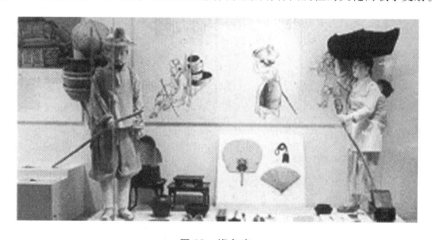

图 13　褓负商

一百年前西方人来到韩国，记录下了他们的所见所闻，其中最多的是关于背架的记载，还有就是韩国人的穿着——白色衣服。

2. 白衣之国

这张图片（图 16）是平壤监司在平壤设宴的一部分场面，位于中间的官吏和艺妓们穿着彩色衣服，但是围观的人全部穿着白色衣服，即白衣。据我所知，中国古人不大喜欢白色衣服，因为他们认为白衣是葬礼时穿的衣服，但是韩国人对白衣情有独钟，甚至农夫也穿着白色衣服从事农耕生产，怎么能洗得

图 14　通过照片看李朝时代　　　　　图 15　背架和纱帽（玻璃瓶）
（《生活和风俗》，第 39 页）

过来呢？我也不知其中的理由。穿白衣的风俗是从古代的夫余族开始出现的。

　　这张（图 17）是 20 世纪 10 年代的蔚山市场画面，这张的彩照也跟黑白照一样都是同一颜色，图中的人们几乎都穿着白色衣服。但有趣的是近代即一百年之前，日本人看到穿白衣的韩国人，认为其是可怜的民族，是沉浸于悲哀中的民族，是忧愁的民族；与之相反，西方人见到穿白衣的韩国人，认为其是极富有活力的，虽然不是彩色，但是很具有特色的、明亮的民族。由此可以看出，对同一事物的不同认识。韩国人具有的白衣文化同韩国白瓷文化一起，已成为世人探究韩国属性的主题内容。我们再来看一下 19 世纪一位外国人留下来的记载：

　　　　虽然远离故国到遥远的异国，朝鲜民族总是穿着白衣装束。若在黑龙江边的菜地里见有正在耕作的身穿面粉似的白衣的农夫，无疑就是朝鲜人。在海参崴中国人身穿暗色外衣，俄罗斯人身穿缝纫大衣的人群中，朝鲜民族所穿的白衣显得尤为轻快。[1] 俄罗斯人在一百多年以前开始称身穿

---

① 兆尔周·兑克罗（音译）：《可怜的情感之国——朝鲜》，眼色，2006，第 78 页。

图 16　白色和彩色的对照
（《浮碧楼宴会图》金弘道　画）

白衣的朝鲜人为白鸟，有位俄罗斯人对此留下了记录：朝鲜人（白鸟）身穿白衣，如同白鸟一样，朝鲜人不懂得打仗，也不能使人流血，他们就像白鸟一样只会说唱自己编的歌曲和故事。①

作者还记录了如下一段俄罗斯军人和朝鲜人之间发生的故事：儿子俯身于父亲尸体的瞬间，距离千米的几名军人中响起了枪声，子弹贯穿了儿子的前额，随即儿子便倒在了父亲的尸体上面，而另外两名朝鲜人逃跑了。调查的结果记录，军人们因为近视，所以把朝鲜人误认为是白鸟，于是调查也便结束了。朝鲜人对我提出了如下写作要求：军人们把朝鲜人误视为白鸟的证词是朝

---

① 加林－米哈尔洛夫斯基：《俄国人眼中的 1898 年之韩国、中国东北、辽东半岛——加林－米哈尔洛夫斯基旅行记》，李喜洙译（音译），东北亚历史财团，2010，第 5 页。

图 17　蔚山市场

鲜人自己的证词，对释放俄罗斯军人的举措朝鲜人没有任何异议。①

　　确实是让人感到悲伤的一段故事，俄罗斯军人们为了免除杀人之罪，谎称眼睛近视，而朝鲜人为了不再发生流血事件，情愿自己提供证词，不仅为俄罗斯军人们脱罪，而且对俄罗斯军人们的释放毫无异议。

　　但也有把白衣利用在战争中的实例。《宣祖实录》中有一段"壬辰倭乱"时明军支援李朝后回程的路上的记录，大体经过如下：

　　　　即刻自稷山战所回来唐兵说称："天安、稷山之间，不意倭贼先锋，皆着白衣，遍野而来，唐兵等初谓称朝鲜人，不为进逼。俄而倭先放砲，唐兵一时跑马厮杀，交战良久"云。②

　　这段记录说明，倭人身穿白色衣服，伪装成朝鲜人，是白衣被利用于战场上的实例。但从另一角度来说，这段内容说明倭人、日本人也认识到了只有朝鲜人才身穿白衣的事实。

　　同样的事例也发生在明军内部，大体经过如下：正德年间（1506～1521

---

① 加林－米哈伊洛夫斯基：《俄国人眼中的 1898 年之韩国、中国东北、辽东半岛——加林－米哈伊洛夫斯基旅行记》，李喜洙译（音译），东北亚历史财团，2010，第 185 页。

② 《宣祖实录》三十年（1597 年）九月九日。

年）达子（女真族）来侵辽东瑷阳堡，堡主大喊："高丽军数千名来救援，现已在城内。"接着命兵卒放射似为本国模样的短片箭，又命士兵身穿白衣登上城楼，似敌人视为本国兵。达子之众见白衣士兵心存疑虑，但拾到片箭后说："果真是高丽之箭"，于是率众撤回。①

这段经过讲述的是明军为了打退来侵犯的女真人，穿白衣伪装成朝鲜军，向敌人显示城内驻有朝鲜军的内容，说明白衣极富有特性，并在这时期出现白衣被利用在战场上的事例。

3. 男归女家婚

对当今的韩国人来说，男方婚后若在女方家生活被视为非正常，但这种观念只不过是二三百年以前形成的生活方式，这以前的情况是大不相同的。从传统历史来看，朝鲜男人婚后是住在女方家生活的。

这张图片（图18）是举办婚礼的场景。男人婚娶、女人婚嫁的婚礼，意味着男人到女方家娶新娘，而女人则嫁到男方家，当时嫁娶的男女双方当事人是不能见面的。所以，"男婚女嫁"并不是同时产生的概念，其原意应是男方"去婚"，也就是说男方到女方家的概念。但是到了李朝时期随着性理学的盛行，人们认为"阳"怎么能跟随"阴"呢？这种婚嫁方式在性理学上行不通。于是，逐渐开始转变为婚后女方到男方家生活的生活方式。最近，韩国社会又逐渐开始回归到以女人为主的传统生活方式，更接近过去男方婚后在女方家生活的方式。我家孩子的情况也一样，与姑姑相比，孩子们与姨妈更为亲近。

这种生活方式的内容被收录于《高丽史》和《李朝实录》，两者的内容相同：

> 我国之俗，赘于妻家，视妻父母犹己父母，妻之父母，亦视其婿犹己子也。②

李朝时期总有人提议要改变这种状况。

这张图片（图19）是位于江原道江陵的乌竹轩建筑，是李朝时期栗谷李珥先生的出生之地。

---

① 《稗官杂记》卷四，《大东野乘》收录《白衣和片箭》。
② 《成宗实录》十八年（1487年）八月六日。

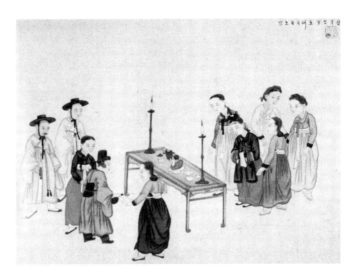

图18　新娘新郎初礼情景（《岐山风俗图》）

图19　乌竹轩

这一建筑物主人的变化如下：乌竹轩是江陵的儒贤崔致云创建后，其子崔应贤传给女婿李思温，李思温又传给其女婿申命和（栗谷的外公，申师任堂的父亲），而申命和再传给女婿权和后，权氏子孙们对乌竹轩进行了管理，可以看出，乌竹轩是以女婿为轴留传的。但到了李朝后期，则变为了以长子为中心的传续方法。

李朝时期，人们极力把"男归女家婚"的婚俗改变为"女嫁男家"的婚礼。《太宗实录》记载：

> 政府议闻曰："中国，礼义所自出，婚姻之礼正，以阴从阳，女归男
> 家，生子及孙，长于内家。……吾东方典章文物，皆法中国，唯婚姻之
> 礼，尚循旧俗，以阳从阴，男归女家，生子及孙，长于外家。①

李朝时期力图要改制此种婚姻，但终究未能改变。当然，传统婚礼的改制
是国家政策，所以两班阶层的婚姻得到了改变，而一般庶民的婚姻仍没有变
化。于是出现了一种折中的婚姻形式，即在女方家举办婚礼后，女方到男方家
生活，而这种折中形式至今仍留有痕迹。当然，地区婚俗各异，也有男方家主
导婚礼的婚俗，这种婚俗是李朝后期的婚礼。在韩国，也有女方家主办婚礼的
情况，即在女方家举办婚礼，且新郎和新娘在女方家居住几天后到男方家生
活，当今的韩国仍留有这种痕迹。也就是说，在当今的韩国，婚礼后，新郎和
新娘首先去新婚旅行，旅行归来后首先去女方家住几天，而后到男方家生活。
这种婚俗正是李朝后期开始的"男归女家婚"和"女嫁男家"两者折中的婚
礼形态，并至今流传下来。对韩国社会来说，"男归女家婚"和"女嫁男家"
的传统婚俗至今仍根深蒂固。

4. 节庆氛围的葬礼

20世纪90年代，韩国制作了一部以《庆典》为题的电影，是一部以葬礼
为主题内容的影片，但片名为《庆典》。朝鲜民族葬送亡者时，是在"庆典"
的氛围中欢送的。

在葬礼上，首先要逗笑丧主，使他快乐。现在也一样，虽然问丧时表情悲
哀，但问丧结束后，接待吊客时必须喧哗，这样的葬礼才能被评价为圆满。

不过，性理儒学传入朝鲜半岛后，认为父母去世其子女们理应感到悲伤，
葬礼上打鼓跳舞成何体统？父母给的身体绝对不能有损，甚至也不能剪发，所
以那时的人结发髻。李朝时期，装饰品比较发达，但唯独耳环除外。到李朝前期
为止，男孩也戴耳环，但从宣祖开始禁止戴耳环。为什么呢？因为若戴耳环就要
在耳朵上扎眼，在父母给的身体上怎么能打眼呢？所以到了李朝后期耳环没能得

---

① 《太宗实录》十四年（1414年）一月四日。

到发展，而且禁止戴耳环，只是作为挂在耳边的饰物流行。在父母去世的葬礼上能打鼓跳舞呢？受这种观念的影响，李朝极力主张改变葬俗上的节庆气氛。

图 20　《庆典》

图 21　《庆典》

《太祖实录》中记载的许多奏章内容说明了当时节庆气氛的葬礼情况和朝廷要改变传统葬俗的意志，其大体内容如下：

外方之民，其父母葬日，聚邻里香徒，饮酒歌吹，曾不哀痛，有累礼俗。乞自今，毋袭前非，违者痛理。①

但是，这种传统葬俗到李朝后期为止始终没有得到改变。何况，作为韩国文化特殊性之一的"以笑擦泪"的文化。韩国人遇到危险或者悲伤时会轻轻一笑，只是一笑而过的文化是具有韩国属性的文化，而西方人对此颇感不解。

《以笑擦泪》的文学作品中有下段内容：

吊客吊问故人，对丧主表示礼仪的同时慰劳丧主。吊客对丧主最好的慰劳就是逗笑丧主。②

全罗南道珍岛地区家有丧事，则请村里较有才能的人演"大喜来集"（音译，一种戏名）戏。……可以说是在丧家演出的一种喜剧，目的就是使悲痛的人们笑出声来，最终达到逗笑丧主的意图。③

丧家不能鸦雀无声，这就是韩国的丧家举办丧事的情景。

5. 韩国式火炕和蒸房文化

（1）韩国式火炕文化

图片（图22）中我们看到的片炕（图片中的③）是这里的家庭大多使用的结构，而全炕（图片中的④）的结构是带厨房且整个屋内都铺有火炕（温突）。古代火炕（温突或温石，下同）皆为片炕，但在朝鲜半岛从高丽朝开始片炕开始变为全炕。

我为什么对生活史感兴趣，而且我为什么讲述生活史呢？我们从小学开始便要求写日记，但不要求写那天最一般的、日常的内容，而要把那天发生的比较特别的事情写在日记上，所以，后来我们只看日记并不清楚当时自己是几点上学的，只知道那天所发生的一些特别的事情。

历史记录也一样，只记载一些特别的事情。我曾阅读过《李朝实录》的

---

① 《太祖实录》七年（1398年）十二月二十九日。
② 金大行：《以笑擦泪》，首尔大学出版部，2005，第37页。
③ 金大行：《以笑擦泪》，首尔大学出版部，2005，第43页。

图22　火炕

全部内容，但没有找到官吏早上几点到官厅，晚上几点回来的记载；也不知官员们的午饭是自带盒饭解决的，还是官厅提供的等。

同样的道理，虽然火炕文化极富有韩国属性，但没有文献记录。所幸的是通过考古发掘发现，古代片炕演变为当今全炕的时间是高丽朝。而图片中的火墙（图片中的②）我没有见过，不知这次在中国能否有幸见到。我正在编写一部关于火炕的通史，所以对南方（北方所没有的）的暖房设施很感兴趣。

我们说，火炕是韩国的文化特征，但实际上在相近的历史时期火炕文化出现在三四个国家或地区。它们分别是罗马、内蒙古和外蒙部分地区、朝鲜半岛和中国东北地区，最近在北美地区也发现了火炕遗迹。但火炕文化从古到今一直延续下来的地区是朝鲜半岛和中国东北地区，而其他地方古代曾有过火炕文化，但后来就消失了。

那么，火炕是从什么地区开始的呢？在座的大家应感到自豪，中国东北地区和朝鲜半岛最早的火炕文化是从图们江一带的团结文化开始的，团结文化是属于早期铁器时代北沃沮人的遗存。

但有趣的是，众所周知，火炕文化是北方文化，主要包括北方寒冷气候下的暖房、取暖设施，但以北沃沮的团结文化为中心，其北再也没有火炕文化传播的迹象，传播的方向皆指向南方。所以北沃沮文化在理清韩国文化方面起到了重要的作用，而且他们的火炕文化成为韩国式火炕的源流。

这两张照片（图23、图24）是我在中国东北的汉族和满族家庭拍摄的片炕，但在没有火炕时期的状况则与此大不相同。

图 23　辽宁省开元市李家台
（2004 年 8 月 7 日拍摄）

图 24　黑龙江省穆棱
（2005 年 5 月 12 日拍摄）

图 25　平床上的生活

图 26　地炕上的生活：屋内需要脱鞋

没有火炕的时期，人们生活在平床上，到了高丽朝人们开始在地炕上生活。火炕的特点与其他暖房设施或取暖方法不同，是采用了地炕取暖的结构和方式，而这种方式只限于朝鲜民族，所以在房间内需要脱鞋，脱鞋后在屋内也就自然采取了坐式，现在随着人们搬入楼房生活，屋内的生活设施已转变为床、椅子或沙发等。

这种变化又带来了其他一系列日常生活上的改变，即饮食方面发生了变化。高丽和李朝时期是摆着短足小盘桌，坐在地炕上用餐；从近代开始至今则是在饭店里坐在椅子上围着餐桌聚餐，可以看出，随着屋内生活的改变其文化方式也发生了变化。

有趣的是西方人如同对韩国的背架和白衣感兴趣一样，对韩国式的火炕也具有浓厚的兴趣。我阅读过西方人关于韩国的火炕留下的记录：

> 韩国人在室外穿衣很暖和——极为暖和，而到了晚上他们则习惯于坐躺在热地板上，如同烤面包一样。[1]
>
> 火烧短腿马干粪便的旅店房总是过热，33摄氏度是屋内的平均温度，而且经常达到35.5摄氏度。我曾度过了难以想象的夜晚，那晚房内的温度是39摄氏度。住在旅店的韩国客人们非常喜欢这种火烧身体般的温度，他们在这种温度下暖和疲惫的身体。[2]

这段内容说明，韩国人须在热炕上生活，但这种生活习惯也有其短处。以我旅行的经验来看，出门旅行在外时，我总是感觉到冷，不仅在北方感到冷，而且在南方也因空调冷气感到冷，所以总是带着一些厚衣服旅行，韩国人习惯于有热度的生活，所以很容易感觉到冷。

火炕的短处还有一点，对此埃尔弗雷德·艾德沃德和约翰·凯芬迪斯舒曾有段记载：

> 后来我知道咳嗽和感冒非常流行的事实，但没感到惊讶。室内温度达到70~80华氏度，但外面的温度是零度，形成了极端的反差，非常难以忍受。而且屋内持续高温，使许多苍蝇、跳蚤、蟑螂得以生存下来，并在大多数家庭内活动猖獗。

过去我们使用火炕，但到了冬天因为屋内热，所以许许多多的昆虫都爬进屋内，与人共同生活。

只是到了李朝后期，上流阶层才大多过着火炕生活，火炕的流行、分布也

---

① 亚逊·克雷斯特：《瑞典记者亚逊一百年前在韩国》，金相烈译，与书同行，2005，第65页。
② 伊莎贝拉·伯德·比瑟：《韩国和其邻国》，李仁和译，生活，1994（1898），第151页。

开始扩大。在韩国历史上，从古代到高丽朝，火炕文化是属于下层文化的。因为上流阶层的取暖方法多，比如上流阶层有条件多穿厚衣服，屋内置有火炉，没必要另烧地板取暖。

最近，大田市发现了高丽时期的村落遗址，但是除在位于山上的两处建筑遗址上发现火炕外，其他建筑遗址都没有火炕遗迹。还有关于16世纪李朝国王寝床的一段记载，记述的内容是，内侍在阳台的地板底下放置火炉烧烤地板，国王睡在地板上，但因内侍的疏忽，炉火烧了地板和国王的寝床。

到了16~17世纪，李朝王室和两班阶层开始使用火炕，火炕的普及引发了另一个问题，即烧柴问题。大家想一想，首尔那么多人全部用烧柴取暖，结果会是怎样？为了解决烧柴问题，人们多砍伐山上的树木，结果山上的树木被砍没了。这就导致了另一个问题，即山上没有树木引发了土沙流失问题。听说在朝鲜开发开城工业园时，没有发现高丽时期的遗迹，因为山上没有树木，所以土沙流下来，把高丽时期的遗物全部冲走，堆积在江边。这就是在朝鲜境内没有留存下来历史遗迹的原因，也是朝鲜今后面临的一个大问题。

同样的问题也出现在清溪川的修建上，李朝后期开始出现清溪川堵塞问题，即濬川问题。我们再来看一下19世纪李朝时期的图片。

图27　秃山（近代）

从上面的图片（图27）中可以看出，山上一棵树木也没有。据说，这是日帝时期日本人在朝鲜半岛砍伐木材运到日本造成的，但实际情况并非如此，而是火炕生活被普及、传播以后，为了解决烧柴问题而砍伐树木的结果，因此经济也随之衰退了。

所幸的是，韩国从20世纪60年代开始以蜂窝煤代替了木柴，通过人们的植树造林，山已恢复了绿色，但在我小时候，即直到20世纪60年代为止，山上仍没有树。现在对照朝韩现状可知，20世纪50~60年代，韩国以蜂窝煤代替了木柴后恢复了山的绿色，而朝鲜为解决烧柴和耕地问题仍在砍伐山上的树木，这也是导致当今朝鲜的山多为秃山，这是改变了自然的重要原因。

随着人们逐渐搬至楼房生活，火炕文化有可能随之消失，因为铺设火炕的材料具有相当的重量。李朝前期也曾有过二层楼房，但是到了李朝后期二层楼逐渐消失，全部改用了单层房，其原因就是楼房承受不了火炕的重量。所幸的是，韩国研制开发了锅炉，在各层楼房内都可以铺设轻便的暖房设施，代替了沉重的火烧火炕的方式，所以韩国式的火炕文化不以近代化的进程而消失，而是仍具有生命力地流传下来了。前面已提过的韩国白衣文化，盛行了那么长时间，但是到现在已消失，取而代之的是西服。

（2）蒸房文化

热炕文化是另一种韩国属性的文化。当今的韩国人如果身体感到不舒服仍需要烤暖，这种习惯只有韩国人才有，但是楼房没有烤暖的条件，于是随之出现的是蒸房文化。韩国蒸房的出现是在20世纪90年代后期，我去蒸房的时间也不到十年，但是，现在去美国也好，加拿大也好，只要有韩国人居住生活的地方都有蒸房。可以说，蒸房文化是在火炕文化演变为楼房文化的过程中，从

图28　韩国蒸房内的情景

热炕文化中派生出的一种变形文化。

但是这种文化不仅仅局限于韩国人，美国的生态农庄也开始铺设韩国式的热炕。我听说，中国上海的高级楼房也设有锅炉，以热炕的方式取暖，如果中

国人一旦感受到热炕的热度，估计也不能拒之不理。

韩国这种热炕文化最具生命力的时候，也是韩国的独特文化在世界范围内发挥作用的时候。据韩国《中央日报》的报道，伦敦正在卷起地毯，铺设韩国式的热炕①，火炕文化甚至已传播到欧洲地区。

伴随着"韩流"的流行，具有韩国属性的独特文化开始输往外国，可以说，其中最具有代表性的文化是韩国的火炕文化，而这种火炕文化的始发点是生活在图们江两岸的北沃沮人，相当于今延边地区。

我想，从以上角度可以探究韩国属性的文化和韩国生活史方面的内容。

---

① 韩国《中央日报》2009 年 5 月 3 日，第八版。

第十二讲

便利的误解

——韩中两国人相互认识的轨迹

白永瑞

作者简介：

学　历：韩国首尔大学文学博士

历　任：韩国延世大学国学研究院院长、韩国中国近现代史学会会长、
　　　　《创作与批评》主编

研究方向：近代东亚的文化认同和中、日、韩三国的亚洲观

主要研究成果：《中国现代大学文化研究》（专著，1994）

　　　　　　　《东亚问题与视觉》（1995）

　　　　　　　《东亚人所见的东洋观》（1997）

　　　　　　　《作为发现的东亚》（2000）

　　　　　　　《回归东亚：探索中国的近代性》（2000）

　　　　　　　《从周边看到的东亚》（主编，2004）

　　　　　　　《东亚的地域秩序：从帝国到共同体》（主编，2005）

　　　　　　　《东亚人的东亚认识》（崔渊植、白永瑞共著，2010）

全莹：

卧龙学术讲坛是为了给广大同学安排一个与韩国学专家面对面交流的平台
而设计的。我们今天的演讲嘉宾是韩国延世大学的白永瑞教授。首先，我向大
家简要地介绍一下白永瑞教授。白永瑞教授在1984年到1993年间就读于韩国
汉城大学，并在那里完成了研究生院的博士课程，获得了文学博士学位。历任
韩国延世大学的历史系教授，现任韩国延世大学国学研究院院长，曾任美国哈

佛大学燕京学社的访问学者、台湾"中央研究院"近代学研究所的汉学研究中心访问学者、日本名古屋大学高等教育中心的客座教授；历任韩国中国现代史学会会长、中国近代史学会会长、韩国最高级别学术刊物——季刊《创作与批评》主编、韩国总统直属东北亚时代委员会委员、东北亚历史财团顾问委员会院长。他的专著有《中国现代大学文化研究》《政体性危机与社会变革》《东亚问题与视觉》《东亚人的东亚认识》《作为发现的东亚》《回归东亚：探索中国的近代性》等。今天，白永瑞教授百忙中抽空为我们做演讲，对我们来说是一种莫大的荣幸。下面让我们以热烈的掌声有请白永瑞教授。

白永瑞：

我就是主持人刚刚介绍的白永瑞。卧龙学术讲坛的大名早有耳闻，今天有机会参加这一讲坛，我感到非常荣幸。2011 年，有一位韩国专家，也就是现任韩国国史馆馆长参加了这个讲坛，做了演讲。当时我也在场，我就是在那时初识卧龙学术讲坛的。这次我应朴教授之邀出席这个讲坛，感到万分荣幸。请允许我向朴灿奎处长以及大会主办方表示衷心的感谢。

首先，我给大家说个笑话。就演讲的方式来讲，东、西方人风格迥异。韩国和日本的学者在开始演讲时都会说一些"我何德何能担此重任""我本才疏学浅"之类的客套话，但美国人就不一样，在演讲之始一般都会讲个笑话来"抛砖引玉"。这样既可以缓解演讲者的紧张感，也可以使现场的气氛变得轻松一点。那么，我也想问大家一个问题。在座的各位，有没有人知道 20 年前发生的一件大事？这件事和我今天的讲座主题有很大的关联，有谁知道是什么事情吗？20 年前，也就是 1992 年，韩国和中国正式建交，今年是中韩建交的第 20 年。

我还有一个问题想问大家。有没有人知道 420 年前东亚地区发生了什么事情？我给大家一个提示，时值明朝和朝鲜王朝时期。

今天，我将这两件事情融合到我的发言中，做个简单的介绍。由于我的汉语发音比较"韩式"，大家听起来可能相对困难，接下来我就用韩语讲，由译员汉译给大家听。请大家予以谅解。我做讲座的第一原则是守时。刚刚我向主持人询问了一下，她告诉我，我有 40 分钟的发言时间，她会用 20 ~ 30 分钟的时间为我做翻译，最好整个过程控制在一个小时左右，这样就可以用剩下的时间和大家一起进行讨论。

一　中国的朝鲜观

今天，我的讲座主题是"便利的误解——韩中两国人相互认识的轨迹"，也就是"'便利的误解'的历史"。

那么，为何说韩中两国人的相互认识基于"便利的误解"的历史之上呢？究其原因，无非有以下几点：一般来说，一国的对外认识，尤其对别国文化的认识侧重于"已知"和"预知"两个方面相互渗透的动态认识过程，而这一过程就是对外认识。追根溯源，中韩两国相互认识的轨迹，可以说"预知"占了上风，便导致了"便利的误解的历史"。

想要勾勒出中国人对韩国人的认识轨迹，就要从古代社会开始梳理。

1. 古代社会的朝鲜观：东夷族

据记载，古代社会的中国人认为"朝鲜人是东夷族"。

夷族是中国古代对周边较落后的种族和国家——蛮族、化外之民的称呼，而东夷是对中国东部诸部族的泛称。朝鲜因"崇尚儒教"之故被视为"文明化的夷狄"。这是中国对朝鲜认识的第一步。

中国对朝鲜的这种认识，与其"中华思想"不无关联，同时也被这种思想禁锢着。在朝贡体系之下，中国视朝鲜为"文明化了的夷狄"。除此之外，对朝鲜还有另一种认识，史料记载东夷族是"人人皆可为兵，代代能骑善射，重整洁有序，喜饮酒乐舞"的民族，这种认识对中国东北地区朝鲜族的形象定位起着举足轻重的作用。这就是中国对古代朝鲜的认识。

另外，明清时代的中国使臣与朝鲜使节都留下了大量的历史资料，这些资料可供深入研究中国人对朝鲜的看法。

1894年至1895年的中日甲午战争瓦解了中国的朝鲜观，随即东亚地区，尤其是中、朝文明观均迎来了大转换。在中华秩序里历来处于偏邦地位的日本居然打败了中国，此时，对于同为偏邦的朝鲜，中国也不得不予以重新定位。

起初，清朝政府试图将朝贡制度①与西方的帝国主义秩序合二为一。有些学者称，这实际上是"中华帝国的近代改编"。在中日甲午战争之前，清朝一直孕育着中华帝国的近代改编之梦，袁世凯奉李鸿章之命在汉阳驻扎军队，试图通过朝鲜朝廷内的拥清势力对朝鲜的内政和外交发挥影响力而取得对朝鲜的实际控制权。但是经历了中日甲午战争之后，中国为日本所败，不得不承认朝鲜为"独立国"。

韩国青瓦台向西通往延世大学的路上仁立着一座"独立门"。很多韩国人以为这是为纪念韩国摆脱日本的统治而建立的。但事实并非如此，独立门是为纪念朝鲜脱离与清王朝的宗藩关系而建立的。

2. 朝鲜的"亡国相"：反面教材

中日甲午战争之后，朝鲜终于脱离中国实现了独立，但好景不长，仅仅十年之后朝鲜又沦为日本的殖民地，被占领达35年之久。这一时期，很多中国人都去过朝鲜，有些是去访问，但更多的是为了取路朝鲜东渡日本。这些人留下的记载大都包含一种"朝鲜沦为殖民地，事出有因"的想法。他们认为，朝鲜人"沦为亡国之民、饱受亡国之痛，实则归咎于朝鲜政府的无能"。如此，对殖民地朝鲜的认识大体可以分为两大类：一种观点认为朝鲜自并于日本之后取得了进一步的发展，"汉城更加兴复、文明整洁"；而另一种观点则认为，"亡朝鲜者，朝鲜也。一切灾难皆自招之寇也"。

对于朝鲜的亡国形象有很多贬视之言，其中可举中国共产党创始人之一的陈独秀1914年发表的言论，他说："朝鲜地小人惰，古为人属，君臣贪残，宇内无比。自并于日本，百政俱兴，盗贼敛迹，讼狱不稽，尤为其民莫大之福。然必欲兴复旧主，力抗强邻，诚见其损，未睹其益"②。

---

① 朝贡制度是明朝初期制度革新和体系化的产物，被规定为"模范的朝贡国"的朝鲜与明（清）的关系在历史上是一个特例。有人指出，在分析前近代的东亚国际关系时过分加以强调或援用此一特殊关系，也是"中国中心的文化论"的产物，这种批判主张也颇值得注意。参照 Peter 尹（Yoon Young In）：《西方学术界朝贡制度理论的中国中心的文化论批判》，《亚细亚研究》，2002 年第 25 卷第 3 号。引自白永瑞《思想东亚》，生活·读书·新知三联书店，2011，第 171 页。

② 陈独秀：《爱国与自觉心》，《陈独秀著作选》第 1 卷，上海人民出版社，1993，第 115 页。（原发表于 1914 年 11 月）引自白永瑞《思想东亚》，生活·读书·新知三联书店，2011，第 173 页。

现今，已经出版的《陈独秀选集》中，有的版本将这些内容删除了。估计是考虑到中韩关系，认为删除为宜。

除了这些"亡国之国""亡国之民"形象之外，中国对朝鲜的认识也发生了变化。1919 年爆发的"三·一运动"是朝鲜人民反对日本帝国主义的一次大规模的民族独立运动。"三·一运动"爆发后，对于朝鲜的独立运动及其精神，包括陈独秀在内的中国众多知识分子给予了高度评价，并鼓动中国民众向朝鲜学习。

中国对殖民地朝鲜的认识可概括为"既是亡国相，又是反面教材"。可能我本人对这个问题有些敏感，中国将其视为"反面教材"，视为镜中之像予以高度评价。在中国广州的黄埔军校旧址纪念馆，可以找到很多 20 世纪 20 年代朝鲜人抵抗运动及联合抗日的足迹。由此可见，"朝鲜人的抵抗运动及其精神"震撼了中国人，许多中国人呼吁向朝鲜学习，认为"如此小国也发生如此大规模的抵抗运动，中国这泱泱大国如不能借鉴其经验又有何颜面"，因此将朝鲜视为"反面教材"。

中国对朝鲜的抵抗精神予以高度的评价，这也促进了中朝两国之间联合抗日的迅速发展。

3. 分化成南国与北国："两个朝鲜"

20 世纪后半期，朝鲜实现独立之后，中国对朝鲜的认识趋于"两个朝鲜"。尤其是在东西方冷战体系形成之后，对于朝鲜，中国视之为"血盟"，是用鲜血谱写的同盟关系；对于"南韩"，中国视之为"敌对"的资本主义国家，甚至是美国的附庸。

这种认识导致了名称的不同，名称分为朝鲜、韩国两大类。就日本的情况来说也无异于中国，对于朝鲜和韩国的研究统称为"高丽亚学"，也心存"两个朝鲜"的概念。

在"两个朝鲜"概念的作祟下，中国一直选择朝鲜作为近邻。直到 1992 年与韩国建交之后，中国对韩国的认识逐渐回暖，直至出现"韩流"现象，在这种认识观改变的驱动下，韩国逐渐成为中国的比邻。

综观古今，梳理中国对韩国的认识历程和理解路径，不难发现，历朝历代无一不将"已知"和"预知"的形象叠加在一起，于是就有了"便利的误解的历史"。

二 韩国的对华观

1. 古代社会的对华观:"上国"与"大国"

反观古代社会朝鲜人的对华观,可总结为两个概念,即"上国"与"大国"。"上国"与"大国"看似趋同,其实不然。"壬辰倭乱"之后,明亡而满清入主中原,朝鲜人的中国认识观经历了由"上国"到"上国"或"大国"的演变。"上国"泛指文明古国,具有悠久灿烂的文明国。用现在的话说,是"具有普遍文明价值的国家"。而"大国"具有军事强国、文明弱国之意。因此,朝鲜将明朝视为"上国",将清朝视为"大国"。

自朝鲜王朝后期18~19世纪始,分流为"上国"与"大国"的朝鲜人的对华观开始有了转变,有些人认为"'大国'清朝有很多值得学习的东西",力主"北学于中国",这一流派就是"北学派"。"北学派"主张"接受清朝进步的文物制度"①,但具有这种实学、实用思想的人却少之又少。因此在朝鲜朝时代,朝鲜的对华观可分为"上国"与"大国"两种,将清朝贱视为"文明的落伍者",自认为"中华文明之真传移到了朝鲜",并以"小中华"自居。

朝鲜人的对华观有观念化倾向。实际上,清朝也有许多可学之处,但是在尊明贬清思想的驱使下,朝鲜人固守着"预知的中国"。在"已知"与"预知"中,朝鲜人选择了后者,因此也有了"小中华思想"。

但这种对华观也只是少数一部分精英阶层的理解,他们到了清朝大国,在"所见所闻"的基础之上,建立了"所思"的中国形象。朝鲜的普通老百姓接触中国人始于长达7年的"壬辰倭乱",当时进入朝鲜的中国士兵为朝鲜人提供了直接接触中国人的机会。随着朝鲜和清朝建立外交关系,中国商人和士兵入驻汉城,朝鲜人与中国人的直接接触也随之增加。朝鲜人的对华观也形成了一定的特点。

2. 卑贱的中国

19世纪末到20世纪初,综观朝鲜王朝末期报纸中出现的对华观及其特

---

① 郑成宏:《朝鲜北学派的新华夷观解析》,《东北亚论坛》(第17卷),2008年第6期,第98页。

征，可概括为三大类型①：第一是"卑贱之国"；第二是改革楷模；第三则是构筑东方和平秩序的重要区域，即势力均衡的主轴之一。这是朝鲜对华观的三大形象。

当然，以这三大类型来概括 19 世纪末以来的朝鲜对华观，容易步入类型化误区，导致以偏概全的错误。但当时形成的三种对华观，随着时间的推移，虽有所变化，也是大同小异。

比如，1910 ~ 1945 年的日帝强占时期，朝鲜的对华观也依然停留在这三个层面上，只是有孰重孰轻之分，"贬华"思想依然成为主流思想。

日本殖民统治时期，随着殖民地近代化的发展，大批廉价劳动力——中国劳工涌入朝鲜。而这些中国劳工和商人更加巩固了朝鲜人的"贬华"思想。

日帝强占时期，朝鲜半岛的劳动力市场中各国劳工待遇悬殊，日本劳工的工资最高，朝鲜劳工次之，中国劳工的待遇最差。但是在建筑、铁路等领域的劳动力竞争中，中国劳工占了上风，因而招朝鲜人之嫌。

恰巧此时，日本学术界出台了佐证这种看法的言论，即提出了"中国历史停滞而落后"的理论，这一理论更强化了中国的负面形象。从此，朝鲜人的经验相加在日本人的理论上，"贱视中国"的思想更加牢固。

"贱视中国"成为当时的主流思想，但另外两种趋势俨然也是存在的。在不同的历史时期，也有一些人对作为"改革楷模"的中国持肯定态度。辛亥革命爆发之后，许多朝鲜知识界人士流亡到中国参加辛亥革命，他们坚信亚洲第一个（民主）共和国定能支援朝鲜抵抗日本。之后，越来越多的朝鲜人参加中国的革命，他们亦坚信朝鲜的独立运动需要中国的支持。由此可知，在日帝统治时期，朝鲜内部确实存在将中国视为改革楷模、联合运动之领袖、构筑东亚和平的世界均势主轴之一的趋势。

20 世纪后期，就如中国的朝鲜观分裂成南北两端，朝鲜半岛的对华观亦分裂成"中共"——中华人民共和国与"自由中国"——中国台湾两大形象。

但这种认识只存在于朝鲜半岛南部人的理解之中。因为对于朝鲜半岛南部人来说，中华人民共和国是支援北边的敌对国，而朝鲜半岛北部的人却视之为同盟之国。对于同一个国家，心存着或敌或友的想法导致了如上所述的分裂形象。

---

① 白永瑞：《回归东亚：探索中国的现代性》，创作与批评社，2000，第 166 ~ 198 页。

小时候学过"打倒蛮夷"的儿歌，翻译成中文是"打倒满族，打倒胡人"的意思。这首儿歌亦渗透着"贬华"思想。在反共者的眼里，中国是既穷困又落后的国家，但其实是"贬华"思想在作祟。

1971 年，中美关系转暖。以尼克松访华为契机，中美关系进入新的历史阶段，冷战格局也逐渐进入解冰期，韩国的对华观也发生了变化，中国是"均势主轴之一"的认识开始占上风。可以说，这个时期的韩国刷新了对华认识。从 1972 年开始，韩国国内不断增多的中国文学研究家就是最好的例证，足以说明韩国对均势主轴之一的中国开始"刮目相看"。

3. 改革的楷模

20 世纪 70～80 年代，将中国视为改革楷模的倾向也逐渐升温。20 世纪 70～80 年代，韩国掀起了民主化运动、反独裁运动，需要有个革命典范来支撑这些运动。恰逢中国的"文化大革命"时期，韩国开始关注这一革命舞台，认为这正是人类的新试验，是改革楷模之相。

当时的韩国，经济呈高速发展之势，但政治体制却笼罩着独裁的阴云，又密布着贫富差距悬殊的浓雾。在这种形势之下，虽不是很了解中国的全貌，却以此作为榜样。

从韩国人的"预知的中国"观可以看出，当时的韩国人需要一个"水中之月""镜中之像"，那就是中国。

1992 年中韩建交之后，许多韩国人来到中国，亲历"韩国人眼中的中国"之镜，通过韩国人的游记，我们可以梳理出三大类型的中国形象。

第一是"卑贱的中国"。曾在 20 世纪 90 年代游览过中国的韩国人，在其脑海里浮现出的景象是"不整洁的中国""比韩国贫穷的中国""落后韩国 20～30 年的中国"形象。

第二是"改革的楷模"。韩国人的对华观不再停留在理念层面上，而是具体转化为"其政策值得学习的国家"，最为典型的就是女性的地位问题。与中国接触的许多韩国人有一种普遍的想法，那就是"中国女性的地位是高高在上的"。可以看出，在这些方面，韩国试图向中国学习。

4. 均势的主轴

但自 2000 年后期到现在，中国作为"均势主轴之一"的形象占主导地位，其最高点就是随着"大中华主义"而浮出水面的"中国威胁论"。与此同时，西方世界掀起了"中国模式"研究热潮。一些知识界的进步人士与批判人士持一种"中国模式也许有别于西方"的观点，因而对"中国模式"倍加关注。

分析韩国人的中国游记，可以梳理出"伟大的古代中国"和"今日中国"两大趋势。究其原因，中国是社会主义国家，而韩国人则无法深切体会不同体制之差别，因此在认识上难免出现偏颇。翻看韩国人的中国游记，不难发现其对华观日趋成熟，但不可否认还存在一些偏失。

其一是将灿烂的中国古代文明视为韩国文化之源头。"韩国源自中国""韩国文化起源于中国"，这种思想促使一些韩国人总想从中国的传统文化中寻根问祖。因此，韩国人一听说古朝鲜人到中国修建的坟墓或居住过的地方，就想立碑示敬，或者寻出韩国人的哪一姓氏的始祖起源地，也想立碑纪念。

其二是韩国对中韩两国之间规模之异缺乏认识。韩国人无法深刻认识到中国是多民族、多元文化国家这一事实，这种倾向在到访中国边境地区时尤为突出。面对中国东北地区的朝鲜族时还好，但是一旦游走于西藏、新疆等地时就会认为"那里不是中华之土"。"只有汉族文化才是中国文化"的先入为主的观念总是把西藏和新疆排除在外，生出"这里不是中国"或"有别于中国"的想法。因为韩国历来是单一民族国家，无法深层理解中国的多民族、多元文化的特点。

在韩国人的三大对华观中，"贱华"思想渐趋消失，取而代之的是更加客观成熟的形象。这种现象源自中韩两国关系的正常化，是建交之后最重要的成果之一。

近日，赴韩旅游的中国游客量大幅上升，但中国人的韩国游记却不与此成正比。两年前，我给研究生上课的时候，为了对比分析韩国人的对华观，查找了朝鲜后期游记、使臣燕行录、近期游记等资料，但未见中国人的韩国游记。好不容易在网上搜到一两篇，但其中一位北京的教授写的游记里骂多赞少。

结 束 语

1992 年建交以后，中韩两国在各领域的关系都有所改观，交流日益频繁，彼此间的理解程度大大提高，但矛盾也随之加深。比如，中国的年轻网民诋毁韩国或"嫌韩"情绪高涨。例如,近来"声称孔子是韩国人"的说法,一石激起千层浪,网友骂声不止,这种唇枪舌剑的争执实在不胜枚举。

2010年7月,我应邀出席广州南方都市报与网易合作的岭南大讲坛,给广大市民做了讲座。对于"孔子是韩国人还是中国人"的问题,我表示"孔子是韩国人"之说其实也有误,但问题的症结不在于"孔子是哪国人",而是"孔子是东亚普世文明——儒教的创始人"的这一事实才是最重要的。在网页上输入"白永瑞"三个字就会搜索到很多内容,其中就有题为"孔子是韩国人,我也不相信"的讲座内容。其实讲座的内容并非只此,但观众的提问以"你对于韩国人说孔子是韩国人之说怎么想"的问题居多。

为解决上述问题,我认为应从下面两个角度去考虑问题。

尤为重要的是,我们应认清中韩两国关系并非只是两国的问题,应扩至整个东亚去思考,因为中韩两国与整个东亚的命运息息相关。

首先,考察中韩两国关系不能只从中韩两国的角度出发,否则很难找到解法。应该把周边的日本和中国台湾地区放入辐射领域,这样才能映射整个东亚,才能看清东亚各国之间、各地区之间发展均速不等的问题。

朝鲜半岛问题亦是牵涉到多国的敏感问题。

在420年前,曾围绕朝鲜半岛有过一战,就是"壬辰倭乱"。"壬辰倭乱"虽爆发在朝鲜和日本之间,但最终明朝政府也派兵参战,成为东亚地区的首次大战。这一战乱殃及了所有参战国,以"没有赢家,只有败寇"著称。不仅如此,它还使所有参战国的统治机构换代。就这样,东亚首次大战无国能幸免,只留下了败家。这不只是"壬辰倭乱"的"战果",此后的中日甲午战争和朝鲜战争也重蹈这一覆辙。

在中日甲午战争中,日本作为战胜国,从清朝政府获取了巨额赔偿金。这笔赔款对于日本经济及资本主义的发展大有所助。哪知这只是目光短浅之举,1945年日本战败,付出了惨痛的代价。战争或许能让统治者获得眼前的利益,但从长远的角度来看,百害无益,没有光荣可言,只有伤痛血耻。不管是中日战争,还是1905年的日俄战争,日本均付出了巨大的代价。因此,在朝鲜半岛发生的朝鲜战争亦没有胜者,两败俱伤,多方困扰。

中韩两国之间的交流日益频繁,但矛盾也日益突出。

因此,解法应该是:"立足本国国情,推进改革"。综观中、韩网民与日、韩网民之间所谓的民族之战，究其实质就是"各国年轻人将对现实的不满演变为网上舌战，引发民族矛盾"。要想消除这些矛盾，唯有找出东亚三国之间和平共处之路，并积极推进本国的改革。国内的问题、国与国之间的问题不能混为一谈，应理性而客观地处理"内忧"与"外患"，只有这样才能正确化解和超越。

在中韩建交 20 周年之际，我来到延边大学，就"中韩两国之间的问题之两大解法"做了讲座。希望对各位有所帮助。

现场问答：
学生：

之前，我对韩国并不是很了解。只是从初中课本、影视剧中略知一二。今天听了您的一席话，我学到了很多东西。那么，您认为这种包括民间和政府在内的中韩两国之间的相互认识，对于解决黄海问题、贸易及军事领域的纠纷和摩擦会起到多大的作用呢？

白永瑞：

可以说，韩中两国关系在于如何缓解朝韩关系。包括军事摩擦在内的诸多矛盾大都来自朝韩关系的紧张局势。因此，对于韩中两国关系，我们应立足于东亚的视角去"远距离"审视全貌，而非只"近视"对方。2012 年，韩国恰逢两次选举①，而这一"举国大选"正是有望改善南北关系的力量的执政。在大选中，如果是积极寻求和解之路的一方获胜的话，朝韩关系和韩中关系均会破冰回暖。

综观古今，现在才是韩中两国关系的鼎盛时期。我之所以这么说，是因为之前的韩中两国关系一直都不在一个层级上，其交流并非是等量齐观的。可以说，只有现在才在同一个水平线上公平地进行交流。过去，两国人民也并非"深入"其境，"来而不往"时居多，因此并不深知"庐山真面目"。其实，中韩关系的大趋势是和平、合作与发展，但两国之间现存的各种矛盾事出有因，其因有二：首先是两国政府对朝韩问题的分歧。比如各大媒体在报道船只相撞

① 4 年一次的国会选举恰逢 5 年一次的总统选举。

事件、朝核等问题时，给公众起了"两国政府不和"的误导作用。其次是网上舌战扩至现实层面的矛盾，主流媒体将网上论坛渲染加工，有些学者还将这些缺乏公信力的新闻作为研究两者矛盾的参考资料来引用。最近，有位日本学者就指出这些媒体的问题：这些媒体利用网上口水仗"小事闹大"，激化各国之间的矛盾。只要发现问题，媒体就会在网络新闻中只把焦距对准"预知"的那一部分，将其加工杜撰，唯恐不乱。为了在第一时间吸引最多人的眼球，以提升浏览量和点击率，媒体人员喜欢聚焦那些"爆料"，肆意炒作，由此引发舌战，恶化各方矛盾。

学生：

中韩两国不同的社会制度和意识形态可能导致双方在研究历史时史学观有所不同，对于这个问题您是怎么看的？

白永瑞：

我认为，个人对历史问题的认识不一定非要代表国家的历史观。要知道，同样是韩国人，政府和公众所持的看法会不一致，不同地区的人们也有认识差异。对于同一个历史事实，不同的主体会依据不同的角度去评价其意义。有以"丙子胡乱①"为背景的小说，其中一段讲到清军进攻朝鲜时，朝鲜国王则退守南汉山城、坐困孤城的部分。当时，对于那场战争，朝鲜国王、官僚和一般民众所持的看法各不相同。由此可见，对于历史的评价，因评价主体而异。

分析和论定历史事件时，首先要确定观者所处的立场和角度。举例来说，对于韩中关系，身处延边、平壤或首尔的人所看的角度肯定是不同的。考量历史的单位，不应只以一个国家为单位，其评价主体也可以是一个国家内不同的地区。2011年3月11日，日本福岛县发生了"大地震"，日本国内不同

---

① 又称"丙子之役"，指的是1636年至1637年之间清军攻打朝鲜的事件。这是后金第二次攻打朝鲜。"丙子胡乱"又与之前发生的"丁卯胡乱"统称为"丙丁虏乱"。此后，朝鲜成为清朝的藩属国，接受清朝的册封，朝鲜断绝与原宗主国明朝的关系，朝鲜使用的年号由明朝年号改为清朝年号。朝鲜仁祖以其长子李澄、次子李淏为人质赴清朝，向清朝朝贡。朝鲜虽然屈服于清朝的统治，但朝鲜人对清朝非常反感，称清朝为"胡虏"。这种敌对的称呼和态度在《朝鲜王朝实录》中比比皆是。

地区的人们面对灾难的态度并不相同。据悉，最近，福岛县和冲绳的人们互相援助，一边是核电站的受害者，另一边是美空军基地的受害者，二者同病相怜，互相慰藉。日本政府决定对其赔偿损失。福岛和冲绳，同是天涯沦落人，因此可以同命运、共患难。考量历史时，最重要的莫过于观者所处的现实条件。

第十三讲
东亚与韩国

金荣德

作者简介：

学　　历：韩国首尔大学学士、韩国首尔大学东洋学硕士、哈佛大学博士。

历　　任：首尔大学评议会副主席、日本东京大学客座教授、韩国历史学会
　　　　　会长、韩国大学出版协会会长、日本历史学会会长、首尔大学出
　　　　　版编辑部主任。

现　　任：国史编纂委员、国际研究生院国际贸易研究所所长、东北亚历史
　　　　　财团理事长。

主要研究成果：《东洋史易学》
　　　　　　　《东洋史研究资料地图》
　　　　　　　《明治维新的土地税改革》
　　　　　　　《回眸日本近代史》
　　　　　　　《19 世纪日本的近代化》
　　　　　　　《日本学教育课程及其方法研究》
　　　　　　　《近代交流史与相互认识》1、2、3 卷

全莹：

今天我们有幸请到于韩国光州科学技术院执教的硕士指导教授——金荣德
教授。金教授于 1967 年在首尔大学获学士学位，1970 年获得首尔大学东洋学
硕士学位，1979 年获美国哈佛大学博士学位。历任首尔女子师范大学专职讲
师、全民专职讲师、首尔大学出版编辑部主任、日本历史学会会长、韩国大学
出版协会会长、韩国历史学会会长、日本东京大学客座教授、首尔大学评议会

副主席，现任国史编纂委员国际研究生院国际贸易研究所所长东北亚历史财团理事长。主要著作有《东洋史易学》《东洋史研究资料地图》《明治维新的土地税改革》《回眸日本近代史》《19 世纪日本的近代化》《日本学教育课程及其方法研究》《近代交流史与相互认识》1、2、3 卷等，另外还发表了许多论文。

金荣德教授为延边大学历史学科的发展提供了很大的帮助，下面就让我们以热烈的掌声欢迎金教授。

金荣德：

今天，我出席这个讲坛，就讲座的内容揣摩了很久。我不清楚在座的各位同学对哪个领域比较关注，又不能太偏离我的研究方向，于是就选择了我本人一直比较关注的内容——《东亚与韩国》作为讲座的主题。其中重点讲解东亚共同体与东亚价值观的问题，以寻求共生、和解之路。我的语速本来就比较慢，今天又没有韩国语翻译，所以会更放慢语速，相信大家都能听得懂。

今天，我所提及的东亚，其一般概念是以中日韩三国为核心的。但是今天，我想把"东亚"的辐射领域扩至越南，尤其是越南中北部。先给大家简单地介绍一下东亚地区的现状及其历史纷争，再以纷争——共同价值观——和解之路之序进行讲座。

一 东亚地区的现状

如今的世界形势，首先可以用"信息化"这个关键词来概括其特征，在信息化时代，可以同步获取在世界范围内发生的任何事情的信息；其次是"全球化"，在这全球化时代，我们喜迎超理念的意识形态。

就在三十年前，不同的意识形态在东亚各国之间筑起了一堵高墙。随着全球化、信息化时代的到来，"国界"的概念也有了变化，软化了许多。韩国国内规模首屈一指的三星集团就是最好的例证。三星集团营业额的 60% 是在国外创收的，因此可以说三星在名义上是韩国公司，但称其为外国企业也未尝不可。这种想法在过去是行不通的。按过去对企业的理解，企业建筑物应在某国领土上，向其交税，受其管束，但时至今日这种界限早已瓦解。较之过去，国境的概念发生着变化，意识形态大幅度开放。

随着意识形态的开放，世界出现了文化多极化现象。以前，处于美、苏两霸格局时，周边国家也是跟随其后分成两大阵营，界限极其分明。之后，这种两极分化消失了，只剩下美国一极，貌似到了"巨无霸"时代，但事实并非如此。中国的崛起，阿拉伯国家以及伊斯兰文化圈誓死抵抗美国，这些都导致美国在 2001 年 "9·11" 事件以后成为众矢之的。

过去，意识形态分别表现为共产主义和资本主义，现在这种对决的局面缓和了许多，取而代之的是伊斯兰文化、印度文化、俄罗斯文化、美国文化及欧洲文化等多元文化的共存。可以说，如今的地球村时代，变数很多，世事难料。毋庸置疑，各国知识分子的最终理想是打破"国之界"，筑起世界各民族和平共处之舞台，但事实上"国无界"是不可能的。至今，国家存在的意义是无条件的，是个铁律。因此，我觉得应该共商如何去构筑一个能够共享经济利益与文化传统的区域共同体才是可行的方案，才是更加行之有效的方法。我们提出建设东亚共同体也是源于此。

现今的世界，意识形态已被瓦解，文化多极化现象已成为世界的一种趋势，在这种时候，如何使国家身份认同得以维持，同时又在文化相对独立的地区建立一个共同体是我们面临的课题。在东亚地区建立一个超越国界、聚焦共性的区域文化是可行的。当然，应从崭新的视角去对待这一共同体。东亚三大核心国家——中国、日本、韩国不仅有地缘相近的共性，更有超强的教育热，从"子辈的教育程度应高于父辈""子辈的社会地位应超出父辈"等思想可以窥其"望子成龙"的共性，而教育热这一共性要比地缘相近这一特性更具共鸣。

东亚地区巨大的潜力将牵引着世界经济和文化政治发展，并使其成为世界主轴，这一事实是不容争辩的。东亚是一个发展势头非常强劲的地区。就外汇储备来说，以中日韩为核心的东亚地区外汇储备总额高达 3 万亿美元，这是一个惊人的外汇储备能力。三国生产总量占据世界总量的四分之一之多，贸易总量达到世界贸易总量的三分之一。这些数字透视着这一地区发展迅猛的经济实力。

东亚各国之间的经济依存度非常高，区域内出口贸易额高达 50%。也就是说，韩国、中国、日本以及越南北部地区之间的交易量占总产量的 50%。

换句话说，这一地区交易量的下滑也就意味着经济的不景气。当然，有人会说这与欧盟贸易额占区域内总产量的70%相比不算什么。但是我们不能忽略欧盟有统一货币、经济融通等有利因素，如果东亚也有这等有利因素的话，我们可以预测东亚的成绩单远不止70%。

随着市场经济的发展，东亚地区出现了政治民主化趋势，始于20世纪80年代后半期的中、韩两国的政治变化就是最好例证。继而，"韩流""汉风"与"日流"让人们感觉到在"风"中流淌的文化之歌。"韩流"风靡中国，"汉风"也劲吹至韩国，很多中国电影在韩国也形成了一股"中国风"。这些景观积淀着建立区域共同体的可行性。

事实上，在20年前没有人能够预测到中韩两国关系会发展到如今的景象。中韩两国在1992年正式建交，2012年喜逢建交20周年，但在韩国，中国的形象并非一路凯歌。对中国的看法，可以说分成了两派：一派欢唱"亲华论"，即应与中国保持亲密友好的关系；另一派则高唱"中国警戒论"，而这一"中国警戒论"来自一种恐惧不安的心理，认为中国将会是构成朝鲜半岛威胁的一个因素。当然，也有不少亲华派认为不管是从地缘性还是历史渊源来看，中韩两国都具有相当密切的关系，应与中国维持友好比邻关系，与美国则应保持客观冷静的距离。

中美两国处于G2格局、双雄争霸时期，韩国如果与中国亲近，就意味着疏远美国。但亲华派认为"应更加客观地对待美国"，"韩国一直以来太依靠美国了，该是保持距离的时候了"。另外，也有不少人认为，"不仅是现在，中国历来都是霸权主义国家，为确保韩国的安全，应强化与美国的同盟关系以牵制中国"。这种论调来自"中国警戒派"，即亲美派。但这里还有一个值得关注的变数，那就是韩国与日本的关系。换句话说，日本历来戒备中国，是亲美疏华的，因此韩国如果也是亲美疏华的，就意味着日韩两国应该是亲密友好的关系。按上述公式推理，"中国警戒论"走向极端的时候，韩国应不惜与中国背道而驰，唯有强化韩国自身防御能力，才能应付中国的军事强势。问题在于韩国与日本的关系，较之与中国的关系要单纯得多，或者可以说是单行其道，更确切地说应该是防之又防。因昔日的历史积怨，韩国至今心存"焉知日本又将如何加害韩国"的想法。因为日本对于过去的侵略历史拒不反省，因此韩国虽不认为日本会重蹈侵略的覆辙，但也无法丢弃"不知会对韩国做出怎样不利的行为"等想法,总是抱有被害意识,对日本持否定的态度。"日本是一个不得不防的邻国",日本歪曲历史教科书问题至今得不到解决,日本军队慰安妇问题和日韩两国之间独岛领土纷争问题,总是让韩国人无法忘怀"是他们侵略了我们""是他们剥削了我们",以致对日本时而友好,时而疏离。

东亚地区各国之间有如此"理不清、扯不断"的关系,那么今天我就东亚各国的相互认识、矛盾及现状等问题加以探讨。

论及东亚共同体时,很多人认为"其实没有共同价值观可言"。中国历来以其压倒群雄的人口数量、强大的政治军事力量、优越的中华文化建立了朝贡体系①,东亚各国向中国中原政权进贡,以此确保其安全和整个东亚地区的安定秩序。中国中原政权又通过册封外藩的形式,保障进贡国家的独立、自治及合法性。对于中原文化,东亚各国将其视为东亚普遍文化来接受,而不是中国的固有传统文化。在历史长河中,中国的传统文化凝聚成东亚普遍价值观,为东亚各国所接受,而未受到抵抗。

另外,中国中原政府为预防外侵,建立了"朝贡—册封体系",以降低其危险系数。在此基础之上,中国中原政权、朝鲜朝、越南阮朝(夏)之间可维持互相牵制、共生共存的关系。有人称,这种体系比建立在西方式近代国际法之上的"条约制度②"更有保障,降低了外侵的可能性。西方近代国际法虽在法律上承认各国的独立性,各国具有同等的国格,但强国可欺凌弱国,其

---

① 朝贡体系,是自公元前3世纪开始,直到19世纪末期,存在于东亚、东南亚和中亚地区的,以中国中原帝国为主要核心的等级制网状政治秩序体系。常与条约体系、殖民体系并称,是世界主要国际关系模式之一。在朝贡体系影响下,东亚地区逐渐形成了一个以汉字、儒家、佛教为核心的东亚文化圈。文化圈内,强调文化上的华夷之辨。日本江户时代即有所谓华夷变态之论,朝鲜朝则其以"中华"自居,视清朝为蛮夷。越南阮朝也自视为"中国",别人为"夷",自称"中国之于外夷,治以不""先王经理天下,夏不杂夷,此诚杜渐防微之意也。红毛人狡而诈,非我族类,其心必异,不可听其居留"。这里"中国"和"夏"就是越南,不是清朝。越南并在中南半岛全力"改土归流""以夏变夷",强迫柬埔寨国王接受汉姓和将夷名"柴棍"改名"嘉定"(今胡志明市)等。

② 条约制度是国际法中的重要制度。这种理应反映国家之间正常、平等的相互关系的制度,在近代却成了勒在中国脖子上的绳套,成为中国半殖民地半封建社会的主要标志。近代中国的"条约制度"是西方列强对外扩张的产物,也是中国被迫和资本主义世界建立新的关系的产物。第一批不平等条约确实揭开了一个新纪元,这些条约正提供了保障列强在华特权的法律形式。用费正清更直截了当的话来说:"即依靠条约、法规使各种权利成为制度。"列强用"条约制度"把中国纳入他们的"统治范围",确定了对华关系的真正的不平等,这种不平等正是"条约制度"的内核。

"条约制度"不是万无一失的。反而，"朝贡—册封体系"更加强有力地保障了东亚各国的安保。因此，韩国并不认为中国像其反对者所说的那样，利用维持东亚地区国际秩序的"朝贡—册封体系"来统治和支配周边国。韩国反而认为这一体系是奠定其自治体系的古代社会国际关系。举个例说，美苏双雄争霸时，分居在两大阵营的各个国家，其地位并非与美苏两国相同，但这并不意味着附属关系。同理，过去东亚各国在"朝贡—册封体系"之下，既维持独立自治又能和平共处，这并不能说是附属关系。所以有人说，与其依靠近代国际法的"条约制度"，不如仰仗"朝贡—册封体系"。

二 共同价值观

如果说在古代社会有一种价值观曾一统东亚，那么这个价值观到底是什么呢？首属当然是儒家思想。很多人称之为"亚洲价值观"，朝鲜开港①之后，屡被西方强国压迫，正因为有了这"东道西器"——东方之道、西方之技才能应付西风东渐，正因为有了亚洲本源的儒家价值观，才能力守"东道西器"。虽然这些继承之举趋于失败，但其价值观至今依然成为亚洲的普遍价值观。

随着帝国主义势力的扩张，西方的近代发展取代了基于儒家思想基础之上的亚洲本源，出台了"新亚洲价值观"。所谓的"亚洲价值观"，其实并非是一个具体的概念。那只是西方学者们研究东亚经济发展模式时摸索出的一种假设模式而已。从 20 世纪 70 年代开始，"亚洲四小龙"——韩国、中国台湾、中国香港、新加坡以其经济腾飞书写亚洲经济新篇章时，西方世界关注其经济模式，研究铺垫在其底层的儒家传统价值观，即一种"困惑主义"（confusionism），并把"亚洲四小龙"的经济飞速发展归功于其共同分母的传统价值观。有人提出"儒家思想到底是一种具有何种现代意义的价值观"，起初举其为"亚洲价值观"的人们说那是一种强有力的领导力。但是有一点不容忽视，那就是当时的韩国、中国台湾、中国香港、新加坡等地处于独裁体制，当然 20 世纪 70 年代的香港有些不同。但廉洁的生活态度、教育热、家族的人际关系、协同精神、勤勉性等都成为推动亚洲经济发展的原动力。

---

① 指 1876 年缔结《朝日通商章程》，对外开放贸易的事件。

不幸的是，进入 20 世纪 90 年代后期，韩国人常说的 IMF 风暴①，即亚洲金融危机席卷了整个亚洲。在金融风暴的猛攻之下，韩国、中国台湾等地一路狂泻、一蹶不振，给世界各国留下了"原来他们如此不堪一击""经济基础如此薄弱"的印象。那么发生这一危机的原因何在呢？究其实质，可以说儒家传统价值观的负面、消极因素是导致这场危机的关键因素。

比如，关系主义、企业经营的不透明性、政经联盟、腐败等因素成为经济危机的内因，成为经济增长的负面因素。因此，又有一些人认为从政治角度来说，为国家利益可牺牲个人的自由和人权的所谓"亚洲开明专制论"才是潜藏在东亚文化价值观中的基调，因此"亚洲价值观"根本无意义可言。另外，纯粹个人主义、亲情疏离、道德沦丧等西方民主主义的弊端也渗透到亚洲传统文化而成为其主要内容，而这些因素不该是亚洲传统文化的砥柱。我个人认为这一看法不无道理。

因此，所谓的"亚洲价值观"是包括美国在内的西方研究者为阐释亚洲特殊性而提出的论调，同时不能否认"开明专制②"国家的统治者以此作为强化统治思想的一种手段。最为典型的就是新加坡的李光耀和马来西亚的马哈迪等领导人将儒家思想嫁接到"开明专制"上。作为"亚洲价值观"核心思想的儒家思想虽没有建构出今天的自由民主主义，但将西方近代发展观纳入其中时，相信能构筑一种理想的理念体系。有一点非常重要，那就是不应夸大"亚洲价值观"的特殊性，应探索出其中能够与西方观念相融相生的东西，将其升华为普遍价值观才是我们当前所面临的课题。

---

① IMF 风暴指的是 1997 年在韩国爆发的一场金融危机。从表面形式看，这场金融危机是一个外债偿付危机。从 1997 年 8 月初到 11 月中旬，韩国股票市场在公司倒闭和金融动荡的阴影下骤减了 30%。由于韩国银行坏账猛增，日本各家银行 11 月 20 日宣布，贷给韩国银行的 240 亿美元债务不得延期，在此情况下，韩国政府别无选择，只好求助于 IMF。IMF 允许贷款，但是必须用韩国的稀有资产（自来水、电力、资源）进行抵押，而且贷款利率很高，韩国因此贷款了 200 亿美金。IMF 除了要求资金抵押、高利率，而且还要求韩国开放其金融市场，改革监管手段，开放外资投资持股比例等。

② 18 世纪下半叶欧洲一些国家封建专制君主执行的一种政策。当时，欧洲大陆诸国的封建制度日趋衰落，资本主义生产关系在封建社会内有所发展。各国封建君主为了巩固其专制统治，接过了法国启蒙学者要求改革的旗帜，宣称要进行自上而下的改革。他们利用伏尔泰希望有一个开明君主，在哲学家的辅助下，改革社会生活的主张，把自己装扮成"开明"的君主，高喊"开明"的口号。

从"国家与市场的分离"角度来看，"国家"具有权限的独立性、排他性、自律性，有了这些因素，近代国家才得以维持。但国家最应具有的一种职能，应该是在社会、贸易等所有领域进行有机调控，使自律性和依存性进行完美结合。而对相互依存性进行有机调控的国家职能是无法用资本主义理论来阐释的，在儒家思想的"构建和谐社会理论"中才能窥其一斑。

另外，近代资本主义体系将"人性欲望"视为发展所需的最为本源的要素，人性的消费欲望使生产不断扩大，随之，资本主义也能得以发展。但是这种发展必然会带来负面因素的增长，诸如贫富差距的扩大、环境污染等问题。要想封堵这种恶性循环，首先要节制"人性欲望"是不言自明的。儒家所说的自我节制和修养，即"人性欲望"的道德化才能引领我们走向净化这个世界的道路。可见，高于"效率性与权威性"的以"道德与和谐"为准绳的统治思想、有机地调控国家和市场的功能、自我节制及社会责任意识、超越"对立与矛盾"的和解意识等对未来社会起正确的导向作用的思想，才是"亚洲价值观"的根基。同时，只有这种价值观才能够克服资本主义的弊端。

从这个意义上说，源于儒家的"亚洲价值观"并不单纯地意味着"旧有的东西"。当然，一味地强调"亚洲价值观"，很可能会导致簇拥社会体制的不合理性、扶持权威主义和独裁主义的合理化等结果。当"亚洲价值观"可与近代性的弊端抗争，能够为理想主义社会提出作为普遍规范的传统价值观时，才能具有"新意"。对于在东亚地区内实现相互借用东方传统理想——圆融的可能性，有些人仍心存怀疑。但东亚各国的传统文化有长期相互交流接触的历史，其共建普遍价值观的可行性，较之其他地区更具优势。

比如，古代社会的朝鲜、中国、日本和越南等地的知识界人士，通过汉学这一媒介，进行了广泛而深入的交流，共同拥有传统时代所具有的普遍价值观。众所周知，朝鲜王朝时期的阮堂金正喜来到北京，与清朝的很多学者建立起密切交往关系，尤其得到敬仰已久的翁方纲的器重，成为其座下弟子。阮堂因连坐被谪放到济州岛时，其师翁方纲常寄书籍以慰其寂寥。此后，阮堂与清朝的两位导师仅以书信往来永续师徒之缘，成为中韩学术交流史上的重墨。从此，不乏在中国北京结缘的越南和朝鲜使臣互赠书籍之例，更不乏通过汉学交续友谊之例。而儒家的共同价值观是所有这一切交流得以进行的媒介。

三　历史纷争

东亚各国之间经济贸易活动频繁，文化交流历史悠久，增长潜力巨大。但是如果我们历览文化交流，不难发现一个事实：中日韩三国同属汉文化圈，在汉文的学术交流上畅通无阻，而正由于这种互通性，各国在学术权威方面总要分出哪国"技高一筹"。就如在清朝时期，朝鲜和日本偶有一种优越感，认为"胡儿虽入主中原，我等怎不如夷狄之邦"。

更有一种想法认为，"中国虽说是儒家思想的发源地，但其地位不一定最高"，不肯承认其优越性。当时，退溪李滉、栗谷李珥等性理学最高学者和日本学者们常想与中国学者一较高低。古代中国以其"中国居中、四夷宾服"的天下观，将周边国视为"华夏之藩属"，但朝鲜、日本和越南阮朝等国在自治领域里，亦有其天下观。周边各国自视"小天下"是其主体性及身份认同，并以此构建国家体系，正是这些因素成为近代国家体系的基石。于是，随着国与国之间的交流，出现了相互矛盾、相互竞争的局面。

历览这一矛盾之源头，可追溯至"壬辰倭乱"。16世纪后期，丰臣秀吉在完成统一日本大业后，表示他有意假道朝鲜进攻明国，请予协助。但朝鲜因事关明朝，又因识破丰臣秀吉的野心而拒绝。日本出兵侵略朝鲜，通过战争，朝鲜更加确定了对日本和中国的看法。当时的明朝处于中华文明和朱子学之中心，朝鲜对明朝甚为敬仰，对于日本却甚为贬视，又不得不承认日本的经济地位，因此称日本是一个很怪异的国家。朝鲜一直认为，日本的文化是得益于朝鲜的，结果这个日本突然有一天入侵朝鲜，发动了"壬辰倭乱"。战时，日本军屠杀无辜，割鼻子割耳放火杀人，无恶不作，从此"日本是一个无恶不作的国家"的想法折磨着每一代朝鲜人。在朝鲜战争时期，日本表示有意派出日本自卫队，欲与美国联手救援韩国，当时韩国出了名的反日主义者——李承晚总统语出惊人："我们不需日本派兵。如果日军入驻，我们就算停止与北边的战争，也要把日本军赶出我们的国土。"可见，韩国社会高涨的反日情绪，这种情绪源自"壬辰倭乱"的仇恨。

与此相反，明朝政府却不顾沉重的负担，出兵援朝，击退倭寇。因此，与共同抗击外侵、共享文化价值观的明朝相比，朝鲜对待无缘无故入侵朝鲜的日本的态度，那可是天壤之别。"为报明朝政府的厚德"，朝鲜亦设有"明义论""明义会"等，以示对大明国的忠诚。由此可见，朝鲜知识分子对大明国的援助感恩不已。相反，对入主中原的清王朝却苦恼不已。朝鲜君臣一直对大明帝国怀着一颗追慕和忠诚之心，而被朝鲜贬视为"犬羊夷狄"的"满清"却把明朝推翻，伤了其追慕忠诚之心，于是对清朝政府的看法就产生了分歧。

清王朝取缔明王朝时，有些朝鲜国王采取敷衍的态度，也有朝鲜国王断然表示"要我负明，断不敢从"，随后遭殃国之祸，最终在内外援绝的情况下不得不向清朝出降，为大清之臣子。清朝皇帝认为自己才是中国天子而继承中华文化时，中国和朝鲜知识分子均俯首认同，进贡清朝政府，但内心深处总是不服，认为"朝鲜怎会不抵满清"，坚信朝鲜才是性理学的正统继承者。

这一时期，李朝朝鲜适逢日本的德川政权时代，与其保持和平关系。但"壬辰倭乱"之时朝鲜受的重创实在难以愈合。朝鲜后期有位学者叫李沂，他说："倭乱结束已有百余年，当年发动侵略的肇事者都已死去，我们为何还要如此恼怒日本呢？""战争的元凶都已归入尘土，而德川王府也已代为谢罪，我们应与日本握手言和"，甚是敢言。不过，还有一人比李沂更加主张"应与日本毗邻为善"，那就是丁若镛①。丁若镛不仅亲自撰写《日本论》一书，其中写到"日本也有著名的儒家学者"，还读了很多日本儒家学者的著作。读罢其著，他说："日本儒学家的造诣如此深厚，一个拥有如此精湛的儒学观学者的国家，怎能重蹈蛮行之覆辙？"还说"大可以放心"。丁若镛说完这句话才过了一百余年，日本就再次侵略朝鲜。当然这并不是说丁若镛的看法很肤浅，判断有误，但可见其并没有全方位地正确看透日本。日本学者所著的汉文儒学文集是很非凡，问题是这些学者的影响力及其政治效果到底能有多少，对此丁若镛并没有看透。之所以带来这种结果，是因为在构建日本的因素中，除了儒学方面的东西，还有很多其他方面的因素。

旧"怨"未消，又添新仇。东亚各国之间新的矛盾始于开港之后。在18

---

① 朝鲜李朝哲学家，实学思想的集大成者。字美镛，号茶山、与犹堂、三眉、俟庵。祖籍全罗道罗州。朝鲜京畿道广州（今杨州）人，被认为是韩国"汉字出现以来留下最多著作"的大学者，共留下五百余部著作，在宗教典籍、政治、经济、法律、医学、农事、筑城等方面都有所涉及，是一个各方面皆通的全能型人才，因此也被称为"韩国的达·芬奇"。

世纪后期，朝中、朝日关系曾趋于稳定，暂呈盛势。19世纪中期，中国首先被西方列强打开国门，紧随其后，日本也被迫开港，开始走向近代化的富国强兵之路。从此，矛盾四起。日本迅速废弃东亚普遍价值观——儒家理念，积极纳新资本主义理论而走向近代化，在东亚地区迅速崛起。一举成为东亚强国的日本开始觊觎朝鲜半岛和中国。随后，朝鲜在日本的武力冲击与外交胁迫下开港。当年"壬辰倭乱"的"旧怨"重又爬上朝鲜人的心头，朝鲜人悲痛填膺，"日本就是日本"的仇恨心理更加深重。由此，朝鲜在继承传统价值方面严重受挫。

当时的朝鲜性理学家认为，朝鲜才是最为"性理学体化"的国家，甚至在农村也固守着乡学，"外设乡校，以与儒术"，整个国家顽固地坚持着性理学为主的统治理念，这种固化很难改变。对于这样的人们来说，与性理学有极大的冲突的开化思想，实难接受。

正逢清政府洋务派在全国各地掀起的"师夷之长技以自强"的改良运动，朝鲜想"学于中国"，但此时的清朝政府想彻底掌控朝鲜半岛，并非只是朝贡关系那么简单。首推袁世凯，其大辱朝鲜王之举引起了朝鲜读书人极大的愤恨。由此，就有了"清朝政府也不可信"的想法。

对于拒纳西风、故步自封的中国和朝鲜，日本视之为落邦，将其作为经济市场扩大和军事侵占的对象。对朝鲜读书人来说，清政府亦是其恐惧不安的对象。随后，日本出兵朝鲜，朝鲜被迫将统治权交给日本天皇。面对日帝和西力东侵，中国和朝鲜重结伙伴关系。在日帝强占时期，有很多朝鲜独立运动家流亡中国，得力于中国的援助，朝鲜独立运动才得以持续下去。对此，朝鲜一直铭记在心。

自开港以后，朝鲜受日本侵略、统治，以至于朝鲜对日本文化传统的认识也开始演变为反日情绪，朝鲜人心中至今仍潜藏着被害意识。在日帝时期，朝鲜爱国志士长期把中国作为独立复国运动的基地，曾经的"贱华"转变为"敬华"，重拾"尊明"时期的感情。

四　和解之路

二战结束之后，朝鲜战争又改写了朝鲜半岛与中国相互认识的轨迹。中国分化为国民党当局的中国台湾和中国共产党领导的中国大陆两大派，韩国与中国台湾的蒋介石当局、美国以及日本形成同一个势力板块，而朝鲜则与中国、苏联结成联盟。韩国将中国称之为"中共"，将台湾称之为"中国"，这种分化为"台湾"和"大陆"的思想倾向就是 1950～1960 年初的中韩关系图。

20 世纪 80 年代后期开始，韩国政治迎来了民主之风，中国亦迎来改革开放，东亚地区各国之间的关系进入解冻期，开始转暖，直到现在。经济交流与合作发展，进一步加强和巩固了两国关系，大众文化亦形成"风之潮"相互涌进。据统计，2011 年韩国贸易总额为一兆美元，其中对华交易额超过两千亿美元，这意味着中国已跃升为韩国的第一大出口国。同时，韩国也是中国的第三大贸易伙伴。这足以说明，韩国的民主化、中国的改革开放之风为两国体制的相互认可、相互促进起到了积极的作用。

2011 年 3 月 11 日，日本东部海域发生大地震，韩国出于人道主义精神，全力支援日本，想借此机会改善韩日关系。两国关系貌似"重见阳光"，但由于日本政治势力的毒化思潮，韩日关系再次"触礁"。

由此可见，中日韩东亚三国关系，尚未建立在健康的、客观的相互认识基础之上。最大的阻碍因素是缺乏国与国之间的相互信赖。中、日、韩作为东亚地区的核心国家，都曾有过被打败、被占领的历史，被害意识深植于内心。日本对美国的依存度相当高，但对于美国对日投掷过原子弹一事始终耿耿于怀，中国也被西方列强和日本占领过，韩国亦曾被日本吞并过。这种被吞、被占的历史，一直苦苦纠缠着东亚各国，影响着各国关系。另外，在历史长河中，三国领土和构成范围并无大变，其政治文化的独立性长期得到延续。因此，三国均对本国的文化独立性和历史有相当强烈的民族自尊，欲探索出铺垫三国的共同分母，实则很难。

1. 欧盟与东亚共同体

众所周知，现在欧盟的影响力极大。近期，葡萄牙、爱尔兰、希腊、西班牙、意大利"笨猪五国"的财政恶化几乎拖垮欧盟，其影响力大不如前。但是，就像美国"合众国"，西欧众国也结成经济联盟，试图建立西欧国家的政治联盟。有一些西方人戏谑中、日、韩、越等东亚各国具有比欧洲更为相似的共同分母，却还不能建立一个东亚共同体。殊不知这种看法来自于对东亚历史的无知。

西欧各国历经长期的战争岁月，对于"停止发动战争，促进持久和解"彼此认同，但东亚地区不像欧洲那样有频繁的战争之后的厌战心理，而是对于旧怨新仇还不能够释怀。

试想一下俄罗斯加盟欧盟的情形，我想西方学者可能更加容易理解东亚的情况。欧盟得以维持下去，是因为把俄罗斯排除在外。欧盟规模最大的成员国，也不过是德国和法国，这些国家规模相似，属于同一重量级的，几乎可以做等量交流。

那么，再勾勒一下中国处在其中的东亚共同体，这样的一个共同体趋于"中国化"是毋庸赘述的。可见，构建东亚共同体，绝非易事。考虑到中国的人口数量、国土面积、经济实力、资源等因素，东亚各国是否同属一个重量级，有没有实现可能性，我们应从多个角度去考虑。西方学者们应该想到中国与其他国家之间规模失调等众多因素，构建东亚共同体并非像他们所想的那么简单。

另外，还有一个重要的因素，那就是领土概念。欧洲国家的领土概念，不像东亚国家那么强烈。比如，德国在二战战败后，将其占领过的四分之一的领土划给了波兰。从东方人的思维方式出发，很难理解这种行为，但历览欧洲历史，不乏其例。西班牙王位继承战争结束之后，经欧洲贵族们共同协商决定由谁来"统治德意志诸侯国"，又由谁来"统治维也纳"等。如此，欧洲的贵族之间有千丝万缕的血缘关系。从法语成为当时欧洲官方语言这一事实可以看出，对于最高统治者——"国王"的概念，东、西方的理解相差甚远。在欧洲人的概念里，随着战争的结束，各国国境与国王的变化是极其自然的。因此，对于东方固守着"千年亘古不变"的历史景象不是很熟悉。固守历史文化独特性的民族自尊亦不像东方人那般强烈。

2. 亚洲价值观

毋庸置疑，东亚各国共同享有"亚洲价值观"这一底蕴，但惯于崇尚自己独有的"代代相传"的王统、王族、语言和风俗习惯的东亚人，很难逾越这一鸿沟去构筑东亚共同体。东亚各国之间，历史遗留下来的各种问题及矛盾是不容回避的。因此，共同寻求一种能够治愈这种矛盾和被害意识的"身份认同"及"共同需求"才是当务之急。只有这些，才能化解各国之间"剪不断、理还乱"的历史文化及政治问题。

首先，东亚各国应该建立一个复合型网络平台。也就是说，建立一个有效机制来缓冲狭隘民族主义，实现和谐相处。有些学者认为，东亚的"身份认同"将会在东亚共同体形成的过程中自然而然地浮出水面。但是，我认为不应该"守株待兔"，而应在其历史和文化传统中，积极去寻求东亚"身份认同"的构成因素。有关"身份认同"的研究，中日韩三国学者都在做出共同的努力。要想成功推动东亚地区一体化，其前提条件是：认同差异，相互尊重，消除隔阂，面向未来。不应只停留在地缘相近上，因为东亚一体化的意义在于：传统文化的认知性、世界秩序中东亚价值观的普遍性、解决问题的理性化。

　　构建东亚区域一体化，不是为争夺"盟主"，也不是为行使领导权提供一种便利的手段，而是为长期的国家利益和普遍价值观的生成提供一片沃土。因此，东亚共同体建成的可能性应建立在各国民族文化的独立性、身份认同的开放性之上。

　　东亚共同体应该有别于欧盟，基于多样性认同、国家意识认同，形成一种东亚地区共同的文化价值观。重要的是，这里应包括两个层面：一种是在历史长河中积淀出的深厚的文化底蕴，另一种是源于传统而又超越传统的文化价值观。

　　有人云："不是已经有欧洲模式吗？为何不效仿？"

　　也有人说："我们为何如此急躁不安？"

　　重要的是，我们必须相信已经具备"东亚共同的文化价值"，并且有恒心寻求东亚一体化之路，将我们的信念建立在我们的自信之上。事实上，东亚地区在经济上差不多已经形成紧密整体，中日韩三国经济利益交织，你中有我、我中有你，政治立场再怎么有分歧，也无法改变这一格局。东亚共同体是大势所趋，东亚各国将共荣共赢，共生共进。

　　其次，共建一种能够超越国家意识认知的文化价值观。综观东亚各国关系史，现有的文化积淀应该能促成文化融汇。而这一价值观里应融汇着世界普遍价值观，只有这样，东亚地区才能具有世界领导能力。

　　不忘历史、以史为鉴，固然很重要，但是不能拘泥于过去，如何解决"历史认识"问题，才是更加重要的。其解法应该是尊重各国历史和国家意识认同。理想的"东亚共同体"应该是建立在这种前提条件之上、有别于欧盟的"新概念"东亚联盟。

我们不得不承认，东亚的问题，只有在东亚各国的国际关系之中，由东亚各国来解决。朝鲜半岛南北对立，日本与周边国的领土纠纷，这些因素是随时可能引爆的导火索。其中的利害，不仅交织在东亚各国之间，还牵扯到美国、俄罗斯、欧洲各国。要想正确化解这些危机和矛盾，不仅要把视角定位在健全的相互认知体系之上，还要用理性的眼光去看待全球范围的国际关系。

不容置疑，东亚地区内依然有互相制衡的政治、军事势力。尤其是中日两国的军备扩充有可能制造地区紧张局势。中日韩三国对东亚地区和平繁荣起着举足轻重的作用，日本应正视中国的国力，中国也应正视日本的经济力，对于中间者——韩国，中日两国也应予以重视。东亚各国唯有加强合作，才能奠定其在国际社会上的地位。有人预测，中国迅速崛起而"被 G2"了，如果因此而一味地去警戒中国的话，势必会刺激中国的被害意识。这样的中国，必然要使之加盟东亚共同体，而这一共同体非实现不可的意义也在于此。

东亚各国在短时间内寻找出相通性、制衡点来建构繁荣发展的共同体是不切实际的想法。但是在区域内，确保相互认知、多元性、包容性，共同迈向和谐的发展，这个夙愿终会实现。

"亚洲价值观"是凝聚共同体的一个准绳，但同时也应与世界普遍价值观相通，既能适应时代要求，又能超越地域局限性。一百七十年前，曾为近代边缘的东亚地区，如今伫立在国际舞台上，能够载"世界之舟"起航，这意味着"亚洲价值观"应超越地域概念，包涵世界文化的普遍价值观而前行。

今后，东亚共同体应"源于"东亚，也要"超越"东亚，要以引领世界和平与繁荣为己任。东亚共同体与欧盟一样，并非是一个"功能共同体"，而是一个"价值取向式共同体"。共享东亚传统文化的中日韩三国的作用，以及能够在美国和俄罗斯之间进行缓冲的韩国的力量是自不待言的。

谢谢大家。

现场问答：

学生：

您在讲座中提到韩国、新加坡、中国香港、中国台湾。我想请问，您是否认为台湾是中国的一部分？

金荣德：

20世纪70年代，台湾曾为联合国安全理事会的常任理事国。当时，台湾在国际上就代表着整个中国，所以我用了"台湾"一词。现在，台湾当然属于中国，是中国的领土。

韩国政府的官方态度也承认台湾隶属中国这一事实，这也是韩国断绝与台湾公开的官方交流关系的原因。但是，我之所以单独使用"台湾"，是因为台湾是一个特区，享受不同于中国大陆的制度，台湾有权独立加入由非主权国家组成的国际组织，在奥运会中，台湾不就是"独行侠"吗？这是在中国政府默许之下的。此外，香港也是中国的特区，享有自治权。只是两个特区的自治程度稍显不同，在台湾仍存在叫嚣台湾"独立"的"台独"分子。但事实上，"台独"是不现实的，不可能实现的。因此，我认为，在这种前提下，如果中国在对待类似问题时能够更具大国风范，那么在国际各方面交流中也会更得心应手。中国只需将台湾看成是以特别形态存在的一个"另类"特区即可。所以我认为，如果中国能够改变态度的话，那么大陆与台湾的关系是否就能在和暖春风之中化解呢？

想要攻克"东亚共同体"这一课题，实属不易。就最近的东亚局势来看，实在错综复杂：美国和菲律宾在中国南海进行军事演习；中国和俄罗斯又在东北地区联手；朝鲜迎来新的领导体系，南北关系一触即发；韩日关系也剑拔弩张。在这种"剪不断、理还乱"的环境中，东亚共同体的实现前景堪忧。

欧盟过去其实也曾有过同样的忧虑，为建立共同体前后经历了数年时间，各国进行全民投票，又将这个问题提上国会议程，经过多番讨论，最后才纷纷站出来，各国达成共识。我所提到的东亚共同体是一个不同的概念，需要用另一种方式来进行理解。因为东亚共同体的建立不能循欧盟之旧路，那样是难成大事的。阻碍这一大业的"老大难"问题就是我们的朝鲜半岛问题，甚至于我所讲的内容也都因某些相关因素而变得片面和空虚。有的时候我们其实可以更具体地讲述这一问题，但是朝鲜一方的存在又让我们踌躇不已。言归正传，我们并不能说解决了朝鲜半岛问题，中俄关系、韩日关系等一切问题就能迎刃而解，走上正轨。在我们看来，朝鲜半岛是解决这一问题的关键，朝鲜半岛问题如能得到解决（这个解决并不是指南北统一，而是朝鲜不再进行多方挑衅，还朝鲜半岛一片安宁），中国也能松一口气，中韩关系也能得到缓和。既然关键在于朝鲜半岛问题，那么为拿下这把关键之钥，需要中国和韩国双方的努力，双管齐下，中国应在其力所能及的范围内促使朝鲜改变其政治体制。但是问题是，朝鲜和韩国的领导人都太固执，不愿折中。所以说在这种形势下，有谁敢说东亚共同体的实现指日可待呢？

其实我们已经在构建东亚共同体的半途中了，因为我们几乎已经实现了经济共同体。另外，就像历史上欧洲曾通用拉丁语一样，汉字在东亚也起着同样的历史性联系作用，过去，使用同一种文字的文人志士们在此区域内频繁交流，这种经历于我们是一笔无比珍贵的财产，它能将今天处于这一区域的有识之士重新凝聚起来。知识分子们在舆论时事中所感受到的亲切感等和国家政治领导人是不一样的，所以知识分子们能够团结起来，互相合作。虽然他们之间的那种联系并不昭然，但是就像我们通常说的公民运动，其实是存在一定可能性的。

学生：

您刚才提到中国、韩国和日本，如果真的想构建东亚共同体的话，须谨慎处理中日韩三国的关系。我想问的是，您说现在朝鲜半岛问题是韩美关系的重要一环，驻韩美军已经在韩国多处撤军，美国的影响力却一如既往。我并不清楚现在韩国政府方面如何，但是在韩国人民当中存在许多针对美军的示威行为，我想了解一下现在的韩美关系是怎么样的。

金荣德：

如果在韩国进行民意调查，问他们是否喜欢美国，我想一半以上的韩国人民持否定态度，但是却可能有 60% 以上的人民希望美军驻扎在韩国，这又是为什么呢？对韩国来说，驻韩美军是阻止朝鲜军队南下的有力后盾，韩国需借美国的军事力量来牵制朝鲜。但是有人说，美国撤军是出于对朝鲜政治体制一定程度的信任。列举一例，济州岛江汀村因在海岸建立海军基地的问题成为热议话题。在众多选择之中，为什么最终选定了江汀村呢？对此有所误解的人认为，美军舰队可在此地起航，从而对中国起牵制作用。这种主张并不合理。因为从海军、空军力量以及导弹准确度等方面来看，无论是在江汀村还是冲绳，对中国造成的军事影响并无较大差别。正如上述所言，有人认为我们只有清除境内的美国军力，中国才能放心，中韩关系才能得到缓和，这一想法太过单纯。韩美关系中始终掺杂着朝鲜半岛问题，错综复杂，牵一发而动全身。如果朝鲜没有导弹和核武器的话，美国就可能不会将朝鲜视为虎狼，大为忌惮。如此来看的话，美国当然可能撤离在韩军力。再者，美国军队的思想观念正在从根本上发生变化。陆军驻扎的数量并不意味着军事力量的强大，军队的驻扎位置灵活性很大，取决于战争发生的位置，所以，实际上驻韩美军也并不是总在一个区域活动的，随时可能撤离，流动性较大。所以，在韩美关系中，韩国并不是喜欢美国，而是将美国视为牵制朝鲜的唯一力量。

第十四讲

古代东北亚文化交流的中心——百济

张寅成

作者简介：

学　历：韩国忠南大学历史学学士

韩国忠南大学东方史专业文学硕士

台湾大学历史学研究所硕士

台湾大学历史学研究所博士

现　任：韩国国立忠南大学历史系教授

主要著作：《百济的宗教与社会》（2001）

《中国古代禁忌》（2000）

《中国历代陵寝制度》（2005）

主要论文：《海东曾子百济义慈王》（2005）

《汉城百济时代的道教文化》（2005）

《古代东亚世界的禁咒师》（2005）

《礼仪和日本古代国家形成》（2004）

《大田忠南巫与〈玉枢经〉》（2003）

《百济金铜大香炉的道教文化背景》（2003）

《道教早期的生死观——以〈太平经〉为中心》（2000）

《古代韩国人的疾病观与医疗》（2000）

我是一个重视故事的人。但是故事应该得到谁的重视？应该在什么时候讲，为什么要讲这样的故事？这都是非常重要的。是不是？

历史非常重视的是人在一定时间于空间上的活动，所以现在讲的事，就是空间上的活动，就是在百济这些领域里，人是怎样活动的。我先说明这样的问题。

5世纪左右，东亚地区的版图大概就是这个样子。如图1所示，这里是日本，大和政权，当时叫作大和国。朝鲜半岛西南部是百济，东部是新罗，北部是高句丽，百济和新罗之间的这个小国家叫伽倻诸国。当时中国正处于南北朝时期，南朝是宋，北朝是北魏。从这个版图上可以看出，百济是个很小的国家，要与其他地区进行文化交流，海路是关键。

图1

一　百济的对外交流

今天我讲座的题目是《古代东北亚文化交流的中心——百济》。要交流就必须相互碰面，要碰面就必须了解与海路相关的问题。今天我们的航海技术已经十分发达，海上交通十分便利，但是公元5世纪左右航海还是一件非常困难的事情，因此受到种种条件的制约，百济的海上交流只有一条路，那就是取路日本经釜山沿海岸线到达百济。统一新罗时代到来之后，朝鲜半岛同日本的关系极度恶化，新罗不许日本取道新罗，日本便开辟了这条海路。

当时，日本常常派遣使者到中国，史称遣唐使。若遣唐使一行乘两只船前来，必会有一只在航行过程中葬身大海。出使之路风大浪高，凶险之极，因此受到天皇任命之后常常有人选择逃亡。百济于公元前68年建国，公元660年为罗唐联军所灭，七百多年的时间里，百济这个小国家，在这唯一的航线中发挥了什么作用呢？其中最主要的一项是文化交流。中国的先进文化、制度和物品通过朝鲜半岛传到了日本。

翻开日本古代史，不难发现大约从公元 4 世纪起，朝鲜半岛成为首要介绍对象，史书利用大量篇幅介绍了从朝鲜半岛传来的先进文明。那时候日本人还不知道骑马，连农业生产中不可或缺的池塘也不会挖，总之十分落后。因此朝鲜半岛，尤其是百济在当时的文化传播中发挥了至关重要的作用。

我在中国的延吉机场看到这样一句话，"创造文明"。文明是什么？大家认为文明是什么？

文明，首先应该是人对自身的了解，其次是对自然的了解，再次是对各种关系的了解，比如人与人的关系、人与自然的关系。人们逐步对这种理解进行深化，然后加以利用、控制和解释，这就是文明。以前中国是东亚文明的中心，这是为什么呢？因为不管是朝鲜半岛还是日本，都有人的存在，和中国一样。

举个例子来说，我在美国波士顿的时候曾学过太极拳。我告诉一个犹太裔的美国教授，我每天练半个小时的太极拳，刚开始的时候练半个小时就很累，所以我每天都睡得很好。他说："真的睡得很好吗？"我说是啊。那个美国教授和我说，你练了半个小时太极拳，其实你跑半小时步也能收到同样的效果。但是我觉得学太极拳的时候人本身的生命力是不一样的。

我当时是用"气"来说明的，解释太极拳不能撇开气的作用。用"气"来解释人的生命活动，始于遥远的春秋时期，在秦汉时期达到巅峰，秦汉时代中国已经有了《黄帝内经》，这是中医古典，现在学中医学的人都会读《黄帝内经》，不只是读，还要背。无论是在韩国、日本，还是美国，中医都是一门很热门的学问。波士顿，已经有 8 个学校开设了中医学课程。人对自己的了解是非常深入的，用"气"可以说明人的经脉、表面和内在的联系。看相不也是看人的气色嘛，看风水也是分析"气"的运转流动，中国文化的根可以用"气"来说明。古代的朝鲜人和日本人，都不懂得这类解释，因此他们将这种中国文化称作文明。现在呢，是科学的时代，西方了解人的方法影响了我们，所以我们有时候把西方的这种文化叫作文明，这是非常重要的。

百济先学习南朝的先进文明，再将它传到日本。但是，日本却不以为然，

因为他们的思考方式是以日本为中心的。日本古代有两本史书，另一本叫
《古事记》，另一本叫《日本书纪》。这两本书是不同的，《古事记》成书于
8 世纪初，编撰之时他们认为古代的历史是古事记，近现代历史应叫作日本
书纪。因此，《日本书纪》成了一本值得信赖的史书，我们今天研究日本古
代史主要就是依靠《日本书纪》。《日本书纪》将来自朝鲜半岛或是中国大
陆的移民称作"归化人"，意思就是因仰慕日本古代天皇而自愿移民到日本
的人。

日本古代文化的水平是非常高的，因此日本人认为周边民族都是野蛮人，
野蛮人就要到日本去朝贡或者干脆移民到日本。这就是以日本为中心的世界
观。这样的世界观是怎么出现的呢？这是由于日本吸收了中国的中华理念，就
是认为中国是中心，周围的民族都是野蛮民族的理念。

《东夷列传》《蛮夷列传》等许多历史著述都表露了中国中心观念，将周
边地区民族视作东夷世界、蛮族世界或是戎狄世界。所以，这样的历史著述并
不能帮助我们了解真正的移民史。

例如，《日本书纪》里面有一个著名的天皇——应神天皇。书中有段关于
应神天皇胎儿时期的记载，说"初天皇在孕而天神地祇授三韩"。三韩就是高
句丽、百济和新罗。这可信吗？不可信。但可以说明当时已经有了以日本为中
心的观念。

日本天皇是日本君主的称号，那么"天皇"这一称号是什么时候出现的
呢？7 世纪左右。之前最高统治者叫作大王，更早之前叫作王。公元 5 ~ 6 世
纪的时候，日本的最高统治者还称为大王，到了 7 世纪末叫作天皇。天皇的全
称是现神御宇天皇，日本人认为天皇有别于一般人，是天神，所以天皇没有
姓。

那么，中国的皇帝有没有姓呢？有的。各朝各代的君主都有自己的姓氏，
比如李唐王朝。但日本的天皇没有姓，那么日本给唐朝的国书是怎么写的呢？
国书称日本国王"主明乐美御德"，这其实是说日本国王是一个非常神圣的、
值得尊敬的人，但是，唐朝皇帝不了解日本天皇无姓氏，就误以为"主明乐
美御德"是日本天皇的姓名了。在这种世界观之下，日本人也认为周边民族
都是蛮族，他们将北海道附近的人叫作虾夷，把现在九州南部的人叫作隼人，
把朝鲜半岛的人叫作藩人。

在日本的历史进程中，百济人扮演着非常重要的角色。11～12世纪，日本天皇编写了一部日本贵族家谱，里面百分之七十以上是百济人。

二 百济的历史

下面我来简单介绍一下百济的历史。百济历史中没有什么建国神话，这一点是非常独特的。其实建国神话是非常重要的，因为它代表着一个民族或者国家身份的认同。扶余族南下，在马韩的地域，也就是现在的首尔附近建国……当时平壤以南称带方郡，带方郡也好，乐浪郡也罢，当时这一带的文明程度是相当高的。

4世纪初，乐浪和带方为高句丽所灭，这一带的高级知识分子逃亡到百济，百济接纳了他们，他们的到来使百济文明实现了一次飞跃。4世纪中后期百济的文化水平和国家力量都有显著发展，百济开始在国际上扮演重要的角色，和东晋还有倭国都建立了外交关系，同时又扩张了自己的领土。

乐浪郡、带方郡灭亡以后，百济和高句丽就因为领土之争展开了军事斗争。起初百济占优势，还杀死了高句丽的故国原王。

但是后来局势逆转，高句丽占了上风，高句丽广拓疆域，领土范围迅速扩大，力量明显上升，百济遭到压制，百济的盖娄王也被高句丽杀死。后来，百济不得不迁都熊津，就在现在的公州地区。当时百济武宁王同梁建立了亲密的外交关系。再后来百济又迁都泗沘，泗沘时代的圣王和武王都非常有名。但是，百济还是难逃厄运，最终于公元660年为罗唐联军所灭。这是因为他们忘了百济本身的角色。

6世纪40年代是一个内政与外交联系十分紧密的时代。642年，盖苏文发动政变，全面掌控高句丽政权，开始对唐采取强硬政策。百济最后一任君主——义慈王也通过政变登上了君主宝座。日本呢？645年日本开始所谓的大化改革，中大兄皇子掌握了国家政权。6世纪40年代，隋唐势力进一步扩张，东北亚各国危机重重，为了走出这种困境，他们频频在国内发动政变，涌现出许多新的执政者。但是，后来百济还是忘记了它本来的角色，遭到灭亡。

三　百济山城

在韩国历史上，百济的山城也很有名。

我住在大田，大田约有人口 150 万，周边分布着 30 余个百济时代的山城。韩国古代史中的山城是非常有特色的。

图 2

那中国呢，中国历史上有没有山城呢？魏晋时代有坞壁，也就是坞堡，坞堡的一部分依山而建，是为山城，但大部分还是在平地上。韩国山城比较多，而日本就几乎无城。公元 3 ~ 4 世纪，百济出现了一个风纳土城，现在首尔还保存着 2300 米①左右的土城。土城是文化遗产，是中国文化的遗产。当然这一文化遗产中也融入了带方郡、乐浪郡的文化要素。

---

① 原文是 2300 米，还有其他资料显示是 2700 米。

四　七支刀

这是七支刀（又名七星剑）（图3），世界上唯一的一把。大家见过这样的刀吗？这样的刀能用吗？不能。这是百济王送给倭王的礼物，现被日本当作无上至宝珍藏于神宫①之中。人们原不知刀上有字，后来发现正反两面都刻着铭文。正面刻着"泰和四年（大部分学者认为是 369 年）五月十六日丙午正阳造百炼磨七支刀出辟百兵宜供供侯王永年大吉祥"。反面刻着"先世以来末有此刀百济王世（子）奇生圣音故为倭王旨造传示后世"。不同的念法将会导致截然不同的理解。学者们也对这两段铭文做出了许多种解释，韩国学者看到"供供侯王"，认为侯既然是比王低的官爵，那就是百济王下赐给倭国的。但是，日本学者从"为倭王旨"认为，这是百济王供给倭王的。但是无论遵从哪种解释，这把刀都可以说明 3 世纪 60 年代百济已经同倭国建立了外交关系。

图 3

五　梁《职贡图》

这是梁《职贡图》（图4、图5），南北朝时期梁的《职贡图》。梁和百济的关系十分密切，因此梁《职贡图》②中包含着许多关于百济的信息。这幅图旁边有很多文字，记载着关于百济的内容，其中就有"唐小国"三个字，这

---

① 日本奈良县天理市的神社。
② 此图又名《蕃客入朝图》或《王会图》，描绘了各国使臣到梁国朝贡的场面，图旁配文，简单介绍了各国风俗。

表明百济认为自己是大国，百济王叫作大王，这实际上也传达着一种中华意识，以百济为中心的世界观。

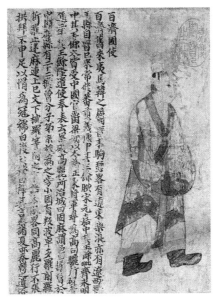

图 4

图 5

六　武宁王陵

这是 1971 年发现的武宁王陵（图 6）。武宁王陵发掘之前关于百济的历史资料非常少，有关三国的历史资料也甚少提及百济，所以在相当长的一段时间里，百济史鲜有人问津。尤其是朴正熙政府时期，朴正熙的家乡在历史上属于新罗，因此他强调新罗史，他执掌韩国政权将近三十年，将近三十年的时间里许多人跑去新罗地区发掘历史遗迹。现在这一地区已成为韩国的主要工业区，大兴土木之前必定先进行考古工作，而考古工作的成果是丰硕的，这一地区已经发现了很多历史遗迹，历史资料自然也随之丰富起来。相比之下，关于百济的历史资料就显得有点寒酸，直到 1971 年武宁王陵被发现之后，情况才有所改观。人们惊奇地发现原来百济文明也达到了这么高的水平。武宁王陵的规格相当于梁朝贵族墓，但是王和王妃的棺材都来自日本，是韩国所没有的木材，也有从梁朝进口的，所以这可以说是国际交流的典范。

图 6

七　百济金铜大香炉

图 7 百济大香炉是 1993 年偶然发现的。看到这个香炉时，考古学者激动不已，泪流满面。香炉高 64 厘米，是迄今为止东亚地区发现的最高的香炉，香炉上为凤，下刻龙，中间开莲花，它本身就代表着儒、佛、道三教的融合。

图 8 是汉代十分流行的博山炉，它对百济大香炉产生了一定的影响。

图 7

图 8

八　益山弥勒寺址西塔和舍利器

这是 2006 年益山弥勒寺遗址中的西塔（图 9），西塔复原过程中挖出了这个舍利器（图 10、图 11），里面刻着一段非常有名的铭文。铭文中出现了"大王陛下"几个字，按理说只有皇帝才有资格称"陛下"的，而这里的大王是指百济的武王，应该是百济人为提高他们的王在国内的地位才这样称呼的吧。

图 9

图 10

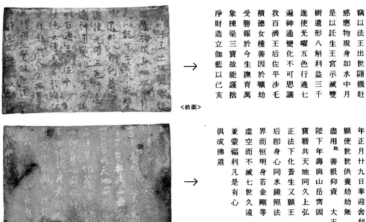

竊以法王出世隨機赴
感應物現身如水中月
是以託生王宮示滅雙
樹遺形八斛利益三千
遂使光曜五色行遶七
遍神通變化不可思議
我百濟王后佐平沙乇
積德女種善因於曠劫
受勝報於今生撫育萬
象棟梁三寶故能謹捨
淨財造立伽藍以己亥

〈前面〉

年正月廿九日奉迎舍利
顗使世世供養劫劫無
盡用此善根仰資大王
陛下年壽與山岳齊固
寶曆共天地同久上弘
正法下化蒼生又顗王
后即身心同水鏡照法
界而恒明身若金剛等
虛空而不滅七世久
遠並蒙福利凡是有
心　俱成佛道

〈後面〉

图 11

九　百济人向日本诸岛的迁移

下面我们再来了解一下文化交流的情况。三国时期，大批百济人迁移到了日本，所以要研究日本历史，尤其是古代史，必须了解百济历史。因此，日本古代史学者都曾到韩国原属百济的地区考察交流。百济人迁往日本主要是为了逃避战乱，迁移共出现了三次高潮。

第一次高潮出现在公元5世纪前后，高句丽广拓疆土压制百济的时候。第二次高潮出现在5世纪末，高句丽的长寿王占领了汉城，所以很多百济人逃到日本避难。第三次高潮出现在百济灭亡之时，约有3000名百济贵族迁移到了日本。百济移民为日本带去了哪些先进技术呢？有池塘技术，还有马匹饲养和使用技术。之前，日本人并不懂得使用马匹。此外，还有制陶、绘画、儒学、厨房烹饪等。总之，百济的先进文化技术传播到日本，在很大程度上提高了日本的生产力。这就是介绍日本4~5世纪的历史时必然提及百济移民的原因。有时甚至会说，百济移民的到来引发了日本古代的技术革命。

近现代以后日本又有过明治维新，即积极学习西方先进文化，并快速为自己所用，再后来日本又建立了帝国。日本历来强调快速发展，这在古代也是一样，它通过朝鲜半岛移民带来的先进文化技术实现了快速发展。移民中有一部分人是知识渊博的大学者，他们便充当了倭国的外交官。当时的外交文书都是用汉字来写，会写汉字的大学者自然要担起这样的责任。

6~7世纪，文化交流的层次进一步提高，上升到了国家级别。医博士、易博士、历博士、采药士、乐人、五经博士、僧人等与精神文明密切相关的人士带着先进文化到了日本。其中有一个非常有名的僧人叫观勒和尚，观勒和尚带着大量书籍到达日本，日本的推古女皇重用了他。观勒带去的历法书，使女皇有年月日时的历法概念；此外，他还带去了讲解天文地理的书籍和与遁甲、方术等有关的道家书籍。我们可能不会意识到这些书籍会影响到国家军事和政治，但事实上这些书籍都十分重要，对军事政治的影响非同小可。

梁武帝以佛治国，是中国历史上赫赫有名的"菩萨皇帝"。百济圣王模仿梁武帝利用佛教树立威信，所以得了圣王的称号。将佛教传到日本的就是圣王。圣王派遣大批舍利、寺工、瓦工、画工前往日本，日本接纳了这些专家，并在他们的帮助下建造了举世闻名的法兴寺。道教也是通过观勒和尚的书传到日本的。这种高层次的精神文化交流可以直接对国家体系产生影响。因此，日本接纳这些优秀文化之后，国家体制也得到了较大发展。660 年，百济灭亡，3000 余名百济贵族逃亡到日本，日本对他们礼遇有加，将他们编入官僚体制，委以重任，在这些贵族知识分子的帮助下，日本如顺水之舟，迅速地发展起来。

全莹：

张教授用了一个小时的时间简明扼要地为我们介绍了百济历史，还通过介绍一些文物说明了百济对日本的影响，并进一步揭示了百济在东亚文化交流中的重要作用。听完张教授的讲座，大家心中一定都有许多问题，下面的时间就留给大家。大家有什么问题都可以直接向张教授请教，这是一个难得的学习机会。

学生：

演讲开始的时候您也说，您对日本古代史有所研究。我想问的问题就是，日本学术界是如何看待百济以及百济的文化的？另外，日本学术界是如何区分和联系那一时期的中国文化与百济文化的？谢谢。

张寅成：

你提的问题非常好。研究日本古代史的学者，非常重视百济文化。《日本书纪》里，关于百济的资料几乎占了三分之一的篇幅。反而是韩国在古代史、三国史研究中缺乏同百济相关的史料。刚才我也讲到《日本书纪》编纂之时天皇已经存在，因此编纂者为了维护天皇权威，在书中称百济使臣为朝贡使，称百济移民为归化人，关于"朝贡使""归化人"这样的说法，我们要谨慎对待。但是，对于百济为日本文化发展做出的重要贡献，无论是研究日本古代史的学者还是普通日本人都十分认同，因此常有日本游客、日本旅游团或日本学者到韩国原属百济的地区游览观光。研究百济历史，现在地方政府是非常重视的。韩国旅游业也是如此，一开始最吸引人们眼球的是景色秀丽的地方，但是青山绿水看多了人们便厌倦了，又开始重视起文化因素来，但是文化一定要有故事才有意义。刚才我们讲到的百济的文物，也都是有故事的吧，我们看了这样的故事学到了不少东西，所以日本也非常重视这类东西。

学生：

刚才您讲过，660 年，百济最后一位君主被唐罗联军杀死，当时您说了这样一句话"因为他们忘了百济本身的角色"。那您认为在当时的大环境里，百济本身应该是什么样一个角色呢？

张寅成：

这个问题也非常好。百济灭亡也有它自身的原因。在武王、义慈王之前，百济君主的称号带有佛教性质，像圣王、法王、威德王等。佛教思想在百济历史中发挥了重要的作用，但是武王和最后一任君主义慈王突然弃佛从儒。他们认为百济的文化技术水平已经相当高，无须再向中国借鉴。到义慈王在位之时，百济已经不再向中国派遣使节，外交关系几乎中断。而文化相对落后的新罗，则一直孜孜不倦地汲取着中国先进文化技术中的养分。这时，国际局势发生变化，高句丽、百济和倭国形成了一个南北联合，唐和新罗形成了一个东西联合。归根结底，百济灭亡有两方面的原因，一是百济自身的原因，二是国际局势的变化。

学生：

教授您好。您讲到日本受中国文化的影响形成了以日本为中心的世界观。那么我想问一下，当时百济是如何看待日本人的这种世界观的？

张寅成：

每个国家都有自己的世界观。昨天，我刚看了一个电视节目叫"朝闻天下"。天下观是中国所独有的，用现在的话说就是世界观。他们在以自己为中心的时候，以中国的文化水平来判断文明和野蛮，也就是存在中华意识形态。后来，日本将自己的最高统治者称为天皇也是因为接受了中华意识形态。

学生：

教授您好。您刚才也谈到您以前的研究方向是中国古代史。那么我想问一下，您认为百济作为东北亚文化的一部分，它对包括中国在内的整个东北亚地区最深的影响是什么？百济是三国时期的一个国家，它存在的时间并不长。但百济作为东北亚的一个国家，它的文化对东北亚其他国家尤其是中国产生了怎样的影响？比如政治制度，或者是礼仪宗教方面的。

张寅成：

你提的问题很好。但是很遗憾，目前为止我们还未在梁朝的首都建康也就是今天的南京发现任何有关百济的遗迹。现在南京的开发程度已经相当高，历史遗迹很难寻找到了。因此，我是比较提倡南京或南京周边地区的考古学者多多关注百济或日本的百济遗迹，这样大家还可以相互交流。现在我发现，朝鲜半岛也好，日本诸岛也罢，其文化源头都是中国。刚才我一直强调百济文物向日本的流传，其实百济的首都即今天的公州地区也发掘出了许多来自倭国的文物。而且当时在百济的都城有许多外国人住在一起。我们可以通过这类文献记载发现他们曾互相交流。

全莹：

就着张教授这个话题，我还想再多说两句。在韩国历史研究方面，韩国学者可能对韩国国内历史遗迹和相关史料了如指掌。但是在中韩关系研究方面，我国学者发掘国内史料的能力就很有待提高了，包括百济文物这一块，这是非常令人遗憾的。中国肯定也有不少与此相关的文化痕迹，文化交流是相互的，我国有必要努力发掘新史料，进一步充实中韩关系研究的内容。这可能也是在座的各位同学今后需要努力的方向。另外，如果换做我们在韩国的大学用韩国语讲座，在座的有信心像张教授讲得这样好吗？这一点，想必各位也深有感触。退一步来讲，即使大家不能将韩国语说得这样流利，到毕业的时候能多读懂几篇韩国论文也是好的。可能在座的同学还有很多问题要问，但是张教授还有其他行程安排，今天的讲座到此结束，让我们再次用热烈的掌声感谢张教授精彩的讲座。

第十五讲

韩国民主化运动与小说之关联研究

宋贤镐

作者简介：

学　　历：韩国首尔大学硕士、博士

现　　任：韩国亚洲大学国语国文专业教授、韩国现代小说学会主席

历　　任：韩国学振兴事业委员会委员长、韩中人文学会主席

研究方向：现代文学。

主要研究成果：《中国朝鲜族文学与后殖民主义研究1》（专著，2008）

　　　　　　　《中国朝鲜族文学与后殖民主义研究2》（专著，2009）

　　　　　　　《在日韩人的韩国语文学民族文学性格研究》（专著，2007）

　　　　　　　《文学风景》（专著，2004）

　　　　　　　《韩国近代文学论》（专著，2003）

　　　　　　　《现代小说分析》（专著，2003）

　　　　　　　《韩国现代小说论》（专著，2000）

　　　　　　　《韩国传统文化·语言文学卷》（韩国研究丛书23，2001）

　　　　　　　《中韩人文精神》（专著，1998）

金虎雄：

下面为大家介绍一位学者，宋贤镐教授。

宋贤镐教授毕业于韩国首尔大学，数十年来执教于韩国亚洲大学国语国文专业，主讲现代文学。宋贤镐教授历任韩国多所高校主席、韩中人文学会主席，现任韩国现代小说学会主席。现在，宋贤镐教授最主要的职务是韩国学振兴事业委员会委员长一职。韩国学振兴事业委员会隶属于韩国学教学研究院，

该机构是一个主导、检验及支援国内外韩国学发展的国家直属学术机构。

十几年来，宋贤镐教授一直十分关注我们延边大学，曾十余次到访延边大学，有时还一年来访两次。尤其是近几年，在担任韩中人文学会主席期间，宋贤镐教授更是多次为我校研究生进行精彩讲座，还悉心指导学生论文，不少研究生的论文略有不足，经宋教授精心修改后，都得以在国家级刊物——韩中人文学会的刊物上发表。大家都知道，按照我们延边大学的规定，在核心刊物上发表两篇论文以后才能获得提交博士论文的资格。非常感谢宋教授为我校学生提供了莫大的帮助。

朝鲜－韩国研究中心是我校最重要的研究所，自该所创办之初，宋贤镐教授就不断为我们提供咨询与指导。此外，自2008年我校主办第一届图们江学术论坛至今，宋教授每次都携优秀论文前来参会。

从私人的角度来讲，之于我，宋教授是情同手足的友人，之于后辈和学生，宋教授是指引道路、提供关怀的先行者，是授业解惑的导师。大家若有机会到韩国的亚洲大学参观，会发现宋教授在自己的研究所里设置了一个专门的场所，供来自中国和其他各国的学生学习，还不时亲自前来指导。今日，宋贤镐教授拨冗前来为我们进行讲座，下面就让我们用热烈的掌声向宋教授致以热烈的欢迎和衷心的感谢。

宋贤镐：

今天我就《韩国民主化运动与小说之关联研究》这一主题与大家进行探讨。这个主题是金虎雄教授所选，想必在中国也能够产生共鸣，实际上，民主化运动与人类某些基本需求相关，那么韩国的民主化运动是如何在文学中得以体现的呢？我对这一问题进行了简单的整理。但是，因为相关内容较多，一个小时的时间不足以为大家一一道明，所以我只能略谈一二。

"子曰：'绘事后素'"，这是我非常喜欢的一句话，语出《论语》。"绘事后素"原意为先有白色底子，然后绘画，后比喻有良好的质地，才能进行锦上添花的加工。换言之，就是根深方能花繁叶茂的意思。若想观赏美丽的花朵应该怎么办呢？我们必须从春天开始就耕地、播种、锄草、施肥，精心照料，悉心培育，做好前期准备和基础工作，才能观赏到娇艳的花朵。这个道理同样适用于韩国学研习者。语言文学是韩国学的基础，打下扎实的基础，才能在进一步的学习、研究过程中游刃有余。

一 韩国近代小说中的民主化——非讽刺即解脱

韩国小说具体是如何体现民主化运动的呢？金洙暎的诗作中有这么一句话——"是讽刺还是逃避"，这句话集中体现了韩国小说与民主化运动的关系。其实，大多数情况下，比起平铺直叙，文学更擅长于采用高度的象征手法来表达情感，引发共鸣。金洙暎这句"是讽刺还是逃避"非常具有代表性，对于理解韩国文学来说，意义极其重大。这首诗共有四联，但是因为时间关系，在这里我只和大家分享一联。

> 我的妹
> 是讽刺还是逃避
> 你可知此言为何意
> 闺房中静挂着兄长容遗
> 我失魂地呆视着兄弟冷遗
> 逝者如斯挽歌如丝一避再避
> 戏谑亡者的安魂曲如此迷离怪异
> 时隔十年举头望穿逝者容遗
> 却终因尴尬匆匆地逃离
> 慰藉伤痛，十年岁月仿若瞬息

20 世纪 60～70 年代，是韩国民主化运动的一个高峰期。当然，韩国的民主化运动也包括"3·15"运动①（1960 年）、光州民主化运动②（1980 年）

---

① "3·15"运动，更确切地说，应该是"3·15"选举。1960 年，韩国大选，人民对这次政府变动寄予厚望。但李承晚明知专制政权不得人心，却不甘于退出执政地位的命运，反而使用了一些不合法律的手段操纵选举，企图权柄不易人手。3 月 15 日投票这一天，韩国自由党当局的舞弊行为就像大坝决口一样泛滥开来。支持民主党的投票者受到秘密警察的恐吓，只好待在家里，不敢出来投票。自由党人伪造了大量假选票，在光天化日之下塞进票箱。富有斗争精神的韩国人民终于对自己的政府愤怒了，这次选举成为一个导火索，燃起了韩国人民为民主而斗争的火焰——"4·19"革命，这是韩国历史上第一次成功的民主运动。

② 光州民主化运动，又名光州事件或"五·一八"光州事件，发生于 1980 年 （转下页注）

等许多运动。但是大韩民国建国以后，民主化学生运动的浪潮出现在 20 世纪 60～70 年代，许多人因此受到重创。

究竟是经济为民主化让步，还是为了经济发展不惜牺牲人权，向独裁政治低头？近来，这一问题引发了大选候选民众的热议。在这个时代性的话题上，文学家们怎么可能缄口不言呢？综观书海不难发现，这一时期的文学作品大体可以分为两类：一类对社会现实进行了无情的揭露和讽刺，意在呼吁社会改革；另一类则彻底对社会失去了信心，一味地逃避现实寻求"解脱"。

我认为，追求和谐是人类的一种本能。相信在座的各位也毫不例外，当我们感到十分不快时，往往禁不住向身边的人发牢骚，向家人发脾气，甚至大打出手。这缘于我们自身的不和谐，缘于我们追求和谐的本能。可以说，和平是建立在自由和平等基础之上的。当我们无法获得和平时，我们应该采取何种态度呢？对于这一关乎人类本能需求的问题，金洙暎的诗为我们提供了两个选择——"讽刺"或"逃避"。由此可见，这首诗是我们深入理解韩国近代文学的关键。敢于"讽刺"者，立足现实，挑战强权；追求"解脱"者，希望远离现实，只为获得心中极乐。

推行"维新体制"是韩国近代史上的一大败笔，就如中国的"大跃进"和"文化大革命"一样，未能经起历史的考验，为国家发展招致了重重困难。同日占时期一样，维新时期的知识分子也可分为这两大类：一类是金芝河、金洙暎、黄皙暎等敢于对抗强权的"讽刺"者；另一类是金春洙、徐廷柱等追求解脱的"逃避"者。

金芝河的《五贼》尖锐批判了暴戾的军事独裁者和贪婪的资本家。但具有讽刺意味的是，为了实现国民大一统，新国家党竟意图拉拢金芝河，金芝河绝对不可能与新国家党同流合污，这是原则性问题。另外，"逃避"派的金春洙在《花》一诗中，沉溺于灵魂和无意义的虚无世界。追求"解脱"者的这种倾向并不止于文学，在他们的现实行为中也有所体现。金春洙曾在全斗焕掌权时期担任立法委员。此后，他还担任过民众党国会议员。徐廷柱更是有过之

（接上页注②）5 月 18 日至 27 日期间。事件发生在韩国光州，是一次当地市民自发组织的要求民主的运动。当时掌握军权的全斗焕将军下令武力镇压这次运动，造成大量平民和学生死亡和受伤。光州事件敲响了韩国军人独裁统治的丧钟，加速了民主政治的到来。

而无不及，他编写了一本语录，对全斗焕极尽赞扬之词，为世人所不齿。综上所述，我们大体可以将近代韩国文学分为"讽刺"和"逃避"两类。

二　韩国民主化进程

谈及韩国的近代化运动，首先要提一提"东学农民运动"，再就是"三·一运动"、"光州学生运动"，还有"4·19"革命、"5·18"光州民主化运动、"6·10"民主抗争、"烛光集会"等民主运动大事件。由此可见，韩国的近代化进程与民主化运动密不可分。

近代韩国具有三大特征，即反帝反封建、意识形态对立和殖民地经历，其中反封建的思想基础是追求平等。因此，平民思想和民本思想具体表现在现实生活中，就出现了"东学农民运动"这样的结果，"东学农民运动"的爆发绝非偶然。

近代韩国与清朝不同。"壬辰倭乱"前的朝鲜王朝是一个由士大夫掌权的国家，士大夫和书生拥有绝对的权力和地位，崇尚"王"权，"王"成了近代化进程的最大绊脚石。虽说王权民赋，但当百姓将王推上宝座之后，王便独握权柄开始了他无视人权的专制统治。然而，朝鲜这一士大夫掌权的国家在"壬辰倭乱"中表现得十分不堪一击，短短几日汉阳就被日本攻陷，王仓皇而逃。直到这时，大家才明白，所谓的士大夫、所谓的王，都不过是徒有其表的纸老虎罢了。

此时，为了赢得这场战争的胜利只能拉商人入伙了，为此朝鲜王朝组建了义兵团。但是商人们会响应政府的号召自愿为国献身吗？显然不会。即便有人因为亲朋好友死于战争，怒不可遏，愤然参战，那也只是少数，大部分商人还是采取逃避的态度。无奈之下，统治者只能做出承诺，在战争中立下战功者可获得官职和仅次于贵族的权力。许多庶民和商人就是在此时立下战功，走上仕途的。

庶民为官的现象持续发展，到英祖、正祖时期，嫡庶制度被废，庶出也可入朝为官。事实上，英祖本人也是庶出，他的母亲是一名下等宫婢。因为出身卑贱，英祖时常受到士大夫的嘲笑和非议，因此他产生了强烈的自卑感，甚至在后来的权力斗争中为维护自身权力不得已杀死了自己的儿子。正祖即位之时

"壬辰倭乱"已经爆发，随着"壬辰倭乱"的爆发，平民思想和民本思想进一步传播，人们的思想观念发生了翻天覆地的变化。也正是因为如此，我们通常将朝鲜英、正祖时期视作韩国近代史的开端。平民思想和民本思想不断深入人心，最终促发了"东学农民运动"。总之，"东学农民运动"的爆发并非偶然，韩国的民主化运动是人们渴望自由、追求平等的必然结果。

从"4·19"革命到"6·10"民主抗争，这一时期的民主化运动是自下而上的，学生和平民百姓成为运动的中心力量，他们高举反腐反贪的旗帜，要求平等和自由。虽然自大韩民国成立之初到朴正熙掌权时期，韩国政府一直主导着民主化运动，但是，那不过是模仿西方民主主义，在所谓韩式民主主义外衣下实行的独裁专政，而这种统治模式在朴正熙政府的手中最终发展成了"维新体制"下的权威主义独裁统治。独裁下的人民热切地渴望着自由，然而"5·16"军事政变的爆发，又使他们陷入了另一个黑暗的时代。从民主的角度而言，这是一个黑暗的时代。但是另一方面，这一时期韩国经济困境重重，国家局面混乱不堪，此时却是需要独裁专权这种极端的统治模式来整理混乱的局面，实现经济的发展。发展经济与追求民主之间的矛盾，正是我们今天争论的焦点。

20 世纪 50～60 年代，韩国的经济状况远不如朝鲜，人民生活十分困难。直至朴正熙上台之后，一连运行了几个五年计划，大力推行中心主义①，韩国的经济状况才有所改善。近年来，中心主义的发展出现偏差，逐渐向"高小英②""张东健"等方向发生转变。"高小英"大家都耳熟能详，那么你们知道"张东健"吗？我本来也不知道，但是我在青岛中国海洋大学做讲座的时候有学生问我，"为什么只说高小英却不说'张东健'呢？"细问之下才得知，原来"张东健"指的是，"张（长），以长老为首的"；"东（同），毕业于同志商业高中的"；"健（建），建筑企业家"才能成为影响韩国经济的主体。其实，这句话也有一些道理。

其实，我认为这么说也不无道理，韩国的经济增长政策就是基于中心主义，结合韩国实际国情制定的。从前者的角度来看，后者显得非常负面，而从

---

① 认为自己的国家是世界的中心的一种世界观，近代以来这也被认为是种族主义的表现。
② "高小英"，取一韩流明星谐音而成的略语，为李明博政府实行的人事政策。"高"，高丽大学；"小（希）"，希望教会；"英（岭）"，岭南地区。和下文的"张东健"一样，是人们为讽刺政治现状而造出来的略语。

后者的角度来考虑，前者的固执己见也让人百思不得其解，韩国各界就这一问题争论不休。

20世纪70年代，工业化加速了城市化，人口大量向城市集中，自由和平等的问题又引发了各阶层各地区之间的新矛盾，财富分配问题也逐渐浮出水面，成了一个新的社会焦点。城市聚集了大量企业，企业可以带来更充分、更便利的生活资源，农村人口自然会纷纷涌入，追求更好的生活，这就是工业化加速城市化的原因。但是当大量农民迁移入城之后，农村自然就会面临荒废和解体的危险，在这种情况下，农村社会看不到生活的前途，一片怨声载道。这一点我们可以从李文求的小说中得到深刻体会。小说是一种能够通过各种不同形式，集社会万象于一身的文学体裁，在这里，小说将民主化运动的千般姿态形象化，赋予它美的价值和象征意义。下面我们具体看一看这一时期的各类小说。

三　民主化运动和各种类型的小说

1. 浪漫主义小说

讲到小说，首先要说一说幻灭浪漫主义。幻灭浪漫主义小说也被称为浪漫的幻灭主义小说。这种小说类型产生于西方文学当中，他们相信乌托邦的存在，但是却在追寻的过程中发现乌托邦并不存在，一切都只不过是幻想，幻灭的浪漫主义便由此而生。把它放到韩国的现实中来进行分析的话，我们都知道，"4·19"革命将人们对自由和民主的渴望推向了高潮，但是"5·16"军事政变一举粉碎了人们的自由梦、民主梦。梦想的破碎催生了一大批浪漫主义文学作品，小说家们以曾经一度风靡全社会的虚无意识为基础，将他们心中病态的幻想主义展现在小说作品当中。可以说，这是这一时期小说作品的一大特征。

其代表性作家是金承钰，他的代表性著作有《幻想手册》《生命练习》《雾津纪行》《汉城，1964年冬》等。

在《雾津纪行》中，作者将小说背景设定在两个对比鲜明的地方——雾津和汉城，雾津是主人公的故乡，一个落后的村庄，汉城是一座现代化工业城市。故事的主人公为了金钱和一个寡妇再婚，成了一家制药公司的干部，随后就平步青云。主人公在灯红酒绿充满诱惑的繁华都市中渐渐迷失了自我，堕落颓靡，随波逐流。后来，主人公因为升职问题同公司发生矛盾，暂时回乡。回到家乡雾津之后，他同雾津税务署署长赵、音乐老师夏仁淑、私交甚笃且志同道合的国语老师朴生活在一起。在与他们相处的过程中，主人公渐渐找回了自我，找回了自己上京前的梦想。社会经济发展的激流冲淡了人们对自由的渴望和对平等的追求，小说通过刻画主人公的变化过程，生动形象地向我们展示了这一社会现实。

而在《汉城，1964年冬》中，主要有三位人物登场——穷光蛋、研究生安和研究生罗。这个穷光蛋是个做租书生意的小商贩。现在韩国已经没有做这种生意的人了，我们小的时候有很多这种书贩子，他们会把书硬塞给你，你就得每月还点租金。小说主人公穷光蛋就是靠经营租书摊维持生计，收入微薄，生活十分艰难。由于生活贫困，穷光蛋的妻子生病也无法医治，最终因承担不起手术费用，死在医院的病床上。妻子死后，穷光蛋不知该如何处置妻子的尸体，于是将她卖给了医院。揣着妻子的"卖身钱"，穷光蛋良心不安，噬脐莫及。为了暂时忘记痛苦，获得解脱，穷光蛋每天和研究生安、研究生罗一起喝酒聊天。但是安和罗两人十分无情，他们的冷漠与现代人的资本主义特质有关。最后安和罗还是离开了，他们本来打算住在一起，这也未能实现。万念俱灰的穷光蛋最终走上了自杀的道路。小说中刻画的各种现象都源于当时的社会现实，20世纪60年代，崇尚自由和平等的民主党政府倒台，民众党诞生，社会发展的天平严重倾斜到工业化一边，人性缺失，小说形象地反映了这些社会现实。

2. 观念小说

接下来是第二种类型——观念小说①，与其说这种小说形式浪漫地刻画了意图从暴力和镇压中解脱出来的自由精神，不如说它追求的是对这种自由精神的自我探索，我们可以将它看成是对20世纪50年代张龙鹤小说的继承。崔仁勋的《广场》《灰色人》《总督的声音》《小说家丘甫的一天》，李清俊的《疯子和傻子》《传闻的墙》《调律师》《流言蜚语》《你们的天国》等是其中最具代表性的作品。

《广场》这部作品发表于1960年，而"4·19"革命于同年爆发，"5·

---

① 观念小说是作家以自身的经历和深刻的思考为基础，用具体形象化的手法将他想要表达的思想或观念表现出来的一种小说类型。

16"军事政变于次年5月16日爆发。时值自由党政府的独裁统治时期，以反共为国策，高举反共旗帜的文学作品铺天盖地。这类文学作品也因此被世人统称为反共文学，以金东里、赵演铉为代表人物。同一时期，崔仁勋从首尔大学法学院退学，投笔从戎。退伍之后，崔仁勋长期在首尔艺术大学文艺创作专业任教，向学生们传播西方的自由意识。大学期间，崔仁勋对当时的社会现实满怀激愤，长时间无法释怀，所以完成这部作品之后他并未发表，直至"4·19"革命爆发。如果没有"4·19"革命这一契机，这部作品可能会被束之高阁，无缘与世人相见。

这部小说是韩国近代文学史上非常重要的一部小说，视角十分中立。小说设置了广场和密室这两个对比鲜明的场所，其中，广场分为南边的广场和北边的广场，密室也一样，被分为南、北两个密室。密室象征着自由，广场象征着平等。这部小说使用形象化的手法，将自由和平等恰到好处地影射在文学当中。韩国的广场是什么？西式自由外衣下的独裁专制。换言之，韩国中心主义使平等在社会中失去立足之地。李明俊（《广场》的主人公。——编者注）呢？他的父亲偷渡到朝鲜，因此他被无休止地调查。近十年来，韩国不断推进民主化进程，随着民主政府的建立，国家日益成熟。这一时期，韩国经济稳健发展，民主化进程推进有序，有望实现经济、民主的"双赢"局面，在这种形式下，若韩国正常进行政权更替，一定会前途一片大好。但是最近，政府表现出否定民主化成果的严重倾向，还重新开始实施稽查制度。若是在民主化政府建立之前，人们会顺从地接受稽查，但是现在不同了，人们已无法容忍这种专政行为，矛盾便由此产生了。

在韩国，李明俊陷入了无休止的稽查中，隔三岔五被传唤到警局协助调查，很难说他获得了真正意义上的自由和平等。后来，李明俊曾试图通过一名叫作尹海的女性来追求自己的密室，即自由。但是警察一直监视他的密室，让他的自由无从可得。无奈之下，李明俊选择了偷渡回朝鲜，到朝鲜之后他发现自己在那里的处境和在韩国时并无两样。虽然改革的呼声此起彼伏，但是"广场"上仍然保持着资本家的旧习，子承父业的世袭制度尚存。在那里，李明俊意图通过一名叫作恩惠的女性来寻找自己的密室（自由），但最终还是不得其果。

朝鲜战争爆发之后，心灰意冷的他选择了参战。在战场上，李明俊再次与被自己抛弃的恩惠相遇，恩惠正是为追寻明俊而来。二人在山洞里再续情缘，直至这时，明俊才感觉到了自由。后来，李明俊不幸沦为战俘，面临南和北的抉择，他既没有选择朝鲜，也没有选择韩国，因为无论是朝鲜还是韩国，都存在各种问题和不足，都无法实现他渴求的真正意义上的平等与自由。最终，他选择了搭乘船只前往第三国——印度。但是到达第三国之后，他并没有继续探索在这里自己能否找到真正的自由和平等，而是选择了自杀这条不归路。自杀时，李明俊仿佛感到他获得了无穷无尽的自由。故事结尾，两只海鸥始终盘旋在船尾。因为当时恩惠怀孕了，这里用了一种象征的手法，用跟随船只的海鸥来象征下一代，暗示着作者对下一代的无限期望。崔仁勋的《广场》在完成之后，先后进行了七次修改才最终定稿，可以说这部作品如实地向我们阐明了民主化运动是什么，我们所追求的自由和平等是什么。

　　3. 劳动小说

　　第三种小说类型是劳动小说。劳动小说形象地描写了劳作在工业第一线的广大工人为维持正常生活而付出的艰辛劳动。讲到近代劳动小说，应首推黄晢暎的《客地》。在《客地》中，工人们还没有形成工会之类有组织有纪律的团体，因此力量非常薄弱。尽管工人们以罢工的方式要求监工、公司等改善待遇，保障他们的权利，但未取得成功。而赵世熙的代表作《矮子抛出的小球》则出现了劳动组织的形象，工人们开始有组织有计划地维护自身权益。主人公的父亲在世时还没有出现有组织的工人活动，工人们一盘散沙，各自为战。父亲去世后，主人公恩光远走他乡，后进入一家公司谋生，并组建了工会，在工会背后为工人们出谋划策。大家开始通过这种方式来保障自身权利。长久以来，平等一直是一个核心问题，这也是韩国社会最近的热点话题。如今，社会的贫富差距日益扩大，国家给予大型企业太多优惠政策，这使普通民众生活尤显艰辛。

　　龙山惨案发生之时，赵世熙是一个冲在最前面的人，因此，一直以来他都对自由和平等的问题十分执着，数十年如一日。《矮子抛出的小球》这部作品阐述的正是关于自由和平等的问题。这类呼吁自由和平等的作品不断发展，80年代出现了金永显的《迎月花》、方贤石的《黎明出征》、柳舜夏的《一座新坟》、车祖玉的《我们在一起吧》等。我们将这类直接描写劳动者生活体验的文学作品称为民众文学。但是值得注意的是，我们要采取客观公正的态度，若是因为过分倾向于工会的利益，或者过分执着于财富的公平分配问题，对公司倒闭企业破产拍手称快，那就太不应该了。其实我是一个非常中立的人，但是当我感到自由和平等受到威胁，我们不能继续保持沉默的时候，我就会站出来表明自己的立场。

4. 大学生小说

大学生小说也是大同小异，主要描写不堪忍受军事独裁统治的大学生投身民主化运动后的行为以及他们的苦闷和彷徨。大学生小说以李清俊的《恍惚的失踪》、李文烈的《年轻时的肖像》、崔一男的《流动的鼓》、林哲佑的《凸镜》、韩胜源的《父与子》、李仁星的《陌生的时间里》、姜石景的《林间小屋》等为代表。但是李文烈是一位备受争议的作家。他的父亲叛国北逃，因此他常怀着某种替父还债的意识，努力追求一种中立的态度。他在《年轻时的肖像》中为我们展示了20世纪70～80年代年轻人在价值观的抉择中所经历的苦恼和混乱，以及他们是如何在这种混乱中生活下去的。李文烈后来逐渐转变成了右派分子。本来载宁李氏和义城金氏是安东最有声望的两大贵族，他的父亲也是一位了不起的人物。李文烈曾就读于首尔大学师范学院国语教育专业，后为参加司法考试放弃学业，备考期间他进入大邱每日新报社当记者，自此便走上了写作之路。他身上带有庆尚道人典型的一切，具有出人头地的观念和一种贵族意识。卢武铉总统在位的时候，许多读者将他的书拿去烧毁，他无法忍受这般折辱移居美国。

对一个作家来说，具有披露现实的精神是相当重要的。最近，中国的莫言获得了诺贝尔文学奖，而日本曾获得诺贝尔奖的作家们也是如此，他们都起到了揭示社会现实的作用，是当代社会的良心，这对作家来说极其重要。

崔一男写的《流动的鼓》是韩国三大家族史小说之一。故事中的爷爷生活在日占时期和之后的李承晚政府、朴正熙政府时期，心中满怀怨愤，对现实世界失望透顶，愿远离尘世一切纷扰，一心沉溺在鼓和盘索里的世界里。他的儿子成长在经济发展一边倒的开发独裁时期，因此在儿子看来，每天只知敲锣打鼓的父亲无疑是懦弱无能、颓废堕落的，父子俩的矛盾也正是由此产生的。20世纪60～70年代，传统神话、图腾信仰、萨满教、巫术都被认为是歪风邪道，败坏社会风气，因此全部遭到驱逐。

以前我家附近就住着神婆，还有算卦的，但是突然有一天他们全都不见了。神婆是做什么的呢？立根竹竿在上面挂块白布，再念几句咒语就是神婆了。当我们想要寻求心理安慰时就会去找神婆，现在看神婆的人也不少。但是当时，政府突然说神婆的这种行为是搞封建迷信，要予以驱逐，神婆们就都逃到山里去了。1975年，我在军队服役，当时政府搞净化无等山的项目，我到无等山的时候那里发生了命案。房子被烧了个精光，死了五个健壮青年，凶手是同一个人。因为房屋烧毁殆尽无从查探，我们便到附近一户人家了解情况，一个穿僧衣的人领我们进门，屋里摆着佛像，贴着帧画，我们心想这人肯定是个和尚，于是就跟他说，"大师，我们有几个问题想问问您"。谁知他却说自己不是和尚，因为我们都是军人和警察，要是被发现是假和尚的话就会当场被抓，所以他就老实交代说自己是巫师。我当时并不知道什么是巫师，就问他为什么会在这里，他说自己遭到驱逐没有地方去，所以逃到山里，给当地的人占卜算卦。

1975年前后，朴正熙政府以神婆巫师危害山林为由，驱逐在山中避难的神婆巫师，净化无等山、道峰山。神婆巫师们无处可去，奋起反抗。那么这起杀人案的凶手是什么人呢？一个进山备考的人，这个人只在乡下念过小学，为了准备司法考试进山学习。过去即使只有小学文化水平也可以参加司法考试。这个人进山后一边准备考试，一边习武。他给我们看了他当时的照片，都是一些飞跃起来的武打动作，不知道他是否真的武功高强。他杀人之后，我们本来是要去抓他的，结果他自首了，后来听说他好像进了青瓦台。韩国有一位叫作高静熙的诗人，现在已经成为世外高人了。高静熙以此人为原型，写了一首诗，好像叫作《金正烈传》。

总之，开发独裁时期，一切传统的、民俗的东西都被视为过时守旧有碍进步，应当予以取缔的不良因素。故事中的父亲生活在这种社会背景下，受到注入式教育，因此他非常讨厌自己敲锣打鼓吟唱盘索里的父亲，因为他认为那是因循守旧、不思进取的。80年代，学生们掀起了一股农乐热，游行时也常有农乐队在前面开路，他们认为，传统农乐的打击声能够敲醒广大青年学生和知识分子。孙子因为参加游行被拉去了警察局，父亲因此大发雷霆，但是爷爷和孙子却不断产生共鸣，传统风俗文化开始复苏。所以，虽然从表面上来看，小说中的人物各属不同时代，充满代沟与隔阂，但是小说又深层次暗示我们，在同一历史社会现状之下经历苦难的人们唯有携手共进才能克服一切困难。爷爷的时代备受日本帝国主义和自由党独裁统治的压迫，孙子的时代正是20世纪80年代民主化运动势不可挡的时候，父亲的时代对独裁统治保持沉默和顺从，要实现民主就必须推翻独裁，至此祖孙三代之间的矛盾和分歧产生了。

5. 教育小说

教育小说以解放后经济高速增长为时代背景，主要表现了20世纪90年代以后韩国的教育现状。代表作有李文烈的《我们扭曲的灵魂》、全商国的《偶像的眼泪》和《小猪的哭泣》、赵世熙的《矮子抛出的小球》、金励岭的《少年菀得》等。

在全商国《偶像的眼泪》中，学生有一位独裁者偶像，这个学生背后是一位教师，教师为了以法西斯方式独裁统治这个班级，树立了这个学生的形象。而金丽玲的《少年菀得》中老师和学生最后成了朋友。

菀得的父亲是一个跑马戏团的残疾人，母亲从别国移民而来，身为移民女性受到社会的无情对待，再加上父亲又是残疾人，在马戏团工作的团员们对待他的母亲就像对待宠物一样，极尽凌辱之事，这种问题放到现今社会是会引起很大轰动的，但在当时却是司空见惯。甚至还有人主动将妻子送到有钱人家去，从中谋取利益维持生计。这种堕落的生活方式在《少年菀得》中也有所体现，但是菀得的父亲不能够容忍这种行为，所以决定将自己的妻子赶走，让她到别处生活，自己抚养儿子。儿子高中时变成了一个问题少年，老师在和他进行真情交流之后，了解到他的家庭情况，不仅为他找妈妈，还跟菀得一起找到了他心中的梦想。

21世纪初，韩国社会流行着一种"粗语"文化，在《少年菀得》这部小说中，老师使用大量的粗语，这是为了体现老师在一种横向平等的关系中和学生进行公平交流的教育方式。这就是我们所说的良师益友，当今社会也同样呼吁这样的教育者。

6. 农民小说

农民小说主要描写工业化和城市化导致的农村荒废化现象、生产结构问题，以及由此引发的贫富差距扩大现象等，代表作家有李文求、宋基淑、金春福等。

7. 光州民主化运动相关小说

描写光州民主化运动的小说作品很多，光州民主化运动是韩国现代史上最大的一场悲剧，但是这场悲剧也为我们留下了大量宝贵的文学遗产。其中比较具有代表性的有林哲佑的《春日》《直线和毒气》，黄皙暎的《超越死亡和黑暗》，尹静募的《夜路》，洪熙潭的《旗帜》，崔允的《那边悄悄飘落一片花叶》，孔善玉的《火苗》，文承泰的《崛起的土地》等。

崔允的《那边悄悄飘落一片花叶》被改编成电影《花叶》。故事中的儿子是一名大学生，被军队抓去拷问。当时参加运动的学生许多都被拉去军队"调查"过。儿子在狱中被拷问致死，母亲难抑心中气愤，于是携女儿一同前往光州。二人在光州现场体验了光州民主化运动，母亲中枪而亡，女儿被卡车带走，勉强活命，但精神受到了严重打击。小说通过这个孩子的遭遇如实反映了韩国父权制度的权威、对女性的暴力，以及军队的暴力等是如何践踏人权、平等和自由的。这个少女上中学的时候曾和哥哥还有哥哥的朋友一起去江边游玩，当时少女嘴里哼的就是这首曲子。得知哥哥和母亲都已死去而妹妹尚在人间之后，哥哥的朋友们踏遍全国找寻她的踪迹。小说通过描写朋友们寻访少女的过程，表现了韩国社会对女性人权的无情践踏，权势者对平民百姓的残酷压迫。梦幻性是这部作品的一大特征。

另外还有一部叫作《烛火示威》的作品，这部作品讲述的是2008年发生的一场震惊世界的烛火示威集会，数十万示威人群占领首尔各大街道，而更令人惊异的是示威人群在一夜之间就消失得无影无踪。一方面，我们在示威人群面前堆砌起明博山城，另一方面却又希望将这场示威的威力上升为一股革命力量，真是讽刺至极。李明博总统曾这样说："堆起明博山城之后，从青瓦台眺望光华门大街，那情景让我潸然泪下，我迎着晨露许下承诺，决不开通大运河，也不会进口美国牛肉"，然而李明博总统没能兑现他的诺言。他不仅推进了"四大江工程"，还大量进口美国牛肉。可见，李明博总统和朴正熙总统并无二致。过去我们通常认为沟通是垂直型的上述下达，但是现在在年轻人心中，沟通应该是横向和平等的，需要懂得与人分享，在平等的关系中相互交流，这点值得我们深思。

在民族共同体的形成过程中，少数人掌权必将导致暴力的发生，如此一来，自由和平等、正义和人权、法治和民主等基本价值观必会随之遭到破坏。中泽新一曾说过"王权催生暴力"，即王权的确立与暴力的出现是相伴而生的。韩国就是一个很好的佐证，现今韩国社会中暴力机制过于强大。烛火示威集会是人们为反对进口威胁到自身生命健康的美国牛肉而进行的示威活动。示威群众带着年幼的孩子，推着育儿车，一起分吃面包，一起聊天，氛围如同节庆。示威采取这种无害的形式进行，而政府却采取了稽查等强制性应对措施。

其实我也不太清楚，我和好友聊天的时候，他们说我是激进派，而非保守派，其实我不是什么激进人士。所谓保守就是维护宪法价值，而随着宪法价值遭到破坏，大家就认为它是伪保守，这其实是不正确的看法。相对地，我们同样也很难断言激进就一定代表新的进步的价值观。接受共同体授权的少数人最终演变成某种暴力性质的存在，这是整个人类文明中普遍存在的问题和缺陷。现代化以后，老一辈还保留着朴正熙式的强制性思维方式，而新一代则乐于使用SNS随时表达自己的想法和见解，世代之间矛盾重重，冲突不断。安哲秀在政界异军突起，获得巨大支持的原因也就在于他重视横向平等的交流。

结 束 语

民主化运动其实是一场全社会参与的运动，在这一过程中，我们经历了黑暗与考验，最终收获了胜利的果实。我们通过脱中心主义和脱警戒的方式，朝着进步的方向迈出了一大步，通过自由、平等和爱在追求和平的道路上不断前行，这也正是作家们追求的终极目标。作家通过文学将这些美好的东西呈现给我们，我们热爱文学，沉醉于文学，不仅是因为我们能够从中获得乐趣，更是因为它能够成为引导我们解决现实问题的价值指向标。

现场问答：
学生：

您好，我的博士论文题目与教授今天所讲的内容十分相似。我选择的方向是"韩国美学观的近代化和抗争中的诗学"，虽然研究的对象是诗歌，但是宋教授今天的讲座仍然给予我很大的启发。我想向宋教授请教两个问题。在近日的学习过程中，我发现韩国通常将民众视作推动历史前进的主体力量。但是对于"民众"这一概念，我至今还有些搞不清楚。韩国现代化的过程中经常使用"民众"一词，但学者们对这一概念的理解似乎又各有差异。甚至在划分近代的问题上也产生了分歧，有学者认为近代开端于朝鲜王朝末期，也有学者认为光复运动之后韩国才进入近代阶段，总之定义的界限非常模糊。还有一个问题就是，言及"民众"，我们的态度通常是模棱两可的、矛盾的。据我所知，早在 20 世纪 90 年代就曾有人指出这种态度的两面性，白乐晴等学者有意提出了"民众是社会变革的主体"这一概念，那么"民众"是不是被这一概念人为创造出来的"民众"呢？而对"民众"的矛盾态度，教授是如何评价的呢？我想听听您的意见。

宋贤镐：

我刚才说过，我不是保守派，其实白乐晴先生等人是将社会主义的概念套在了"民众"的头上，在社会主义概念范畴中寻找到"民众"这个群体再将二者等同起来。但是事实上我并不赞同这种观点，因此也不便做出什么具体的解释。我们常说民众是"东学农民运动"的主体。这么看来，这又与白乐晴等学者的视角不同了。

白乐晴先生认为革命的主体是民众，这可能是套用了马克思主义的一些理论。但是他们突然发表了转向宣言，现在这件事情已经平息了。苏联解体之时，首先做出文学誓约的学者们全都举了白旗，和转向宣言很相似。但是随着时间的推移，他们更倾向于在原有理论的基础上略作修改，使之成为一套新的理论。相较于"民众"这一概念，我们更常使用"大众""平民""庶民"等词汇，李浩哲等人则喜欢使用"小市民"一词。李浩哲先生也曾担任实践文学家协会的主席，也曾与白乐晴有不错的交情，但是他们的观点却不一样。20世纪 80 年代，民众文学逐渐成形，"民众是一切的主体"的社会共识也就此达成。大家认为，革命只有依靠民众才能获得胜利，文学自然也应该以民众为主体。但是朴劳解等人之所以人气高涨，备受瞩目，在很大程度上是由于当时特殊的时代背景。时过境迁，人们的想法也就变了。民众到底是什么？现如今通过 SNS 进行交流的这些人是什么？我们应该把他们看作民众吗？在这里我无法从社会学的角度界定这些概念，但是我们可以从中得到一些启发，对此进行一番研究也是不错的。

金虎雄：

像赵廷来、朴婉绪，或有 20 世纪最优秀作家之称的朴景利等作家，宋教授今天的讲座没有将他们的作品囊括进来，是否是因为他们没有体现韩国民主化运动呢？这难免令人感到遗憾。

宋贤镐：

说到朴景利，我们通常将他的作品与反帝反封建联系起来，这一点从《土地》一书中就可以看出。《土地》中崔家四代人的生活轨迹正是如此。无论是瑞熙下嫁身份低贱的丈夫的过程，还是寻回丢失的财产的过程，都可以同恢复国家主权的历程联系起来。因此，我们常常将这个过程同反帝反封建联系起来。另外，书中还充满了生命思想、土地思想等，这里的生命思想也是建立在自由和平等的基础之上的。而赵廷来则习惯创作类小说，可以说是对崔仁虎小说的继承与发展。我也考虑了很久，但是后来觉得将它归入概念小说的范畴又不太合适，所以就没有将这部分划入今天的发表内容。

朴婉绪的代表作是《裸木》，《裸木》描绘的世界涉及女性的身份认同问题，南北分治给我们带来的伤痛，以及我们应该如何克服这些心灵创伤等问题。母亲希望儿子能够填补丈夫在家庭中造成的空缺，但是当儿子随丈夫而去之后，母亲将所有原因都归结到了女儿身上，认为一切都是女儿的错，憎恨起女儿来。女儿试图通过一位男性获得母亲未给予她的爱，却未能如愿。在寻找能够真正拯救自己的东西的过程中，她发现死去的树并非就是枯木，而是裸木。这也是一个与反帝反封建、与现代化相关的故事，作品以冷静的态度对女性身份认同问题和南北分裂问题进行了描述。

金虎雄：

2012 年 10 月举行了《民族文学》朝文版发刊仪式，作家协会徐启哲书记对莫言获诺贝尔文学奖一事感到万分欣喜和无比自豪。中国已经一举拿下这一荣誉，下次是不是该轮到韩国了呢？您是专门研究韩国小说的，在您的眼中，韩国哪位作家最有希望获得这一奖项呢？

宋贤镐：

黄皙暎有可能获奖，虽然批判他的人也不在少数。但是大家普遍认为他是一位很有实力的作家。然后就是崔仁虎了，他当然也实力非凡，但是知名度并不高，金虎雄老师好像想说赵廷来先生，他的确是一位具有大众倾向的小说家。本来老舍先生也已被确定为诺贝尔奖得主，但不幸辞世。我觉得其实就算去世了也应该授予他这一奖项。因为他经历了最为曲折的人生，将各种尖锐的社会问题体现在了文学当中，很受世人推崇，当之无愧。随着韩国民主化进程的推进，高潮迭起的社会气氛和文学创作都趋于平缓。李明博总统推行的独裁统治或许能为文坛带来新的思索，但是作品问世恐怕无论如何都要等上几年，现在对文学作品的审阅过于严格，这让大家都不敢畅所欲言了。

金虎雄：

宋贤镐教授在韩国也讲许多课，培养了大批研究生，同时还肩负着许多重大社会责任，是一位大忙人。这次我们延边大学朝鲜—韩国学研究中心卧龙学术讲坛能够请到他实在是十分荣幸，也十分感谢宋贤镐教授为我们带来如此精彩的讲座。其实我认为世界历史发展存在很大的相似性，一部分先进国家虽然比我们先行一步，但是我们也必定会沿着历史的发展脚步后来居上。无论是非洲国家，还是南美地区的落后国家，将来一定都会走上现代化、工业化和民主化的历史发展必由之路。中国也已在邓小平理论的指引下走过了三十多年的现代化进程。从这个角度来讲，比我们先一步走上这条道路的韩国可以给予我们许多启示。我希望同学们能够带着开创性的眼光，更多地关注韩国的产业化和民主化，在这一过程中，诗人们并没有置身事外，他们从美学的角度，找到了文学与现实的对应关系，这比三星或 LG 生产出一台新机器更具深远意义。因此，希望同学们能够多多研究产业化同文学的关系、民主化同文学的关系，这类论文是非常有前景的。恰好今天宋贤镐教授来到这里为我们进行了一场如此精彩的讲座，我也受益良多。

我以为工业化开始最早也是在朴正熙政府时期，但是今天宋教授却告诉我们许多新知识。比如，万历朝鲜战争之时，随着庶民的崛起，工业化便开始初具雏形。又如，通过东学农民运动将大众和民众反抗国家体制和封建暴政的历史过程看成是民主化的原始开端和奠基步骤。此外，他还道出了其他许多历史事件的价值和意义。他还特别详细说明了从"4·19"革命至今的民主化历程，讲述了韩国小说家在各层面与民主化的美学对应关系，最难能可贵的是，他通过典型的小说代表作通俗易懂地向我们解释了这些对应关系。不仅如此，宋教授还指出韩国民主化仍处于未完善的状态，烛火示威运动之后韩国的民主化还存在许多亟待解决的重大课题。

　　在座的各位大都是延边大学朝鲜—韩国学学院的硕士、博士，资质非凡，想必都能从今天的讲座中获得不少启发，找出一两个值得研究的方向，为自己的硕士、博士学位论文提供思路。

第十六讲
韩国古人名字别号的汉文化元素及其成因

赵　季

作者简介：

现　　任：南开大学中文系教授

研究方向：从事中国古代文学研究及韩国汉诗研究

主要著作：《（韩国）箕雅校注》（上、下），中华书局，2008

《中国文化导论》（主编），南开大学出版社，2007

《（韩国）诗话丛林笺注》，南开大学出版社，2005

《中国古代文学作品选·汉代卷》，高等教育出版社，2004

《中国古代文学发展史·魏晋南北朝卷》，南开大学出版社，2003

《刘后村小品》，文化艺术出版社，1997

《国风诗旨纂解》，南开大学出版社，1990

主要论文：《〈箕雅〉引经考》，《文学遗产》2009 年第 4 期

《读詹福瑞〈不求甚解〉》（合），《文学评论》2009 年第 4 期

《诗经中贞节受孕母题在历史中的流变》，《诗经国际学术研讨会论文集》，香港天马图书有限公司，1998

《杜甫议降公主借回纥申说》，《杜甫研究学刊》1998 年第 3 期

《论楚文化对中原文化的引进》，《天津社会科学》1994 年第 4 期

《"擢德塞性"考辨》，《南开学报》1994 年第 3 期

《论屈原的历史意识》，《楚辞研究论文集》，文津出版社，1990

各位老师、各位同学，大家好！今天非常荣幸来到延边大学并受邀来到卧龙学术讲坛同大家一起交流韩国古人名字别号的汉文化元素，希望通过交流我们都能从中获得启迪。韩国古人名字别号充满了汉文化元素，论外在形式和意义内涵，均与中国古代文化有千丝万缕的联系。究其原因大致有三：一是性理学发达，二是实行科举制度，三是对中国文化人物的景仰。这反映了中韩文化的密切交流与融合。

韩国古人名字别号与中国文化关联密切。如高丽崔惟清，字直哉，即取自《尚书·舜典》中的"夙夜惟寅，直哉惟清"。朝鲜金钟弼号四近斋，金钟厚《本庵集》卷六《四近斋记》载："余名族弟钟弼读书之室曰'四近斋'。四者何？刚也，毅也，木也，讷也。恶乎近？近乎仁尔。孔子曰：'刚毅木讷近仁'"。本文即对此类文化现象及其成因进行学术探讨。人物之名讳包括初名、改名、又名，一般由家长命名；人物之表字（亦称表德）包括初字、改字、小字，一般由长辈酌定；人物之别号包括自号（自称）、称号（他人称呼人物之号）、室名斋号（含亭堂楼阁溪山林园等），或自取，或他人赠。名字别号是个人的重要文化标志，既具有深刻的个人文化心理基础，也体现一个民族的整体文化习尚特征。而韩国历代人物的汉文名字别号，还反映了韩国文化与汉文化的关联影响。

从韩国汉文化的历时性发展历史来看，在新罗王朝由于人名、地名的大规模汉字化运动，经过高丽王朝、朝鲜王朝的充分发展，已经完全形成了汉字化形式。直至今天，韩国人名还在延续这种形式。从共时性横向联系来看，在东亚汉文化圈的韩国、越南、日本三国中，由于韩国与中国的政治、经济、文化交流最为频繁和谐，所以韩国文化受中国文化浸染影响最深，表现在名字别号方面，韩国与中国最为接近，越南次之，日本又在其次。究其原因大致有三：一是性理学发达，二是实行科举制度，三是对中国文化人物的景仰。这反映了中韩文化的密切交流与融合。

一

在朝鲜历史上，高丽大臣安珦（1243～1306年）早在忠烈王时代（元世祖忽必烈至元年间）就于大都手抄朱子书，摹写孔子、朱子画像带回高丽，是将性理学传播到半岛的第一人。"珦又以余赀付博士金文鼎等，送中原画先圣及七十子像，并求祭器、乐器、六经、诸子史以来。且荐密直副使致仕李彦、典法判书李瑱为经史教授都监使。于是禁内学馆内侍三都监五库愿学之士，及七管十二徒诸生，横经受业者动以数百计。"（《高丽史》卷一百五本传）安珦门人白颐正居留元朝十年，师事赵孟頫学朱子学，回国后传授李齐贤、朴忠佐；另一门人权溥刻印朱子《四书集注》，广为流传。李齐贤居留元朝二十余年，与元代诸儒姚燧、阎复、赵孟頫、虞集等交游。齐贤门生李谷及谷子李穑均中元朝制科二甲。而李穑自元归国后，"丁未冬，宣授朝列大夫征东行中书省左右司郎中，以本国判开城兼成均大司成。初自辛丑经兵之后，学校废弛。王欲复兴，改创成均于崇文馆之旧址。以讲授员少，择一时经术之士若永嘉金九容、乌川郑梦周、潘阳朴尚衷、密阳朴宜中、京山李崇仁等，皆以他官兼学官。以公为之长，兼大司成，自公始也。明年戊申春，四方学者坌集，诸公分经授业。每日讲毕，相与论难疑义，各臻其极。公怡然中处，辨析折衷，必务合于程朱之旨，竟夕忘倦。于是东方性理之学大兴，学者祛其记诵词章之习，而穷身心性命之理。知宗斯道而不惑于异端，欲正其义而不谋于功利。儒风学术焕然一新，皆先生教诲之力也"。丽末鲜初，李穑门人郑梦周和郑道传分别形成了性理学的义理派和务实派，东方朱子学已经进入了蓬勃发展的阶段。

至朝鲜王朝建立，儒学成为官学，性理学成为主流思想，朱子学也迅速普及成熟，大儒辈出，流派众多，群星灿烂，一派繁荣。其大端可分四派。一是主理派赵光祖、李彦迪、李滉、李玄逸、奇正镇、李恒老、李震相、郭万厚。二是主气派金时习、徐敬德、李珥、宋时烈、韩元震、任圣周。三是折中派成浑、张显光、林咏、金昌协、金元行。四是实学派，又可分为四个小派别：经世致用派有柳馨远、李瀷、丁若镛；利用厚生派有梁得中、洪大容、朴趾源、朴齐家；实事求是派有金正喜、崔汉绮。在性理学尤其是朱子学如此热衷的文化氛围中，韩国古人的命名冠字取号自然会体现出与中国理学诸儒关联密切的特点。上至先秦孔、孟、七十二贤人，下至理学北宋五子（周敦颐、邵雍、张载、程颢、程颐），尤其最多关联的是朱子（朱熹）。以下以有关朱子者举例说明。

安珦（1243～1306年）号晦轩

【《晦轩先生实记·墓志铭并序》："丁酉金议参理世子贰保，先生以儒学历试内外，犹斥异端，声称赫然……至是筑精舍于居第后，奉孔朱真像，朝夕瞻谒以寓景慕，仍号晦轩。"】

鲁舒（1337~1386年）号景慕先生

【《白村先生文集》卷一《赠金紫光禄大夫知门下省判礼部事孝简公景慕斋鲁先生行状》："公讳舒，字和叔，号景慕。……公以尊德性、道问学为学之本，挂朱夫子画像于壁上，朝夕拜礼以致景慕，故人号曰'景慕先生'"。】

李之晦（1706~?）名之晦，字希朱

【朱熹号晦翁。希，希慕也。】

郑惟一（1533~1576年）名惟一，字子中

【《朱子语类》卷一百五十："问：'古人似各有所主。如曾子只守个忠恕，子思只守个诚，孟子只守个仁义，其实皆一理也。'曰：'也不是他安排要如此。'是他见得道理，做出都是这个，说出也只是这个，只各就地头说，不是把定这个将来做。如尧舜是多少道理，到得后来衣钵之传。只说'人心惟危，道心惟微。惟精惟一，允执厥中'，紧要在上三句说，会如此，方得个中，方得个恰好。这也到这地头当说中，便说个中。圣贤言语初不是着意安排，只遇着这字便说出这字也。"】

郑晔（1563~1625年）号守梦

【《月沙先生集》卷四十四《左参赞赠右议政谥文肃郑公神道碑铭并序》："公草溪郑氏，讳晔，字时晦。尝梦朱子掺手书示'盈天盈地，勿忘勿助'八字。公悟而自负，书之揭壁，因号守梦。"】

李端夏（1625~1689年）书斋名畏斋

【《宋子大全》卷一百四十一《畏斋记》："圣贤言敬，肇自唐虞。而释其义者，不翅多矣。朱子以程子与谢尹之说为最善，然至其所自为说，则只以'惟畏为近'之一言而蔽之。然则学问之要，无切于敬之一字。而敬字之义，莫要于畏之云矣。盖尝论之，武王称文王之敬，而必以忌兼言之，则畏字之意已着矣。至如所谓'戒慎不睹，恐惧不闻。莫见乎隐，莫显乎微'，'深渊薄冰'、'临谷集木'等语，亦无非一般义意，则朱夫子真得千圣之相传旨诀矣。其有志于学而求下手入头处者，其何以易此哉？友人德水李季周尝名其书室畏斋，可谓知其要矣。苟能朝夕顾諟，惕然悚然，常如上帝之实临其上、鬼神之

实在其傍，则私意无所容，而天理自然明矣。盖季周先府君泽堂公博极群书，而最用力于《论语》及朱子诸书。尝编辑《字训篇》，其于论敬之说特加详焉，而以‘惟畏为近’者为一大公案，俾学者知求端用力之方。季周之学有自来矣，然字书又以敬字从苟从支。苟，诚也。支，象竹枝下垂而相持也。人虽以畏存心，而苟不以诚持之，则其所谓畏者，若存若亡，终无所巴鼻矣。故朱子虽极称程子言敬之有功，而其自为入道之方则实主于诚。然则未有敬而无诚者，亦未有舍诚而为敬者，而亦可以一以贯之矣。此后学所当知也。季周以为如何？崇祯着雍涒滩六月日，恩津宋时烈书。"】

李箕洪（1641～1708年）讲学之所名直斋

【《丈岩先生集》卷二十四《直斋记》："吾友完山、李公汝九、当尤斋先生被祸之日，人皆畏缩，不敢出气力抗一言。公于是慷慨投袂而起。倡率同门多士叫合鸣冤。其气凛凛，其言正直，见者莫不危之，而君独晏然。盖有见乎‘不直则道不见’之义也。竟以是得罪，编配于北道之鳌山。远近士子闻风而来，学者甚众。遂就其所寓，俶一小屋，以为讲学之所，名以‘直斋’。要余作记曰：‘吾尝受教于先生矣。昔朱子属纩时，招门人海之曰："天地之所以生万物，圣人之所以应万事，直而已。"此与《论语》"人之生也直，罔之生也幸而免"者可以参看，此先生之所以教我者也。今遭患难，尤觉此海之实切于己。欲以是揭之楣间，以为终身服膺之地云。'噫！君之志嘉矣。直之义大矣。正大不枉之谓直，真实无伪之谓直。天地之道，圣人之事，非直则不诚，不诚则无物。欲学圣人达天道者，舍此直奚以哉？但世之学者，曾不知自古圣贤说得直字之义已详，而谓朱子刱发其意。噫！岂前圣所未尝言，而朱子遽说之哉？《易》曰‘直方大’，《传》曰‘敬以直内’，孟子曰‘以直养则塞乎天地之间’者，或就道体上说，或就工夫上说，如此类甚多。后世学者特未之察，故朱子拈出其为学吃紧处开示学者，如尧舜阐‘精一’之义。呜呼！直之义果不大矣乎！自朱子以来，五六百载之间，儒贤非不辈出，而尊朱子之学，信朱子之说，门路最正，博约两至，卓乎大成者，又未有若吾老先生。其一生所受用，不出此一直字。而推其所得，提告后学，以冀成立者，又如此其至。呜呼盛哉！汝九勉之哉。"】

申暻（1696年～？）直庵

【《厚斋先生集》卷四十《直斋记》："东阳申友明允甫，吾南溪老先生之外孙也。自志学之年，已知用力于此事。未弱冠，蔚然有声于士友间。一日走书报于余曰：'吾有小斋，扁以"直"字。其意盖取夫子所谓"人之生也直"，孟子所谓"以直养而无害"，朱子所谓"天地之生万物，圣人之应万事，直而已"。愿子以此三圣贤之言，推衍而为之说以警吾，可乎？吾将读书于斯，起居于斯，而以为服膺之地也。'余惟夫子之说是言天地生生之理本直，故人之禀是理而生者亦直也。孟子之说是言天地之正气，人得以生。苟养之以直而无害，则本体无亏欠也。朱子之说是言天地之化生万物，各正性命。圣人之酬酢万事，泛应曲当者皆直也。大哉！直之义其尽于是矣。古人斋号取义不一，或用自家寓警之意，或取前人自砭之旨，或有以所居之地而名之者。今明允不用地名，不用砭语，而独有取于直字者，是感发于三圣贤之说，而深寓自警之意者。扁斋之义，岂有以加于此者哉？盖直者，曲之对也。必须直上直下，亭亭当当，无纤毫屈曲之杂，然后方可谓之直也。如有一分半分之曲处，或曲直相半，或直多而曲少，或曲多而直少，皆不可谓之直也。虽以此为斋扁，不过为门楣之饰，关我直道甚事？窃观明允质粹而气清，性方而操霍。凡一言一行一动一静，孜孜勉勉，奉持不怠者，惟有一直字既体于身，又扁于斋，以为坐卧顾諟，朝暮警省之资。是于三圣贤所言之旨，固已哜其葅而窥其藩矣。虽然，吾之所望于明允者不止于此。既尽在我之直，又推而及人之直。自身而家，自家而国，将见举一世归于直矣。其效讵不博欤？若其用力之方，都在于《文言》所谓'敬以直内'四字。惟明允勉之哉。"】

二

韩国古代自高丽时代就实行科举制度，"光宗九年（957 年）夏五月，始置科举。命翰林学士双冀取进士。丙申，御威凤楼放榜赐崔暹等及第"。（《高丽史》卷二）显宗十年（1019 年）六月，翰林学士郭元奏："除对策试以论，必用《礼记》中义为题"。十五年十二月判："诸州县千丁以上岁贡三人，五百丁以上二人，以下一人。令界首官试选。制述业则试以五言六韵诗一首，明经则试五经各一机。"宣宗元年（1083 年）十一月判："三礼、三传业，亦前代取人之典，不可停废。三礼业，《礼记》二十卷为遍业大经，贴经十处，通六以上。筹十处，破文通，口问口对义理，通六以上。以《周礼》、《仪礼》

为小经，一经插筹十处，破文通，义理通六以上；一经破文读二机。三传业以《左传》为肆业大经，贴经十处，通六以上。插筹十处，破文，通义理。通六以上。以《公羊》、《谷梁》传为小经，一传插筹十处。破文通，义理通六以上；一传只读二机。"仁宗十四年（1136 年）八月中书门下奏："国学诸生行艺分数十四分以上，直赴第三场。十三分以下，四分以上，赴诗赋场。"十一月判："凡制述业，经义、诗、赋，连卷试取。凡明经业试选式，贴经二日内，初日，《尚书》遍业贴《周易》，《周易》遍业贴《尚书》，各十条。翌日，《毛诗》贴十条，各通六条以上。第三日以后。读大小经各十机，破文兼义理通六机。每义六问，破文通四机。又《周易》遍业，读《尚书》、《毛诗》、《春秋》各秩一机，例随秩插筹。小经谓业经，大经《礼记》。……凡明经业监试格，庄丁十二机，以《周易》、《尚书》、《毛诗》各二机，《礼记》、《春秋》各三机。白丁九机，以《周易》、《尚书》各一机，《毛诗》、《礼记》各二机，《春秋》三机。凡书业监试，字《说文》三十卷内，白丁三册，庄丁五册，各破文试读，又令真书。"（《高丽史》卷七三《选举·科目》）可以看出，高丽时代科举十分重视中国经籍，《诗经》、《尚书》、《周易》、三礼（《礼记》、《周礼》、《仪礼》）、三传（《左传》、《公羊》、《谷梁》），九经齐全。

朝鲜时代科举，尤重四书五经，这和明清两朝科举内容的改变是同步的。从明朝开始，科举考试内容基本以四书五经为准，以四书文句为题，规定文章格式为八股文，解释必须参照朱熹《四书集注》。在朝鲜，最高层次的文科（相当于中国的进士）考试，初场"五经四书'疑义'或'论'中二篇"，复试初场"四书三经，愿讲余二经及子史者听"（《经国大典》卷三）。甚至要求"四书三经背诵"（《大典通编》卷三）。次一级生员初试"五经义、四书疑二篇"，复试同初试。评分标准为"通，二分；略，一分；粗，半分。句读训释皆不差误，讲论虽未赅通，不失一章大旨者为粗；句读训释皆分明，虽通大旨，未至融贯者为略；句读训释皆精熟，融贯旨趣，辨说无疑者为通"（《经国大典》卷三）。在这种国家考试体制的倡导下，朝鲜时代读书人对于四书五经可说烂熟于心。反映在名字别号上，取材于四书五经的内容就比比皆是了。尤其取自《论语》《孟子》为多，下面以取自《论语》者为例说明。

惠文（？~1234 年）名惠文，字彬彬

白文节（？~1282 年）名文节，字彬然

南秀文（1408～1442 年）名秀文，字景质

李尚质（1597～1635 年）名尚质，字子文

【《论语·雍也》："质胜文则野，文胜质则史，文质彬彬，然后君子。"】

李齐贤（1287～1367 年）名齐贤，字仲思

崔思齐（？～1091 年）名思齐

【《论语·里仁》："子曰：'见贤思齐焉，见不贤而内自省也。'"】

李仁复（1308～1374 年）名仁复，字克礼

俞好仁（1445～1494 年）名好仁，字克己

【《论语·颜渊》："克己复礼为仁。"】

郑梦周（1337～1392 年）改名梦周

【《论语·述而》："子曰：'甚矣，吾衰也。久矣吾不复梦见周公。'"】

李崇仁（1349～1392 年）名崇仁，字子安

【《论语·里仁》："仁者安仁。"】

权弘（1360～1446 年）名弘，字伯道

【《论语·卫灵公》："人能弘道，非道弘人。"】

朴信（1362～1444 年）名信，字敬夫

朴安信（1369～1447 年）名安信，字伯忠

郑忠信（1576～1636 年）名忠信，字可行

【《论语·卫灵公》："子张问行。子曰：'言忠信，行笃敬，虽蛮貊之邦行矣；言不忠信，行不笃敬，虽州里行乎哉？'"】

成三省（？～1456 年）名三省

李介立（1546～1625 年）号省吾堂

南省身（1567～1623 年）名省身，字日三

李省身（1580～1651 年）名省身，字景三

【《论语·学而》："曾子曰：'吾日三省吾身，为人谋而不忠乎？与朋友交而不信乎？传不习乎？'"】

柳思讷（1375～1440 年）名思讷，字而行

李安讷（1571～1637 年）名安讷，字子敏

李敏辅（1720～1799 年）名敏辅，字伯讷

【《论语·里仁》："子曰：'君子欲讷于言而敏于行。'"】

金礼蒙（1406～1459年）名礼蒙，字敬甫

【《论语·子路》："上好礼，则民莫敢不敬。"】

金守温（1410～1481年）名守温，字文良

【《论语·学而》："子贡曰：'夫子温良恭俭让以得之。'"】

金学起（1414～1488年）名学起，字文伯

【《论语·公冶长》："子曰：'敏而好学，不耻下问，是以谓之文也。'"】

成任（1421～1484年）名任，字重卿

朴承任（1517～1586年）名承任，字重甫

朴弘长（1558～1598年）名弘长，字士任

李尚毅（1560～1624年）名尚毅，字而远

卢景任（1569～1620年）名景任，字弘仲

赵任道（1585～1664年）名任道，字致远

李载毅（1772年～?）名载毅，字汝弘

【《论语·泰伯》："曾子曰：'士不可以不弘毅，任重而道远。仁以为己任，不亦重乎？'"】

金时习（1435～1493年）名时习，字乐卿

安敏学（1542～1601年）名敏学，字习之，后改而习

沈悦（1569～1646年）名悦，字学而

【《论语·学而》："学而时习之，不亦说乎？""悦"通"说"】

郑子堂（?～?）名子堂，字升高

【《论语·先进》："由也升堂矣，未入于室也。"】

郑诚谨（?～1504年）名诚谨，字而信

【《论语·学而》："子曰：'弟子入则孝，出则悌，谨而信，泛爱众，以亲仁；行有余力，则以学文。'"】

申公济（1469～1536年）名公济，字希仁

【《论语·雍也》："子贡曰：'如有博施于民而能济众，何如？可谓仁乎？'子曰：'何事于仁，必也圣乎！尧舜其犹病诸！夫仁者，己欲立而立人，己欲达而达人。能近取譬，可谓仁之方也已。'"】

韩忠（1486～1521年）名忠，字恕卿

【《论语·里仁》："夫子之道，忠恕而已矣。"】

金质忠（？~？）名质忠，字直夫

【《论语·颜渊》："夫达也者，质直而好义。"】

卢守慎（1515~1590年）名守慎，字寡悔

【《论语·为政》："子曰：'多见阙殆，慎行其余，则寡悔。'"】

宋言慎（1542~1612年）名言慎，字寡尤

【《论语·为政》："多闻阙疑，慎言其余，则寡尤。"】

裴三益（1534~1588年）名三益，字汝友

曹好益（1545~1609年）名好益，字士友

【《论语·季氏》："孔子曰：'益者三友，损者三友。友直，友谅，友多闻，益矣。'"】

沈喜寿（1548~1622年）名喜寿，字伯惧

【《论语·里仁》："子曰：'父母之年不可不知也，一则以喜，一则以惧。'"】

林悌（1549~1587年）名悌，字子顺

【《论语·学而》："子曰：'弟子入则孝，出则悌。'"】

姜寿男（1552~1592年）名寿男，字仁叟

【《论语·雍也》："子曰：'知者乐水，仁者乐山；知者动，仁者静；知者乐，仁者寿。'"】

李重基（1571~1624年）名重基，字子威

【《论语·学而》："子曰：'君子不重则不威，学则不固。'"】

申敏一（1576~1650年）名敏一，字功甫

【《论语·阳货》："敏则有功。"】

金近（1579~1656年）名近，字性之

【《论语·阳货》："子曰：'性相近也，习相远也。'"】

金弘郁（1602~1654年）名弘郁，字文叔

【《论语·八佾》："周监于二代，郁郁乎文哉！吾从周。"】

李冕夏（1619~1648年）名冕夏，字伯周

南夏正（1678~1751年）名夏正，字时伯

南夏行（1697~1781年）名夏行，字圣时

【《论语·卫灵公》："子曰：'行夏之时，乘殷之辂，服周之冕。'"】

金邦杰（1623~1695年）名邦杰，字士兴

【《论语·子路》："一言而可以兴邦。"】

郑相点（1693~1767年）名相点，字仲与

【《论语·先进》："吾与点也。"】

韩用和（1732年~?）名用和，字礼之

【《论语·学而》："有子曰：'礼之用，和为贵。'"】

三

性理学的发达和科举的实行，在理论和制度层面上施展影响，最后发展为在社会心理方面的好尚。对中华文化的向慕，对中国名贤的景仰，深入韩国读书人的心中。以下略举数例。

景慕孔孟、孔子弟子、理学大师者：

安景曾（1732年~?）名景曾，字鲁叟

【景慕曾子、孔子（鲁叟）】

姜希孟（1424~1483年）名希孟，字景醇

【希羡景慕孟子，孟子为醇儒。韩愈《读荀子》："孟氏，醇乎醇者也。荀与扬，大醇而小疵。"】

姜希颜（1417~1464年）名希颜，字景愚

成希颜（1461~1513年）名希颜，字愚翁

李景颜（1572~1614年）名景颜，字汝愚

【希羡景慕孔子大弟子颜回。《论语·为政》："子曰：'吾与（颜）回言终日，不违如愚。'"】

李景曾（1595~1648年）名景曾，字汝省

【希羡景慕孔子弟子曾子。《论语·学而》："曾子曰：'吾日三省吾身，为人谋而不忠乎？与朋友交而不信乎？传不习乎？'"】

金克孝（1542~1618年）名克孝，字希闵

【希羡景慕孔子弟子闵子骞。《论语·先进》："孝哉闵子骞！"】

洪益弼（1721年~?）春风堂

【希羡景慕孔子弟子曾点。《本庵续集》卷四《春风堂记》："江水过骊州

而行三十里，有川南来入于江，曰沂川。川之上有枕小丘而堂者，南阳洪子直居之。命之曰'春风'，盖取曾点'莫春浴沂'之语云。子直问记于余，余惟曾氏之于沂也，当春之时，长者肩而少者携，相与濯清波之沦涟，洒然以风之，啸咏而返，是必有得之于心而不可尽之于言者。夫子惟知其然，故特与之。然又不言其所以与之之意，则顾余何得而言之？亦在子直之既浴以风而自得之耳。抑余思之，曾氏之在孔门称为狂者，孟子亦尝言之。而庄周称其歌于季武子之丧，想其气象卓荦，如泛驾之马不可羁也。而孔子方且循循下学，惟庸言庸行之为事。彼乃甘心屈首，与儿子同受命，相从而不去，何也？嘻！此其所以能浴沂以风，而有得于心者欤？子直少清真，不累于世俗。虽尝浮沈禄仕，而及今归卧乡里，萧然若忘世，独慕乎曾氏之风。其志可谓高远矣。然曾氏之可慕，不在于风浴，而在于从孔子者。又不可不知也。是为记。"】

李齐贤（1287～1367年）景濂亭

【景慕宋濂溪先生周敦颐，周有《爱莲说》。《三峰集》卷四《景濂亭铭后说》："益斋李文忠公命其亭曰景濂，盖取濂溪爱莲之义，欲其景慕之也。未见其物则思其人，思其人则必于其物致意焉，感之深而厚之至也。"】

金崇濂（1700～1743年）名崇濂，字士希

【宋代理学家周敦颐，人称濂溪先生，崇、希，皆景慕之意。】

崔兴霖（1506～1581年）溪堂

【《溪堂先生文集·溪堂重建上梁文崇祯后三甲申西河任相周》："崔公讳兴霖，字贤佐。除胶漆于陈盆，一鹤高飞于尘外。乐箪瓢于颜巷，独星孤明于云间。兹卜一区名疆，乃构数间精舍，扁以'溪'字，盖慕濂翁光霁之襟。"】

申惠渊（1748年～？）名惠渊，字希柳

【《孟子·公孙丑上》："柳下惠，不羞污君，不卑小官。进不隐贤，必以其道。遗佚而不怨，阨穷而不悯。"希，仰慕也。】

金尚宪（1570～1652年）名尚宪，字叔度

【后汉黄宪字叔度，器宇深广，为士林所重。因袭其名而用其字，以表景慕，故曰"尚"。】

康伏龙（？～？）名伏龙，始字汉辅，改字起之

【《苍石先生文集》卷十二《康起之字说》："康君伏龙，始字汉辅，易之以起之，愚谷所命也。壬子夏，过余于玉成，而征其说。余曰：'司马名相如，

钱氏名希白，彼皆有取于一时事为之粗迹，而子独寓意于诸葛，其朱晦庵名岩作记之意乎？卷者舒之本，一朝起而天行神。变化水下土，亦公他日事也。子能循名思义，务尽其实，则于起之道，可几矣。不然则非愚谷字子之意，余不为子愿焉。'因衍其义而祝之以辞曰：龙之为物渊，蛰自珍。忽然变化，奋爪扬鳞。腾踔九天，霖雨八垠。汉家有龙，潜德堪伦。隆中踪迹，心上经纶。一朝契合，幡然起莘。忠义大节，白日苍旻。今之取名，慕其为人。凡物之理，张翕相因。字曰起之，欲屈之伸。贲然一跃，汗漫与邻。舒为云雨。泽被生民。仰惟武侯，蹈义履仁。子欲慕之，先实后宾。无变于世，自乐于身。见可而动，以济于屯。其守不坚，其乐非真。其动有悔，岂曰其神。何异有欲，垂颐就驯。我告我友，我语书绅。"】

李玄锡（1647～1703年）对绿庵

【唐代贤相裴度。《游斋先生集》卷十八《对绿庵记》："自余未省事读古史，最慕裴晋公（度）之贤，慨然想见其为人。既长犹然。顾如侏儒之悦巨人，嫫母之羡西子。德量功业，万不敢企一，以是自愧焉耳。辛酉岁，卜小筑于青坡舟桥傍，茅屋三架甚狭陋。一日阅唐人诗，得《绿野堂》咏，因自笑曰：'晋公住绿野，余住青坡。绿野、青坡，真奇对也。'晋公第临午桥。午者，马也。马即舟之对也。古人有字忧地而拟乐天，以致歆想之意者。今余之居，幸与绿野午桥为对，斯可以少偿景慕之怀也。且晋公甲第巨丽，余草舍萧然。各称其主人，又足为一对也。马能行陆，舟能济水。马之度桥，水陆之功两全，有似乎展材用而济时难者。晋公之择而处也，其有取乎？舟行遇桥而无用，适类于余。余家于是，亦无惭焉。倘起晋公于九原，与之语此，亦必一大噱也。乃名弊庐曰'对绿'。是夜梦一丈夫角巾紫衫，状貌不踰中人，谓余曰：'舟之遇桥似无用。然桥下有舟，桥虽圮而人不溺也。'余不识其何人也。觉而异之，书为《对绿庵记》。"】

韩景琦（1472～1529年）名景琦，字稚圭

【韩琦，字稚圭，宋初名臣。出将入相，深为朝廷倚重，封魏国公。慕其人而袭其名字，故缀"景"。】

景慕高风亮节之隐者：

元景游（锦石朴准源之岳父）遗安堂

【《锦石集》卷八《遗安堂记》："自骊州治南距里许，有堂岿然，故处士

元公讳景游之所居也。公平日慕庞德公之风，取其答刘荆州语，以'遗安'名堂，以自见志云。余，公之胥也。入公门而公殁已久，惟夫人尹恭人在。恭人悯余贫，恒庇覆之。余落拓无所成，贻恭人忧者殆二十年。己亥秋，随恭人居于骊之江上，即所谓遗安堂也。堂几颓圮而扁额尚在，公自书也。尹恭人仰见叹伤，不忍于公遗迹之泯没而无传也，命余记之，义不敢辞。余尝闻公处是堂，读书饬躬，尤笃于孝友，行谊着闻。宰相欲举以为敦府郎，公不愿，即使人止之。伯氏苍霞公方显扬于朝，公贻书劝其休归曰：'君子见几，不俟终日。愿兄毋违《遯》之"上九"。'噫！是真庞公之志，而无愧于遗安之义也。然而公无子而死。公之安，其将谁遗之耶？今夫堂之南有老杏，是公所尝荫而游也。东北有小圃，是公所尝灌而治也。楼有书数百卷，是公所尝披而读也。又自堂而西南而有一麓，短碑皓然出于林木间者，是公之藏也。然则公于骊，乃生死所不出，而堂不可泯灭而止者明矣。如使公子孙在，世守而时葺，图所以永存，则是堂也，宜与夫庞公鹿门之屋并美于千古矣。而今乃栋倾壁败，若不可以朝夕存。乡人之尝慕公德者过之，辄踌躇流涕。呜呼！是岂公平日之志也？虽然，公既有志于安子孙，纵无后人之受其遗者，而其高蹈远识固炳然也。况世之贪饕富贵，不知有遗安之义，而卒使子孙败蔑沦亡者相随续。以彼视公，其得失何如哉？与其有子而无其志，曷若无子而有其志之为贤也。昔朱夫子采庞公之事编入《小学》，安知后世又不有朱夫子者出，而嘉公之志，采而录之。然则公之志将不以子孙之有无而永示于后，又何有乎是堂之存不存也。余以是复于恭人，遂书之为《遗安堂记》。"】【《后汉书·逸民传·庞公》："（庞公）因释耕于垄上，而妻子耘于前。（刘）表指而问曰：'先生苦居畎亩而不肯官禄，后世何以遗子孙乎？'庞公曰：'世人皆遗之以危，今独遗之以安。虽所遗不同，未为无所遗也。'"】

俞宇基（1684～1752 年）景陶庵

【景慕陶渊明。《雷渊集》卷十三《景陶庵记》："世之慕陶子者，徒能言其迹耳，言其志则皆谬矣。原陶子之志，岂真安于独善，而不乐乎事君者哉？岂真耻夫官卑而禄薄者乎？又非真以折腰向乡里小儿为辱者也。然而循其迹，卒莫出乎三者。其陶子之所以卓乎不可尚者欤？陶子之志，盖有己独行之而欲人勿晓者。是以假五斗米以混其迹，假督邮以行其志，假小行以就大行，是陶子之所不得已也。不然，特嗷嗷自好者之为耳。而谓陶子为之乎？临漳监杞溪俞君始守南充，数月移治于涪。不赴。挈妇子归。归来山中。扁其室曰'景陶'。余不知也。陶子之所不得已，而公则就而慕之，果有所不得已者存焉。吾固熟思而未得也。重念公非能夫耕妻锄，终世以邀藏者。如有用我者，油然而起矣，非必甘乐仕禄而后然也。其所遇之时，与陶子悬矣，不可与同其出处故耳。然则可同者特去官。去官细节也，立志大行也。强其细节，欲投其大行，不已夸乎？尝读钱蒙叟《陶庐记》云：'今世隐约之士，俯仰无聊，哦几篇诗，种几丛菊，便以柴桑自命。殆东坡所谓"陶渊明一夕满人间"者。'此言使人面骍。虽然，有说焉。夫弹琴以消忧，引觞而怡颜，登皋舒啸，临流赋诗。此陶子之所乐，而公之所有也，世莫得而争，人莫得而尼。于斯乎，虽谓公陶子也可也，是其可歌也。遂为之言。"】

金允安（1560 年～?）号东篱

【《大山先生文集》卷四十四《东篱金公遗卷序》："晋陶渊明投绂赋归，隐居自放，寓兴于采菊以终身，其清风远韵翛然出于尘表。然使渊明取其落英之餐，秋色之佳，以供一时之娱，则亦祇为景物役耳，乌足以为高哉？渊明以晋室遗老，当寄奴之世，不堪故国黍离之感，而百草萎死之中忽见凌霜睨寒之姿，气感神会，托其岁寒之心事，即其事甚悲，而其意甚远矣。近世东篱先生金公天资高爽，气度宏阔，杰然为一代之伟人。而从游鹤厓、寒旅诸贤，得闻君子行己之方。平生酷慕渊明之为人，屡发于咨嗟歌咏之余。盖其贫同，其嗜酒同，其好吟诗同。气类之感，自有千载而朝暮遇者与？公少负湖海之气，尝排云而伸大贤之冤，草疏而斥柄臣之奸，以清名直道，若将进为于世。而低徊于簿书朱墨之间，其见于施措者仅能起废稣残，厉清白戢奸猾而已。及倦而归焉，则彝伦斁而天地闭矣。杜门扫机，诗酒自娱，泊然无复当世之志，扁其所居之堂室庭门曰'消忧南牖晬柯常关'。而短篱之东植菊数丛，遂取以自号。环龟山一洞，宛然柴桑景色，公既自为记以道其详。然公岂取于物色之偶似者而以自标哉？渊明遭革命之运，而公遇明夷之艰；渊明耻二姓之事，而公痛三纲之沦。事异而志同，迹殊而义近。其幽忧感愤之思，盖有旷百世而相符者。而篱下灿灿之英，适有以寓其情而遂其高。周先生尝曰：'菊之爱，陶后无闻焉。'盖伤其无继之者。而孰知千岁之后，乃得于偏荒之季。使渊明可作，亦必辗然而笑其知己也。于乎欷矣。公为诗不事雕饰，兴趣超然，庶几得渊明法门者。而文亦理顺辞达，绝无世俗藻绘态。来孙盘氏收拾故藏得如干篇，俾象

靖纂次而叙其颠。自惟晚生不足以堪是寄，然窃尝慕公之风而愿为之执鞭，遂道其所感于心者以归之。"】

金光煜（1580～1656年）归来亭

【《东州先生文集》卷三《归来亭记》："陶征士为三径资，为彭泽令五十日，意不乐折腰向乡里小儿，赋《归去来辞》，浩然而归，谓归其官、去其职、来其家也。高风峻节，照映宇宙，不但以文辞之嫩也。后之仕宦者莫不逡想而遐慕，咸为文以和之。苏长公在海南，亦和其辞以寓其欲归之意，世多传诵，盖取文辞之嫩也。然仕宦者终未有抽身高蹈，庶几乎征士之为者。苏长公方拘于海岛，竟不果得归，死葬于中路。即其辞甚悲，而其道甚穷矣。今开城留守竹所金公，自中年后买地于幸州江岸，其名栗里，筑亭其上。田园巷柳桑麻松菊之美，絶似柴桑物色。所和陶辞，实书在壁。每于休沐，辄命驾而归。则经丘寻壑之趣，倦鸟山云之观。凡可以怡颜而寄傲者，无一不得。旷世相感，有类谢墩。俯仰今古，不觉人代之为远，而公之意犹以为未也。遂名其亭曰归来，拟以为卒岁长往之计。嗟乎！古今人同不同，未可遽论也。当金行欲末，虞渊之日将入，征士以晋室遗老，谊不可裸将于新朝。下邑五斗米，又不如故里薇蕨。则去就之际，差易为其决。若竹所公者，用文章行业受知于三朝，坐庙朝，早夜厘庶政，协赞济安之功居多。出管留钥，康理旧都。君相之所倚重氓黎之所仰赖。道固可行，义无可去。使征士易地而遭焉，则必无事于归矣。世治，则上德无名；世浊，则清士乃见，亦论其世而已。虽然，公既年至倦于朝请，戒其子'亟治吾亭，吾其归矣'。譬之嗜珍餐者，使人持钱物诣肆，虽未即得食，不可谓不知味者，而其饱也，可立而待也。不佞当日就东篱下，见南山，采嘉菊，奉公于壶觞之次，其毋曰'君且去矣'。"】

景慕诗人：

南龙翼（1628～1692年）景白斋

【景慕白居易。《壶谷集》卷十五《景白斋记》："杨州之东有陶谷，或曰东海谷。是谷也，襟抱周广，宅势幽阻，为近郭名区之甲，而宜宁南氏屡世为主，生居而死归焉。余数年来不安于朝，始刱数间书斋于先墓之下，名之曰'景白'。客有来问景白之义曰：'子所谓景白者，白玉之白欤？白羽之白欤？如以其人，则或者谪仙之名而济南之楼欤？'余曰：'否。乃所愿则香山老人也。'客曰：'然则子之所景于香山者，可得闻欤？为其文名溢于四海欤？禄位跻于八座欤？年寿至于大耋欤？抑为声色满前，足暮境之欢娱欤？’余曰：‘唯唯，否否。夫古之名位寿富兼踰于乐天者何限！而余之所景慕独在于乐天者，实有旷世相感者存焉尔。噫！乐天之诗在盛唐已落长庆门户，后之评者不甚置高品。而当时声辉之烜爀，妇孺之传诵，则举一世无两焉。顾余雕篆小技，合在士友之下流。而自髫龀偶窃虚誉，早决科第，至如拔萃之选，亦与之同焉。虽不敢万一妄拟，槩言其浮荣则颇近之。且乐天遍历内外，以刑部尚书致仕。余亦叨被主恩，未老而惧是任。时无古今，国无大小，官序之重固自若也。乐天则为屈，余则为忝。而若称其官号，则亦不可谓不同也。至于所不知之寿，则一任造化儿处分。而自量精力，其不到乐天之所到明矣。虽然，乐天年十八病中有诗曰：“久作劳生事，不学摄生道。少年已多病，此身岂堪老？”诗语如此，而犹享近八之寿。则庸讵知天之或享我以林下清福，有若乐天之久哉？若夫眼前之棼华，则家素贫，虽欲办此不可得。性又不喜丝竹，景慕之何有？’客曰：‘子之景白，已闻命矣。其所景者止此而已乎？’余曰：‘未也。前所云者，或有偶同者，或有难必者，非所谓景也。乃余所景慕者，乐天之心也。古人云：“乐天姻杨虞卿而不为累，善元稹、牛僧孺而不为党，裴晋公重之而不因晋公进，李文饶恶之而不被文饶害。惟不汲汲于进，志在于退，故能安于去就爱憎之际，每裕然有余也。”此诚深知乐天之心者。余虽百不如人，至若偏党之论自少不乐，进取之心到老益少。无扳联之势，绝交游之迹。立朝近三十年，未尝奔趋于要津。虽承乏到卿班，一资半级，实不由于他手之陶甄。此则世人之所共知，而余亦无媿于乐天。所以会心千载，自然有同归之愿者也。呜呼！今之世与乐天之世又加远矣。平步亨衢，既往之乐天固易；勇退急流，方来之乐天尤难。今日所当勉者，其不在于此欤？且也乐天既退之后，结九老之社，听八节之滩，优游足以起兴，山水足以助诗。故人之望之若乔松之在霄汉，而至今词苑传以为盛事。则余于此又有乐天之所有矣。斋之西数里许有雄蟠而屹立者，名曰水落。其上有梅月堂悦卿之遗躅也，下有千尺瀑布，穷其源则十二也。皁峰鹤岭，釖攒屏张。绝特之势，瑰奇之形，少无让于龙门。而大小梵宫参错其间。幅巾归来，肩舆上下。云游月赏，左杖右杯。则惠好从我者，奚独乐天之兼簪辈？而空门之友亦岂下于乐天之如满哉？于是服乐天之服，吟乐天之吟，偃仰斯斋，不知老之将至。则古今人不相及，客必不敢道。’客笑曰：‘子言则然矣。昔韩魏公以醉白名其堂，而坡翁记之。其旨与此同否？'余曰：'不然。魏公之醉白者，俯以就之也。余之景白者，仰以跂之也。取号虽同，其义则殊也。'客颔而去，遂书其问答以为记。"】

韩宗愈（1287～1354年）名宗愈，字师古

【韩愈文宗秦汉，以恢复孔子道统自任，自谓"非三代两汉之书不敢观，非圣人之志不敢存"。故以"师古"应"宗愈"，言宗法韩愈之师法古代。慕其人，故袭其名，以其事应之。】

南公辙（1760～1840年）思颖亭

【景慕欧阳修。《惕斋集》卷八《思颖亭记》："相国金陵南公始解岭藩，卜居于广州之遁村。地在汉水之南，岩壑深窈，田畴沃衍，又有茂林名泉可供其游息漱濯。公于是顾而乐之，慨然有终老之志。而公方以清裁雅望显庸于朝，秉铨衡主文柄，进位廊庙，遂跻上相。既不得归休于斯，乃名其居曰'思颖'之亭，盖有感于欧公之言也。夫欧公当嘉佑治平之世，佐天子致太平，与韩、富诸公并称贤相。然任重则责备。名高则谤随。论议得失，或未喻于士大夫之心。而细人求利者往往横造口语，其身不可谓不困矣。困则思休，人之情也。其发于心而形于言者，是宜愈老而愈切也。今公历事两朝，位尊德崇，而温厚岂弟之风终是如一。虽事变交错，群议纷殽，独能不激不随，超然于是非之外，可谓贤矣。然而山林幽静之乐，固未尝一日忘也。抑其心犹有所不自得而然欤？人之所以养口体者，莫良于酒食。及其醉饱之过，壳之而不出，导之而不下。天下之困，未有甚于此者也。君子之仕止出处，皆所以养其心也。一有不自得，其困于心衡于虑者，又岂特醉饱之过而已哉。《易》曰：'困于酒食，朱绂方来。'圣人之情可见矣。然则以公之文章材识，卒不得尽行其所学。徒使之久居其位，虽名完身全，有异乎欧公之所遇。公心之自以为困，而不欲以朱绂之华美，易山林幽静之乐者，恶可已也。夫人患不思尔，未有思之而不得者也。吾知公之得遂其志，盖有日矣。余衰废已久，虽不能以幅巾藜杖，从公徜徉于园林泉石之间，窃自谓知公心者莫余若也。故遂为之记，以塞公命。公傥曰'是果知我也'否也？乙酉四月九日，完山李某记。"】

又思颖亭

【《金陵集》卷十二《又思颖亭记》："宜阳子平生慕欧阳子之为人，慕其文章德业，而于慕思颖也为尤甚。顾自立朝以来，误被不世之恩遇，久忝迩

列，未敢言私，非比欧阳子嘉佑治平之所遇。然而归休之志，未尝一日有忘也。前四年，宜阳子买亭于广陵之玉磬山中，遂以'又思颍'名之。宜阳子之慕欧阳子，至此而愈切矣。自是以后，屡值国家多事，奔走内外，不但身未归颍，并与思颍之作而无一篇在者。然其目前长在之景，胸中不字之诗，宜阳子独自知之，而人固不知也。宜阳子家有古书三千卷，金石遗文数十种。性不喜饮，而常置酒一壶。有一张不弹之琴，有一局不着之碁。虽不如欧阳子之多且富，而于宜阳子亦不少，足以乐而忘老也。一日，上特察其年虽未衰而其实病，非出于避事，使与五物者偕返田庐。轩裳圭组无劳于形，而忧患思虑无劳于心，则庶几偿其宿愿焉。此亭之所以志也。客曰：'子尚未去，而徒慕其名可乎？'宜阳子曰：'始欧阳子买田颍上，时年四十有四。叨尘二府，周流青亳，至六十四得致仕。宜阳子今年亦四十四，若更得数十余年为六十四，则岂无践言之日也。然则今之宜阳子，乃古之欧阳子也。'遂与客大笑而记此。"】

金富仪（？～1136年）初名富辙，字子由

【景慕苏轼、苏辙。《海东绎史》卷九八引《高丽图经》："金氏世为高丽大族，自前史已载，其与朴氏族望相埒，故其子孙多以文学进。富轼丰貌硕体，面黑目露，然博学强识，善属文，知古今，为其学士所信服，无能出其右者。其弟富辙亦有时誉。尝密访其兄弟命名之意，盖有所慕云。"《海东绎史》卷九八引《香祖笔记》："余昔阅《高丽史》，爱其臣金富轼之文，又兄弟一名轼一名辙。疑其当宣和时，去元佑未远，何窃取眉山二公之名？读《游宦记闻》云，徐兢以宣和六年使高丽，密访其兄弟命名之意，盖有所慕。文章动蛮貊，语不虚云。观此则知余前疑不误，而是时中国方禁锢苏黄文章字画，岂不为外夷所笑哉？"其人善文，敬慕苏轼，故袭用其名。】

权辙（1503～1578年）名辙，字景由

【宋苏辙字子由，"景"表希慕。】

景慕中华文化：

金忠善（1571～1642年）慕夏堂

【《慕夏堂文集》卷一《慕夏堂记》："夫天下之国，其丽不亿。而东夷西戎南蛮北狄，各随其邦之俗。有左衽者，有侏俚者，有被发者，有鸠舌者。而无彝伦之序，无礼义之风，其违禽兽者几希矣。若夫中夏之为国，则上自唐虞

三代之世，以及乎汉宋明之时，而有三达德五达道三纲五常天叙天秩之彬彬，则猗欤中夏之衣冠文物礼乐刑政，乎为天下最，而为宗主于天下四夷之国也。惟此青丘一域，僻在海隅。文质得宜，礼教适中。有父子君臣夫妇长幼朋友之伦焉，有仁义礼智孝悌忠信之行焉，则可以为伯仲于唐虞也，可以为四于三代也。而衣冠文物，视大中夏而为小中夏也。余生于岛夷左衽之邦，有慷慨异志于髫之龄。慕中夏礼乐文物之郁郁者，恒切于一团方寸之间。食而忘味枕而忘寝者，二十年于兹矣。岁在宣庙壬辰之四月，清正为帅，兴师东伐，以我为先驱。故及至越海之日，始见东土民物。则虽兵戈之间，尚有礼让之风焉。倥偬之中，亦有文物之盛焉。真所谓三代礼义尽在此矣。吾岂忍以干戈加于仁义之邦？亦岂以弓剑施于衣冠之民乎？自在本国行帅之前，已无意于征讨礼义之邦。则及至东土越海之日，夫安有侵暴文物之乡哉？惟如是，故晓谕于民人，讲和于本国。累蒙天恩，赐姓赐名。加以崇资，奖以竭忠。岂以岛夷之贱俘，猥蒙三朝之恩宠耶？兹借一廛，为氓于圣人之朝。又占一庄，遗托于子孙之居。慕夏二字，揭以堂名。大抵慕夏之义，非在于徒揭堂名者也，画出乎平生慷慨之志，写得乎中心慕夏之义也。盖一慕字之中，自有无限之志也。慕之为言，慕中夏之礼义也，慕中夏之文物也。慕其衣冠，慕其民俗也。三纲五常，心悦而慕之。孝悌忠信，心悦而慕之。言行动静之间，无非慕夏也。起居云为之际，无非慕夏也。然而非但此身之有慕于中夏，抑亦使我子孙亦慕于中夏。然则堂名慕夏，以铭此心。揭以慕夏，以彰吾志。惟尔子孙，体我慕夏之心，认我慕夏之意。忠孝以传家，礼让以修身，则庶不负于余之慕夏也。慕夏二字，实为吾平生之至愿也。遂以慕夏名吾堂而记焉。"】

李德懋（1741～1793年）古中庵

【《贞蕤阁文集》卷一《古中庵记》："青庄李子闭户著书垂五十年矣，乃喟然而叹曰：'百尔思之，莫如古也。'名其室曰'古中'。其云'中'者何也？曰中华也。曷为不曰'中古'也？避上古、中古之嫌文也。曷为慕中华也？曰，吾既读其书矣，尝至其地矣。浩浩乎穰穰乎，如海之不可以深浅量也。如神龙之变化，莫知其端倪也。无所不有曰富，人自得焉之谓乐。吾向也读古人之书，以为其文者皆吾邦之所出也。乃今知诗书礼乐之为中华富且乐矣，如之何其不慕之也？方其俯而读仰而思之，而古人之为古人，有自来矣。

故曰，不知中国之可慕者，不知古人之书者也。忽焉不知千世之往，而万里之遥也。"】

韩国古人名字别号取自中国经史子集者甚多，尤以四书五经、《老子》、《庄子》为甚。希仰中国其他名贤者亦比比皆是，如朝鲜诗人李后白号青莲，就是仰慕李白之意。篇幅所限，不能一一列举。读者自可举一反三，细细寻绎，从中不难发现本文所谈的文化现象。

图书在版编目（CIP）数据

东亚文明与韩国学前沿：卧龙学术讲坛. 第 1 辑/全莹主编.
—北京：社会科学文献出版社，2015.2
ISBN 978 - 7 - 5097 - 7010 - 8

Ⅰ.①东⋯　Ⅱ.①全⋯　Ⅲ.①东亚 - 研究 - 文集 ②韩国 -
研究 - 文集　Ⅳ.①K310.7 - 53 ②K312.607 - 53

中国版本图书馆 CIP 数据核字（2015）第 012656 号

东亚文明与韩国学前沿
　　——卧龙学术讲坛（第一辑）

主　　编 / 全　莹

出 版 人 / 谢寿光
项目统筹 / 冯立君　董风云
责任编辑 / 冯立君　刘　波

出　　版 / 社会科学文献出版社·全球与地区问题出版中心（010）59367004
　　　　　　地址：北京市北三环中路甲 29 号院华龙大厦　邮编：100029
　　　　　　网址：www.ssap.com.cn
发　　行 / 市场营销中心（010）59367081　59367090
　　　　　　读者服务中心（010）59367028
印　　装 / 三河市东方印刷有限公司

规　　格 / 开　本：787mm × 1092mm　1/16
　　　　　　印　张：16.25　字　数：270 千字
版　　次 / 2015 年 2 月第 1 版　2015 年 2 月第 1 次印刷
书　　号 / ISBN 978 - 7 - 5097 - 7010 - 8
定　　价 / 69.00 元